U0359487

笑出腹肌

的

中国史

开元盛世——安史之乱

梁山微木

著

北京理工大学出版社

BEIJING INSTITUTE OF TECHNOLOGY PRESS

目录

一百一十七　抑佛、灭蝗，李隆基姚崇不信邪

除了努力解决三个世界性难题之外，李隆基和姚崇还干了两件具有重要意义的大事：抑佛与灭蝗。

第一件：抑制佛教。

关于寺庙的危害，我们在写隋文帝杨坚抑制佛教的时候就已经详细说过了。

简而言之就是，古代的一些寺庙，在把信仰装到别人脑袋里的同时，往往还会顺带帮人"解决"一下经济问题，例如把别人兜里的钱装进自己的口袋，颇有几分大地主的气质（注意，这里说的是古代的寺庙，不是现在的，而且是一些，不是全部）。

古代的寺庙虽然不能像现在一样收取门票，但是信徒的捐款和诵经布道的服务费都能让管理者赚得盆满钵满。

例如《西游记》里的如来佛就说过这么一段话："向时众比丘圣僧下山，曾将此经在舍卫国赵长者家与他诵了一遍，保他家生者安全，亡者超脱，只讨得他三斗三升米粒黄金回来，我还说他们忒卖贱了，教后代儿孙没钱使用。"

三斗三升黄金，大约为六百三十七千克，一克按三百六十八元算，合计为两亿多元。任何银行也没有这么多的现金，作为乙方，念一次经比抢一次银行还赚钱，就这还嫌少，以前的利润就可想而知了。

众所周知，腰缠万贯与一掷千金往往是一对双胞胎，和尚自然也一样。

但是和尚一不能嫖，二不能赌，花在自己身上的钱非常有限。所以，他们最好的花钱方式就是扩大再生产。于是，兼并土地、放高利贷便成了大部分寺庙的必走之路。

当然，也有一部分寺庙非常大公无私，坚持取之于民用之于民，不过这并不是主流。

香火越旺盛，寺庙就越有钱，而寺庙越有钱，土地兼并就越厉害，土地兼并越厉害，当地的老百姓也就越穷苦。《西游记》中唐僧师徒越靠近西天，遇到的妖怪越多，其实表达的就是这个意思。

唐朝立国之始，其实是抑制佛教发展的。因为李渊乱认祖宗，非要给老子当孙子，而李耳又被道教封为太上老君，所以，道教才是大唐的国教。

但是，武则天掌权以后，看见属于唐朝的东西就想踩两脚，加上她之前又当过一年多的尼姑，对佛教有感情。所以，她开始极力扶持佛教。

武则天一方面自称弥勒佛转世；另一方面又给男宠冯小宝剃度，让他当和尚。冯小宝非常敬业，见到流氓就要让人家当和尚，看见道士也要拉到庙里一通揍。

经过这两位佛教徒的胡作非为，大唐佛教事业终于在抢占了道教的生存空间之后，开始蒸蒸日上。

李显当皇帝的时候，唯他妈之命是从，继续支持佛教事业的发展，很多有钱人为了逃避徭役，斥资三万钱左右，便能通过安乐公主、太平公主买下一个和尚或尼姑的指标。大领导们都胡乱发放指标，中下层领导就可想而知了，全国各地到底违规剃度了多少僧人，恐怕连佛祖都不知道。

姚崇对此看在眼里，急在心上。

李隆基请他出山再任宰相的时候，他给李隆基的大唐前景策划书中，就提出了要抑制佛教的发展。

当上宰相之后，姚崇又给李隆基上了一封水平极高的奏疏，催促他赶紧抑佛："佛不在外，在于心。大和尚佛图澄那么有名，后赵还是亡了，梁武帝笃信佛教，最后还是饿死了。怀有慈悲之心，使天下苍生安乐，就是佛。所以，不必剃度那么多僧人，僧人太多，难免出现不少小人，恐怕要坏了佛法。"

明明是怕僧人太多，影响国家税收，却把原因说成了害怕坏人坏了佛法。打别人一巴掌，还得让别人感激你，方丈恐怕第一个不愿意。不过，方丈说了不算，李隆基说了才算。

当时李隆基正年轻，根本不相信佛法，他曾以天下根本没有神仙为理由，把武则天时期建的集仙殿改成了集贤殿。所以，看到姚崇的奏疏后，他自然举双手赞成。在两位的共同努力下，一万两千多名和尚与尼姑被强迫还了俗。

老实说，这个结果有点差强人意，被强迫还俗的僧人并不多，也没有没收被寺庙霸占的土地，所以对大唐国力的提升并没有起到特别重要的作用。

不过，笔者之所以把他们的这一举动拿出来特别强调，是因为被他们的精神折服了。在迷信思想占据主流的古代，他们敢于冒天下之大不韪，逆风而行，对寺庙下手，本身就体现了一种莫大的勇气。

更何况，正是受到了他们的鼓舞，一百多年以后，唐武宗才能下定决心拆毁佛寺，没收被寺庙霸占的土地，让安史之乱后的大唐一度实现了几年中兴。

功在当代，利达后世，仅凭这种迎难而上的勇气，就值得后人赞扬。

他们做的第二件具有重大意义的事情是灭蝗。

716年，山东（崤山以东）大旱。

因为蝗虫非常喜欢温暖干燥的环境，而水分含量降低之后的土壤，又非常适合蝗虫产卵。一只雌蝗虫每次大概能产五十到一百枚卵，三个月内便能产两百枚卵。一个月之内，这些卵就能变为成虫。所以，短短几个月，山东的旱灾就演变成了严重的蝗灾。

灭蝗就是一场与时间赛跑的战争。因为你晚灭一个月，蝗虫就能在原有的基础上增加五十到一百倍。本来就因为干旱而减产的庄稼，必然颗粒无收。那些本就一贫如洗的农民，挨饿在所难免，甚至还要死无葬身之地。

但是，匪夷所思的一幕发生了。

当时的山东农民不但不去灭蝗，还拿着香炉，带着贡品，给这些蝗虫磕上了头。至于原因嘛，特别离谱——蝗虫乃是天灾，谁要是杀虫太多，就有违天和，会被雷劈。

如果说这些农民没文化，不知道自卫反击也就算了，关键是消息传到朝廷后，大臣们竟然分为两派。

一派的代表是连释迦牟尼都不怕的姚崇，在他的心里，人命才是最重要的，至于佛祖和老天爷，都得靠边站。如果杀蝗虫真的会被雷劈，那就让雷劈他好了。

所以，他坚持让老百姓去灭蝗，并且提出了一个可行性很高的办法——大型烧烤。蝗虫和飞蛾一样，喜欢向着有光的地方飞，老百姓们可以利用它们的这一习性，在晚上点一堆火，自带板凳和调料，守着篝火吃蚂蚱。

另一派则是绝大多数大臣，其中的代表竟然是穷得家里连门都没有的宰相卢怀慎。

作为伴食宰相，卢怀慎从上台开始就把自己定位为姚崇的小跟班，无论姚崇干什么，他都支持。

李隆基兄弟的舅舅犯了法，姚崇劝李隆基大义灭亲，卢怀慎就说："俺也一样。"

姚崇的儿子死了，请假回家了十几天，卢怀慎只把批文归类，啥也不批示，就等着姚崇回来定夺。

偏偏这一次，两人产生了巨大的矛盾。

卢怀慎一派坚持认为存在即合理，雷霆雨露皆是天恩，既然蝗虫来了，那就让蝗虫吃庄稼好了，至于老百姓会不会饿死，那就看造化了。

如果皇帝实在想灭蝗，就去修德，这个德具体咋修呢？就是让李隆基吃几天素食，祷告一下老天爷。

用现在的目光看，即便拥有野兽般的想象力，也产生不了卢怀慎这种荒唐的想法，但在当时，这种想法可是主流。

那么，这些官员为什么会有这么奇葩的想法呢？

表面原因是因为他们迷信，从小就接受了毒化教育，例如史书上夸哪一位官员能力超强、德行超高的时候，就经常使用这种夸张的手法。

东汉的史书上就记载了这么一位官员，他的品德非常高尚，以至于猛兽、蝗虫全都躲着他走。当时某个地方经常有老虎出来吃人，他一到那里任职，老虎的口味就变了，人也不吃了，改吃小动物了。有个地方发生了蝗灾，他前脚刚到，蝗虫就发现他来了，然后就集体搬家了。

这帮官员都是饱读诗书的人，这种史料肯定是读过的，所以，要求皇帝修德灭蝗也就不奇怪了。

有人可能要问了，老鼠偷吃粮食，我国古人就人人喊打，也不迷信了。蝗虫明吃粮食，我国古人却不敢灭蝗，觉得有伤天和。如此双标的原因又是什么呢？

笔者查了很多资料，也没有找到原因。不过，按照"一切社会问题，都能从经济方面找到根源"的定律看，笔者严重怀疑，古人不敢灭蝗，是相信了地主阶级利用封建迷信精心编造的骗局。

因为如果不治蝗，粮食就要减产或者绝收，市场就会混乱，地主们赚钱的大好时机就来了。

粮食减产，粮价就会大涨，地主们家里都有余粮，又可以趁机高价卖粮，这是地主阶级的第一个赚钱机会。

蝗灾持续加重，粮食如果达到绝收的地步，地主们会更加高兴。百姓为了活下去，恐怕只能卖儿卖女或卖地，地主们又可以趁机抄底收割一大把，这是地主阶级的第二个赚钱机会。

如果地方上因为饥荒出现动乱，朝廷必然要发粮赈灾，地主们又能借机大捞一把，这是地主阶级的第三个赚钱机会。

总之，蝗灾越严重，地主阶级就越赚钱。

什么？国家损失了，百姓饿死了？

谁又在乎呢！

所以，"以德灭蝗"表面上看是官员们读书读傻了，实际上极有可能是这些读书人精心制造的赚钱机会。

姚崇肯定明白其中暗藏的玄机，作为官宦世家，他家肯定因为蝗灾发过不少国难财。

但是姚崇这个人不贪财，作为三朝宰相，他在长安竟然没有一套属于自己的房子，只能借住在罔极寺里。他的理想早已摆脱了金钱的束缚，他要的是天下太平，让自己留名青史。

当然，卢怀慎主张以德治蝗，也不是他准备借机发国难财，而是他真的相信了德能制蝗。因为他是一位清廉的真君子，清廉到死了连墓碑都买不起的地步。

姚崇明白卢怀慎的为人，所以，当卢怀慎站出来反对他的时候，姚崇对他表示了足够的尊重：

"往日楚惠王吞蛭治好痼疾，孙叔敖斩蛇得到福报。如今蝗虫可以除掉，我们却不管不问，绝收之后，百姓怎么办？如果因为灭蝗救人，老天爷发怒要劈人，那就劈我姚崇好了，我绝对不会推诿于公。"

楚惠王吞蛭是指，楚惠王吃饭的时候，看到饭里有个水蛭，他两眼一闭，一咬牙就把水蛭给吞了下去，因为他如果指出饭里有水蛭，按照当时楚国的法律，厨师就得被斩，而楚惠王于心不忍。楚惠王的善举很快就得到了福报，当晚他患了多年的心腹积块疾病就痊愈了。

孙叔敖斩蛇是指，孙叔敖（楚国的宰相）年轻的时候，在野地里见过一条双头蛇，当时的人们认为，谁要见到双头蛇，就必死无疑。孙叔敖看到蛇之后，就想着如果真的要死人，就死我一个人好了，这条蛇不能再让别人看见。于是，他就把这条双头蛇砍了。

姚崇用历史上的明君和贤臣作为例子，寓意相当高深，一方面把自己比喻成了孙叔敖，另一方面拍李隆基的马屁：陛下啊，你要灭蝗，你就是楚惠王。

侧面的意思是：谁要反对咱俩灭蝗，谁就是不让我当贤相，不让你当明君。

见姚崇把老祖先都请出来了，卢怀慎两眼一翻，只好不再反对了。

本来就不太迷信的李隆基，看到两位宰相达成了共识，又想起了劳动模范李世民生吃蚂蚱的场景，便很爽快地举双手赞成灭蝗。

按道理讲，各位中央主要领导已经达成了共识，灭蝗运动就应该在华北大地上轰轰烈烈地展开了。但是让人意想不到的事情又发生了。

灭蝗的指示下达到地方之后完全变了样，地方上大大小小的官员各有各的应对之策。

例如地方政府规定了，有些区域可以灭蝗，有些区域则不能灭蝗，因为在这些区域随便点火会惊动山神。有些黑势力更加可恶，借助篝火灭蝗的机会，直接把农民们的庄稼烧了，甚至还有不少官员依然拿着雷要劈人的理由，直接上书劝谏李隆基收回成命。

姚崇看罢，气得一口老血差点喷出来，罢了这些官员，没人干活，不罢这些官员，更加没人干活。最后，姚崇不得不软硬兼施，一方面给地方官员写信劝导，另一方面派出"灭蝗使"巡视山东。地方官员们这才老实了一点，开始被逼着消极灭蝗。

至此，无数面临家破人亡、妻离子散险境的老百姓，才在姚崇的不断坚持下逃得一命，继续过着盛世之下的卑微生活。

更可悲的是，等到姚崇死后，以德灭蝗的道德大棒又一次死灰复燃成为主流。

例如唐末和宋朝的时候还有更加荒唐的例子。

875年，黄巢都造反两年了，京兆尹杨知至竟然上奏皇帝："蝗虫跑到长安的郊区之后，口味就变了，不吃庄稼了，纷纷抱着荆棘死了。"

荆棘扎人得狠，也不知道蝗虫为什么想不开，非要抱着它去死。

这种连蝗虫都不信的鬼话，宰相们听了啥反应呢？两个字——"皆贺"！

北宋和唐末一样荒谬。大臣们忽悠宋真宗，说蝗虫因为畏惧皇帝的威严，都跳河自杀了。宋真宗还算有脑子，没敢相信，派了几个太监出去调查。哪知道，这些太监也是一群吃里爬外的东西，他们也忽悠起了宋真宗，并要举办一场大型的庆祝活动。

结果宋真宗还真就差点信了，幸好当时有一个叫王旦的宰相还不糊涂，他坚决制止了这种荒唐的庆祝活动，才没有搞出滑天下之大稽的闹剧。

哎，难怪张养浩说："兴，百姓苦；亡，百姓苦。"只要人性不变，这种官员就会一直存在，老百姓就会受到他们的盘剥。

唯一让人感到欣慰的是，无论这个时代多么黑暗，总还会有那么一群人，一直坚持着理想与操守，秉持着公平与正义，披荆斩棘，逆流而上，给世人以光芒，给人性以希望，给岁月以文明。

一百一十八　盛世阴影下，贤相内斗成风（一）

灭蝗事件刚刚结束，姚崇就被罢了相。

原因有两个：

一个是他的两个儿子广交宾客，招权纳贿，遭到众多官员的口诛笔伐。

另一个是他的心腹赵诲接受胡人贿赂，被判了死罪，而姚崇极力营救，故引起了李隆基的反感。

但是看了前文的朋友，应该已经意识到了，最主要的原因其实是姚崇力主灭蝗，得罪了太多权贵。

我们之前说过，皇帝既喜欢道德高尚的清官，也喜欢道德低下的贪官，主要看该官员所处的位置。

如果该官员是重臣和高级将领，皇帝要的是他的能力，而不是他的道德，所以皇帝就希望他道德低下，因为这样就不会威胁皇权。

如果该官员是普通官员，皇帝就希望他道德高尚，因为皇帝还要靠树立道德楷模来治理天下呢。

姚崇作为能力极其出众，又廉洁得在京城连个房子都没有的一代贤相，只因为手下的人贪污受贿就要被罢相，这个理由显然不成立。

另外，姚崇的两个儿子从他刚当上宰相就开始招权纳贿，之前两年没人提，为什么偏偏这时候就引起官员们的众怒了？

所以，姚崇被罢相看似是个人问题，实则是那个时代以及腐朽的官僚系统造成的悲剧。唯一让人感到欣慰的是，此时的李隆基还算是一个很地道的皇帝，他并没有亏待这位大功臣。

罢相并不是李隆基提出的，是姚崇在得到暗示之后，三番五次主动申请的。被罢之后，李隆基也没有冷落姚崇，每隔五天还会召他进宫商讨一些军国大事。直到五年以后，姚崇在家中病逝，享年七十一岁，追赠太保，谥号文贞。

临死之前，姚崇用尽最后的力气，留下了一篇感人至深的遗言。

不要贪财：古人云：富贵者，人之怨也，贵则神忌其满，人恶其上；富则鬼瞰其室，虏利其财。

不得厚葬：死者无知，自同粪土，何烦厚葬？昔孔丘亚圣，母墓毁而不修；梁鸿至贤，父亡席卷而葬……知真魂去身，贵于速朽……迄今以为美谈。

吾身亡后……四时之衣，各一副而已……若违吾处分，使吾受戮于地下，于汝心安乎？

不要信佛：夫释迦之本法，为苍生之大弊，汝等各宜警策，正法在心……梁武帝以万乘为奴，胡太后以六宫入道……皆以亡国破家……太平公主、武三思等皆度人造寺，咸不免受戮破家，为天下所笑……

一代贤相，就这么走了。纵观他的一生，是辉煌的一生，伟大的一生。

武皇在位，契丹反叛，他运筹帷幄，调度得当，初显英才。

神龙年间，张易之兄弟祸乱朝纲，江山岌岌可危，他推荐张柬之为相，力挽狂澜，重塑大唐。

李旦称帝，太平公主干扰朝政，诸王手握兵权，他拨乱反正、整治吏治，力挺李隆基，即便被罢相，也在所不惜。

李隆基当政，他重出江湖，提出治国十策，休兵戈、抑佛教、压权贵、选贤才、除蝗虫，短短三年时间（713至716年），便为开元盛世打下了坚实的基础。

生前他呕心沥血，死时还不忘教育后人。在灯红酒绿、纸醉金迷的俗世，他能不贪不嗔；在封建迷信占据主流的古代，他能薄葬抑佛。鞠躬尽瘁，死而后已，说的不正是他这样的人么。

他无愧于一代贤相，无愧于救时宰相的称号，再过千年，他亦是吾辈之楷模。

姚崇虽然走了，但是开元盛世并没有停止。

在之后的二十年里，李隆基继续压抑着男人好色的本性，将所有的心血都扑在了工作上。他白天开会，晚上加班，不停地批阅奏章、指导工作，不敢有丝毫的懈怠。

在用人上，李隆基继续坚持选贤举能，不看出身，只看能力，而且也不要求全能，只要有一技之长，就包就业、包分配。

在姚崇罢相之后的二十年里，他以每隔三四年换一个宰相的频率，连续提拔了六位第一宰相。这些宰相都是国之大才，基本上继承了姚崇的政治理念和埋头苦干的精神，将整个大唐帝国治理得井井有条，继续保持了原有的繁荣与昌盛。

在国策上，他坚持改革开放，对内改革弊病，对外广纳四海宾朋，西至波斯，东至倭国，前往长安、洛阳的使者络绎不绝，为此，诗人王维盛赞此景"九天阊阖开宫殿，万国衣冠拜冕旒"。

在二十多年坚持不懈的努力下，李隆基终于使大唐帝国继续保持了封建时代头号发达国家的地位，并创造了一个属于他的时代——开元盛世。

历史书上关于盛世的所有赞美，如国富民强、路不拾遗、蒸蒸日上等，用在这里都不为过。这是一个灿烂无比的时代，也是一个令后人提起就无比向往的时代。

不过，和硬币总有两面一样，盛世的背后即是阴影，而这些阴影首先就弥布在了朝堂之上。

姚崇之后是另一位贤相宋璟，宋璟和之前几次担任宰相时一样，在他主政的四年里（716至720年），不畏权贵，不徇私情，奉公守法，将大唐的吏治提升到了一个新的高度。

当时的地方官员入京述职，总会携带大量金银珠宝，四处送礼，结交权贵。但是宋璟刚刚当上宰相，就下令严查此事，要求权贵们退还赃款，迅速遏制了行贿之风。

对自己人，宋璟也一点都不心慈手软。他的叔叔宋元超仗着大侄子是宰相，要求吏部选任官员的时候优先照顾他。宋璟知道后，非常生气，不但没有让吏部优先录用他，还让他断了当官的念头。

可惜这么一位好宰相，在720年因为打击假钞，得罪了太多权贵，被罢去了相位。

十七年之后（737年），宋璟在洛阳去世，享年七十五岁，追赠太尉，谥号和姚崇一样，也是"文贞"。

宋璟之后的几位第一宰相，水平就不怎么行了。虽然他们也是大才，但与姚崇、宋璟相比，不仅在能力上差了一大截，还将内斗演变成了大唐政坛的传统曲目，算是给后来的牛李党争树立了极坏的榜样。

720年，张嘉贞接替宋璟，成为大唐的第一宰相。

张嘉贞，蒲州猗氏县（今山西运城临猗县）人，666年出生于一个小吏世家，他爷爷和老爹虽然都是官员，但都属于不入流的小官。

二十岁的时候，张嘉贞一举成了他们家的希望，考中了明经，当了某个地方的县尉。

但是还没干几年，他们家的希望就破灭了。因为张嘉贞受到莫名其妙的牵连被免了官，从此过上了啃老的生活，而这一啃就是整整十年。

702年，已经三十六岁的张嘉贞仍旧一事无成，靠着他爹的工资生活，勉强住在几间土房子里。虽然土房子不至于冬冷夏热，但作为曾经的县尉，这种生活条件也是相当的寒碜了。

如果是一般人，这个年龄还在啃老，不被老爹老妈骂死，也要被周围邻居嘲笑死。张嘉贞也不例外，天天被人看不起。但张嘉贞的脸皮极厚，对这些流言蜚语根本不以为然，他该吃吃、该喝喝，不但不着急，还到处吹牛，说自己有鸿鹄之志（落魄有大志），装得跟诸葛亮似的。

刚开始，周围人都觉得他的脑子是被武则天踢了，因为丢官气出了毛病。但是正所谓谎话说了一千遍就变成了真的。张嘉贞连续吹了十年的牛，周围人还真就觉得他有大才了。

十年之后，受过无数嘲讽的张嘉贞，终于等到了他人生中的贵人。

702年，武则天让一个叫张循宪的侍御史到山西运城考察官员和民情。这个张循宪正好是一个糊涂虫，这本来是一件挺悲摧的事，但对于张嘉贞来说却是一件好事。

张循宪只顾着白天打瞌睡，晚上逛酒馆，等到写工作报告的时候两眼一抹黑，完全不知道该怎么写。

于是，张循宪急中生智，就想找一个写手，替自己写一篇工作报告，而张嘉贞早年吹的牛这时候就起了功效，他很自然地被人推荐了上来。

张循宪毫不含糊，见到张嘉贞后就表示，我这辈子基本没有求过人，但凡我求过的人，基本都死了，你可得帮帮我啊。

张嘉贞听后一个冷战，两个哆嗦，脑中的思绪瞬间犹如地下的泉水喷薄而出。张循宪说啥他答啥，张循宪能想到的问题，他答得滴水不漏，张循宪想不到的问题，他也能主动提出并给出解决方案。

一番交谈下来，张嘉贞突出的才华彻底折服了张循宪。于是，在张循宪的举荐下，张嘉贞很快被武则天召去面试了。

在面试的时候，他因为马屁拍得响亮，将自己比喻成草芥、将武则天比喻成日月而得到了一大把年纪的武则天青睐，从此开始步步高升。

虽然拍马屁这件事让人有点恶心，但武则天也不是好忽悠的，能入她法眼的人，能力还是很强的。

张嘉贞再次当官之后表现出了极为高超的执政能力和军事能力，先后担任了并州长史、天兵军大使等，他所到之处政治清明，法令严肃，得到了老百姓的普遍夸赞。

对于这种既能拍马屁，又能办实事的人才，李隆基自然不会放过。所以，在720年宋璟被罢之后，李隆基就准备把他召进京城担任宰相一职。

但是，在召见他之前却发生了一件让人哭笑不得的事，因为李隆基竟忘了张嘉贞叫什么名字。

李隆基左思右想，还是没有想起来，于是就问中书侍郎韦抗："这个人姓张，名字是两个字，现任北方大将，你替我想一想他是谁。"

韦抗也是一头雾水。作为皇帝，连宰相的备选都能忘了名字，他哪里知道是谁。于是，他随口答了一句："应该是朔方节度使张齐丘。"李隆基一听，大喜过望，赶紧让韦抗起草诏书，任命张齐丘为宰相。

事情如果按此发展下去，历史上可能就多了一个天大的笑话，因为记错了名字，皇帝就随便任命了一个宰相，段子手听了恐怕都要花枝乱颤，狂笑不已。

幸运的是，李隆基后来批阅奏章的时候，好巧不巧就看到了张嘉贞的奏章，他这才意识到自己搞错了，赶紧让韦抗修改了诏书。

正所谓好事多磨，张嘉贞当上宰相之后，并没有辜负李隆基的期望。

他虽没有姚崇那样杰出的能力和宋璟那样大公无私的品格，但也有自己独特的几个优点，尤其是决断能力非常突出，无论大事小事，他都能预知事件的走向，并提前作出合理的安排，替李隆基分担了大量的工作。

另外，他也相对清廉，虽然位居高位，执天下之牛耳，却不买房不买地，不炒字画不倒古董，有点像清心寡欲的老和尚。

有人劝他买点房，买点地，坐等升值赚很多钱。他却反驳道："不怕赚得少，就怕走得早。我身为宰相，只要不死，就不会挨饿。如果我犯了法，即便有再多的钱，也会被抄家。那些喜欢买房买地的士大夫都是蠢货，钱财早晚都会被他们的不肖子孙挥霍了！"

拥有此等格局和肚量的人，难怪会受到老百姓的欢迎。但是，受老百姓欢迎的人，往往都有一个致命的弱点，就是会被同僚们排挤。你不贪财，我们怎么赚外快？你是人民的公仆，那我们是什么？

再加上张嘉贞还有一个大部分有才的人都有的臭毛病——自恃才高，刚愎自用，脾气暴躁。所以短短三年时间，他就遭到了无数同僚的非议，这其中就包括原来和姚崇斗法失败而被贬的宰相张说。

713年，张说被贬以后，着实受了几年委屈。他先是被从京城贬到了河南，后来又被从河南贬到了湖北，最后连原来的三百户实封也被收回了。张说想反抗，但是有姚崇压着，他一点机会也没有。

716年，张说终于把姚崇熬下了台，他这才借助好朋友的儿子兼宰相苏颋的帮助升为了右羽林将军、兼幽州都督。

老实说，皇帝的这个安排并不太地道，因为张说是以文章闻名于世的，在过去的几十年里，他从事的基本都是文职工作。现在让他这个五十岁的老头再就业、当将军，和北方的契丹对练，明显有点用非所长的意思。

但是正所谓金子到哪都能发光。谁也没想到，这个看似弱不禁风的文人，竟然能在武将的位置上大放异彩。

当上幽州都督之后，张说很快就表现出了杰出的军事能力，将北方边境的防卫工作搞得有声有色。三年后，他就因功升为并州大都督府长史兼天兵军大使。

721年，张说又带领一万人，北出山西，大破突厥。722年，他又被提拔为朔方节度大使，随后再次率军出征突厥，又俘虏三千多人，内迁降户五万户。

连续不断的胜利让李隆基大喜不已，没想到不经意间竟然贬出了一个文武双全的人才。于是，张说在地方上折腾了十年之后，又被召进了京城，升为兵部尚书兼同中书门下平章事（宰相）。

再一次得到重用的张说，能力增强了很多，思想也成熟了很多，但是排挤同僚的臭毛病一点也没变，刚一上台，他就和张嘉贞杠了上。原因是张嘉贞以前的官职不如张说，现在媳妇熬成婆让张说很不爽。

那么，该怎么对张嘉贞下手呢？

当年整姚崇的时候，张说采用的是借刀杀人之法，即自己不出面，让别人去动手。结果姚崇一身正气，刀枪不入，搞得他不但刀子没借成，还把自己的宰相位置整没了。

这一次，张说没有再莽撞行事，经过认真的分析之后他发现，如今的张嘉贞和当年的姚崇有点像，个人品德比较高尚，抓不到什么小辫子。

所以，再用借刀杀人之法，恐怕自己还要完犊子。而姚崇是由于儿子和亲信贪污下台的，张嘉贞的亲人肯定也有破绽。

于是，张说一面嬉皮笑脸地和张嘉贞搞好关系，又是叫哥，又是送礼；另一面，又积极派人去打听张嘉贞的亲信有哪些不法之举。

功夫不负有心人，几个月之后，张说便揪到了张嘉贞的一条小辫子。

张嘉贞有一个弟弟叫张嘉祐，时任左金吾将军。此人在工作上没什么本事，贪污起来却一套又一套，仗着他哥是宰相在外面大肆敛财。而张嘉贞也和当年的姚崇一样，只管独善其身，不管亲人有没有贪污。

于是，历史就又一次重演了。

张嘉贞的弟弟贪污的事情，很快被张说派人揭发了出来。

张说本以为李隆基听说之后会大怒不已，但是李隆基并没有特别在意，毕竟对于皇帝来说，这种能力超强的宰相，不贪污比贪污更可怕。

可是，就在张说思考下一步该怎么办的时候，一辈子没有受过贿赂的张嘉贞却害怕了，他听说弟弟贪污之后大惊失色，总害怕李隆基哪天不开心，把他一刀咔嚓了。

就在他胆战心惊不知所措的时候，蓄谋已久的张说终于出手了，作为公认的贪污老手（张说贪财，世人皆知），他贱兮兮地跑到张嘉贞面前，摆事实、讲道理，亲自传授了坑人之法："哥，咱们的皇帝心地善良，你只要身穿素服前去认罪，他必然既往不咎。"

张嘉贞看着眼前这个小老弟，那么真诚地叫着哥，哪里能料到他是在坑自己。于是，他就真的身穿素服，大摇大摆地去找了李隆基。

李隆基看着他的打扮顿时蒙了，心想，你弟贪污这事我根本就没有让人去查，本来可以大事化小，小事化了，但你这么一搞，文武百官全都知道了，我即便想保你也保不了啊。

所以，李隆基只好苦笑一声，将张嘉贞贬为户部尚书，把张说提拔为第一宰相——中书令。

直到这时，张嘉贞才意识到上了这老小子的当，可惜为时已晚。一代颇有政绩的名相，在主政了三年之后，就这么轻而易举地被人搞掉了。

不过，故事还没有结束。张嘉贞被罢之后，越想越生气，官场沉浮几十年，最后被人家略施小计就搞定了，自己的脸面何存？但是，利用阴谋诡计再去报复张说，他又做不到。

想来想去，张嘉贞终于想到了一个自认为是的好方法——骂街。

第二年，李隆基在中书省举办了一次宴会，邀请宰相们全部参加。张嘉贞虽然已经不是宰相，但毕竟当过宰相，李隆基为了表示对他的尊重，就把他也叫了过去。

刚开始，酒桌上的气氛还挺好，大家都在拍李隆基的马屁，表示在他的英明领导下，大唐帝国繁荣昌盛、世界无敌。

但是，几杯酒下肚之后，张嘉贞就喝得有点高了。他看着本来属于自己的位置上坐着仇人张说，不由得气血上涌，心中的感觉犹如翻江倒海，像是被钝器一片一片割着。

于是，五十九岁的张嘉贞再也忍不住胸中的怒火，也顾不得皇帝在场，指着五十八岁的张说就破口大骂，什么难听骂什么，把对方的十八代祖宗都问候了一个遍。

大家可以想象一下那个画面，皇帝和重臣，都是一群满口"之乎者也"的高水平人才，正吃着饭唱着歌，突然有人卷起袖子，破口大骂，尴尬不尴尬？

何止是尴尬，传出去都丢人啊。

其他宰相见了，酒也不喝了，肉也不吃了，赶紧上前，又是劝又是拉的，这才将张嘉贞扯了出去。

好好的一场宴会被这么低俗地搞砸了，大家都以为正在兴头上的李隆基会大发雷霆。但让人没想到的是，李隆基又一次表现出极为大度的胸怀，他并没有因此而责怪张嘉贞，反而跟什么事都没发生过一样，让大家该干吗干吗去，都是他的好臣子。

一年之后，张嘉贞因为其他事情被贬出了京城，但是没过多久，李隆基念其才，又将他提拔为工部尚书，兼任北平军事、河东侯。729年，张嘉贞因病去世，享年六十四岁。

搞掉了张嘉贞，张说终于坐稳了中书令的位置。

整整十年了，十年之前他是中书令，十年之后，他终于又成了中书令。胜他一筹的姚崇、宋璟走了，品德高尚的张嘉贞也走了，放眼天下，再也没有人是张说的对手。

这个喜欢排挤同僚，时常贪污受贿，道德品质很差，但是个人能力超强，文学水平超高，又善于提拔人才的奇人，终于迎来了属于他的时代。

在未来三年里，张说凭借他敏锐的判断力，坚定的执行力，饱含激情的马屁精神，为大唐以及李隆基做了几件大事。

一百一十九　盛世阴影下，贤相内斗成风（二）

在张说又一次当上宰相的时候，唐朝的边疆上长年驻扎着六十万大军。

按道理讲，唐朝的边疆有几万里，这点人马并不算多。可是，到李隆基当皇帝之后，周围的少数民族基本都在仁义礼智铁拳的感化下，低下了高傲的头颅，这六十万大军就显得有点多余了。

在武则天时期闹分家的后突厥，在李显当皇帝的时候就被大将张仁愿搞得日落西山了。到李隆基当皇帝之后，后突厥又出现了内乱，李隆基趁火打劫，派人去揍了他们一顿。从此，后突厥一心一意要当大唐的女婿，基本失去了折腾的能力。

至于西突厥那边，自从遭到苏定方、裴行俭前后两次痛扁之后，至今也没有搞出过什么大动静。

武则天时期一直打到河北的契丹，这时候虽然还比较猛，在李隆基登基之后，他们又打败了薛仁贵的儿子薛讷，但基本都是在东北地区折腾，一会儿投降唐朝，一会儿反叛，一直也没有闹出什么大的动静。

当年打败大唐很多次的吐蕃，这时候已经完全处于下风。唐朝对付吐蕃的大将，基本都能在揍它的时候刷点业绩，例如薛讷刚刚在契丹吃了大败仗，反手就给十万吐蕃大军几个耳光，算是给他爹薛仁贵雪了耻。

河西、陇右节度使郭知运，驻守边疆的八年时间里，基本每年都要主动出击，给吐蕃送一次仁义礼智加铁拳。他的继任者王君𢇍（chán），也是一员喜欢进攻的猛将，他继续发挥以战养战的精神，时不时到邻居家砸锅、砸碗、抢牛羊啥的。

这些战争规模都不大，也没有特别精彩的地方，所以这里就不详细叙述了。

总之，李世民在位的时候，在大唐边疆折腾的有东突厥、西突厥、吐谷浑、薛延陀、高句丽。李治在位的时候，在大唐边疆折腾的有高句丽、西突厥、吐蕃。武则天在位的时候，在大唐边疆折腾的有吐蕃、后突厥、契丹。

到李隆基执政前期，能折腾出较大水花的，只剩下东北的契丹了，大唐的边疆终于迎来了自李唐开国以来，最安定的一段美好时光。

张说作为驻守边疆多年的大儒将，他很清晰地认识到，未来一段时间，和平与发展将成为大东亚的主流，再养六十万戍边士兵，不但不能开疆拓土，还会成为朝廷的负担。

所以，他刚当上宰相，就力劝李隆基将六十万边防军裁撤二十万，让这些人回家务农。

李隆基很犹豫，自称帝十几年以来，他从来就没有想过要裁军。另外，裁军之后，突厥、吐蕃万一东山再起，突然进攻边境怎么办？所以，李隆基断然拒绝了张说的请求。

可没想到，张说是王八吃秤砣——铁了心。他继续摆事实、讲道理，将自己在边疆的所见所闻统统汇报给了李隆基。

例如戍边的士兵太多，大家无事可干，将领们便让这些士兵当自己的家仆，用国家的柴烧自己的灶。再例如，边疆军队太多，这些人便会拥兵自重，恐怕到最后会尾大不掉。反正裁军是正道，人多没好处，你要想创造伟业就得听我的……

张说劝得口干舌燥，嗓子冒烟，李隆基还在犹豫。

张说无奈之下，心头一横终于甩出了一个王炸："臣愿意以全家一百口人的性命做担保，裁军之后，必然不会招来寇贼。"

李隆基终于震惊了，原来眼前这个人刚才所说的每一句话，后面都有一条沉甸甸的人命。作为当朝的右相，为了国家的利益，他已押上全家人的性命，自己还能再说什么呢。

于是，一场轰轰烈烈的大裁军运动随即在大唐的边疆展开。

无数个人的命运，因此得以改变，无数个家庭，因此得以重圆。边疆的战事，也正如张说所说，并没有因此而增多。

救人一命胜造七级浮屠，张说一句话便解救二十万人于水火，真乃功莫大焉、善莫大焉。

可是，就在众人准备为他的功劳而喝彩的时候，张说突然又提出了一个让所有人都目瞪口呆的建议：扩军。

这边刚刚裁完军，还没有隔几天又要扩军。即便是神经病，恐怕也干不出这种事。

但是张说却有他自己的理由。裁的是边防军，扩的是中央军。有人可能要问了，那为什么不让边防军直接转成中央军呢？

这个原因也不复杂，因为大唐的面积实在是太大了，东西纵横一万多里。

古代不像现在，坐上火车，几天之内就能走遍全国。把边防军变成中央军，士兵们一个来回就得用好几个月时间，既浪费人力物力，还有可能耽误农时。所以，中央军只能在关中附近招募。

那为什么要招募中央军呢？

因为府兵制在运行了一百一十年之后，已经由当初的先进制度变成了人民的负担，士兵大量逃逸，中央已无兵可用。

道理很简单，府兵制的基础是均田制，国家先给每个成年男人分配一百亩土地，他们才能在老婆孩子热炕头之后，还有余力和时间给国家免费服兵役，两者相辅相成，使大唐成为当时世界上最强大的帝国。

但是，随着时间的推移，大唐的总人口越来越多，从一千多万变成了五千多万，男人们手中的土地也从每人一百亩变成了每人三四十亩，这些土地养活一个家庭都很困难，更别提给国家免费服兵役了。

再加上战争不断，男人们服兵役的时间越来越长，而能抢到的东西却越来越少。所以，逃兵役的人越来越多，等到张说当宰相的时候，府兵已经达到了缺员现象严重、调防无兵可调的地步。

这一次，李隆基没有犹豫，作为羽林军曾经的老大，他知道中央军的情况，他也相信张说的能力和为人。

事实证明，这一次张说依然正确，在短短的十天之内，朝廷就招募了十三万中央军，大大加强了中央的实力，而已经不合时宜的府兵制也由此开始瓦解。

连续两次军事改革的成功，让李隆基对张说的能力刮目相看，对他的信任程度也急剧飙升。所以，李隆基开始把越来越多的重任放到张说身上。

张说担任宰相的第二年，李隆基学习当年的李世民，在京城设立了一个书院——丽正书院（集贤殿书院）。张说被任命为该书院的最高领导——知院事。

张说坐上这个位置，可不是因为官大才当领导，外行指挥内行。而是他在当宰相之前，就已经是引领文坛三十年的扛把子了。他写的碑志铭，被唐宋八大家之一的欧阳修称为"世所不逮"，"不逮"就是"比不上"的意思（为文属思精壮，长于碑志，世所不逮）。

另外，他写的诗的艺术水平也非常高，例如下面这首《邺都引》，就激情奔涌，慷慨悲壮。

君不见魏武草创争天禄，群雄睚眦相驰逐。

昼携壮士破坚阵，夜接词人赋华屋。

…………

试上铜台歌舞处，惟有秋风愁杀人。

有这种牛人在，集贤院很快就迎来了最辉煌的时期。张说一共搜集了天下藏书八万九千卷，使集贤院成为当时世界上最大的图书馆之一（李世民的弘文馆有藏书二十万卷）。

另外，张说又广募天下文人名士一百多人于其中，让他们著书立说、编修史书，这其中最著名的就是写出"不知细叶谁裁出，二月春风似剪刀"的礼部侍郎、集贤院学士贺知章。

如果一个人一辈子能做成一件大事，那么他就是成功的。如果一个人一辈子能做成很多件大事，那么他就是极其幸运的。

张说不仅干成了很多大事，而且还都是他自己喜欢的、文武双全的大事，有此人生，真可谓幸甚至哉。而更让人羡慕的是，张说的幸运至此还没有结束。

724年，李隆基回顾了一下这十几年来自己的文治武功，人才选了，吏治整了，兵制改了，边境安宁了，大唐上上下下达到了史无前例的全盛时刻。

劳累了十几年的李隆基，终于放松了警惕，准备稍微休息一下，犒劳一下自己。张说敏锐地观察到了李隆基的心思，便积极主动地献上了一个大计划——封禅。

自从秦始皇到泰山写上到此一游以后，泰山封禅就被赋予"王者受命、天下太平"的意义。所以，每一位有作为的皇帝，不，应该说每一位皇帝，都想去泰山封禅。

汉武帝与汉光武帝两位大牛到泰山封禅，更是为这个典礼镶上了两颗大钻，说明能上泰山的，都是千古一遇、大有作为的明君。

李隆基自认为不比汉武帝、汉光武帝逊色，起码不比爷爷李治逊色，所以张说提出封禅之后，他自然不会推辞。于是，他便让张说作为封禅大典的执事官，全权负责此事。

在未来的两年里，张说充分发挥了拍马屁的才能，又是制定封禅礼仪程序，又是安排地方，该修路的修路，该刷墙的刷墙，忙得不亦乐乎。

725年十月，封禅如期举行。李隆基带领着文武百官，外邦客使，东封泰山，一路上旌旗招展、锣鼓喧天，声势之浩大，前所未见。

到达泰山之后，李隆基亲自撰书《纪泰山铭》，刻于岱顶大观峰；张说作为群臣之首，则撰写了一篇极有文采的雄文《封祀坛颂》勒石纪德。

其中写道：既而礼官不戒而备，军政不谋而辑，天姥练日，雨师洒道，六甲按队，八阵警跸……原野为之震动，草木为之风生。臣说作颂，告于神明……维天为大，惟皇则之。率我万国，受天之祺，子孙百代，人神共保绥之云尔而已矣。

此文一出，群臣无不惊叹，哪怕是一向不喜欢张说的大臣，也不得不为其文采而折服。

但是，俗话说"月盈则亏，水满则溢"，意思就是人一旦达到了顶点，也就迎来了终点。张说在泰山封禅之后，立刻遭到了群臣的口诛笔伐。

跟随皇帝封禅是每一个官员梦寐以求的愿望，例如司马迁他爹就因没有能跟随汉武帝封禅泰山而遗恨终生："今天子接千岁之统，封泰山，而余不得从行，是命也夫！"

因为跟着皇帝封禅有很多好处，一方面可以公款吃喝，免费旅游；另一方面这是以后吹牛的资本，陪同的人员回来之后，肯定会大吹特吹，如路上见到了什么奇闻逸事，上泰山后见到了什么神仙鬼怪，而没有去过的人，一句话也插不上，就显得特别尴尬。

更重要的是陪同皇帝封禅和给皇帝抬棺一样，都有福利大派送的节目，当官的可能因此升官或受赏，没当官的可能因此走上仕途。

所以，安排谁跟着皇帝去封禅，就成了一件需要特别注意的事情，搞不好就会得罪一大批人。

事情到了张说这里，他却搞出了一刀切——凡是自己的亲信，统统可以去；不是自己的亲信，统统靠边站。

这个举动迅速引起了民愤，张说的亲信张九龄赶紧劝他，不能这么干，得把道德名望高的人排在前面，把有功劳的旧臣排在后面，不然引起众怒就麻烦了。

可是面对张九龄的苦口婆心，张说却并没有在意，他仍然一意孤行，不仅让自己的人跟着李隆基到泰山溜达了一圈，回来之后，他又不顾大家的非议，把这群人全都破格授予五品官位。

这下更不得了了。户部侍郎宇文融、御史中丞李林甫等人联名上书李隆基，弹劾张说专权独断、徇私舞弊、收受贿赂，另外，还勾结术士占卜吉凶。

李隆基也知道张说这一次做得实在太过分了，于是，便派了一群官员对他进行联合调查。众所周知，张说的品行本来就不咋的，这么一调查，事情就更大了，李林甫等人不仅没有冤枉他，还少弹劾了他的很多罪状。

李隆基任命过那么多宰相，还从来没有人像张说这样五毒俱全的。贪污并不可怕，但是大臣勾结术士占问吉凶这种事，放到任何时代都是大罪。当年拥有免死铁券的刘文静，只是召集巫师，驱除妖孽，就被李渊斩了，现在你明目张胆占卜吉凶，皇帝怎么可能允许。

所以，李隆基史无前例地大怒不已，杀心也随之冉冉升起。

张说的哥哥张光听说之后，顿时惊慌失措。同样在官场摸爬滚打几十年的他，很快就意识到，弟弟这一次恐怕在劫难逃，谁要替他说话，恐怕都要受到牵连。

但是作为哥哥，他不能也不忍心眼睁睁地看着弟弟家破人亡。所以，为了营救弟弟和整个家族，张光开始了漫长而痛苦的求人之路。

他把京城的权贵全部列了出来，带着金银珠宝和卑微的笑容，挨家挨户四处求情。在他看来，张说三次为相，提拔过的人和帮助过的人不在少数，肯定会有人站出来替张说求情。可是几天过去了，跑断了双腿，等待他的只有世态炎凉，没有人愿意站出来替他说话。

也许这就是人性吧，飞黄腾达之际，在深山老林抡木棒，打不散无义的宾朋。穷困落难之时，在十字街头耍十把钢钩，钩不着亲人骨肉。

极度无助的张光，在绝望之余只好决定谁也不求了，要求就求自己。于是，有一天上朝的时候，他在官服里偷偷藏了一把刀子。

当李隆基在朝堂之上，讲得口若悬河、吐沫直飞的时候，他迅速地拔出刀子，向着自己的耳朵砍了过去。

李隆基和文武百官看着地上的耳朵，以及汩汩直冒的鲜血，顿时被吓傻了。心想羽林军都是吃白饭的吗，竟然让人带刀上朝，回头一定要剁了今天执勤的人员。

就在大家叫声一片的时候，张光一边忍住疼痛，一边跪倒在地，大声喊着张说的冤屈。

李隆基这才反应过来，原来张光不是要杀自己，赶紧让人给他止了血，并将他拉出朝堂。经过张光这么一闹，李隆基的心顿时又软了很多，于是，他就让大太监高力士去探望一下张说。

作为千古贤宦第一人，当年高力士还不计前嫌替得罪过自己的姚崇说好话。如今张说并没有得罪过他，他自然也要替张说求情了。

回来之后，高力士一边叹息，一边对李隆基说道："张说头发散乱，满脸污垢，坐在稻草垫子上，用瓦盆吃饭，惊慌恐惧地等候处分……张说当年愿意以全家性命作保裁军，对国家有功，着实是个功臣啊。"

李隆基听罢，这才消了怒气，只是免去了张说的中书令之职，仍然让他担任尚书右丞（正四品下），在集贤院专修国史。另外，每当遇到军国大事时，李隆基仍然会派人去询问他的意见。

四年之后，张说终于因病在家里去世，享年六十四岁，追赠太师，赐谥文贞（和姚崇、宋璟一样）。

纵观张说一生，是让人觉得很拧巴的一生。

他少年有成，年纪轻轻便在全国性的策论考试中成为第一名。

他为人高尚，面对张易之兄弟的威逼利诱，宁可下狱被流放，也要坚持正义，力挺忠臣魏元忠。

他忠君爱国，面对太平公主的飞扬跋扈，冒着又一次被贬的危险，力劝李旦让李隆基监国。在太平公主即将发动兵变的关键时刻，他又杀伐果断，劝说李隆基先下手为强。

他文武双全，引领文坛三十年，生命的最后一刻还在编辑史料。第一次领军打仗，他便能横扫北境，屡战屡胜。

可惜，他在取得大功的同时，也犯下大错。他喜欢排挤同僚，他喜欢贪污受贿，他喜欢专权独断。

说他是一代贤臣，有很多人是不太愿意的，例如李隆基将他的谥号赐为文贞的时候，群臣是反对的，因为无论怎么看，他都要比姚崇、宋璟低一个档次。后来，在李隆基一再坚持下，群臣才不再反对。

所以，张说应该是一个有争议的人，笔者觉得他不应该被称为贤相，而应该被称为能相，能力突出，与贤有仇。不过瑕不掩瑜，有此一生，也已足矣！

一百二十　盛世阴影下，贤相内斗成风（三）

张说被罢免之后，李隆基将李元纮提拔为宰相。

李元纮的祖宗本来姓丙，但是李唐开国的时候，他曾祖父因为有功，被李渊封为应国公，赐予了李姓，所以他们家从此就姓了李。

和很多富二代一样，李元纮从小就没表现出什么杰出的才能，连科举考试也没有参加过，纯粹靠祖宗的关系当了官。

不过，和很多富二代不同的是，他当官之后倒挺有作为，为人正直，做事公允，敢于得罪权贵。

当年他当京兆尹的时候，王公贵族们在河边建了很多石磨，导致河水断流，农民浇不成庄稼。他刚上台，就不顾这些贵族的颜面，直接让人把石磨拆了，因此声名鹊起。

后来，他又慢慢地升为工部、兵部、吏部侍郎，算是一个多面型人才。

和李元纮一起被提拔上来的还有另一位宰相杜暹（xiān），他出生于濮州濮阳（今河南濮阳）。和李元纮不同，他的祖辈只干过芝麻大的小官，所以，他是从科举的独木桥上一步又一步拼杀出来的。

在底层多年的摸爬滚打，让他深知民间的疾苦。所以，当官之后，他极为清廉节俭，发誓不接受任何亲友的馈赠。

他清廉到了什么地步呢？

在离任婺州（今浙江金华）参军的时候，他的同僚为他送行，大家知道他一向清廉，所以没敢送他贵重的礼物，只是送给他一万张纸。可是杜暹仍然觉得一万张纸太过奢侈，只收下了一百张，因此他又被人称为"百纸参军"。

这种好人好事，很快就成了新闻。随后，他就被提拔为大理评事（从八品）。

不过，可惜的是，在此后的十几年里，他竟然莫名其妙地原地止步了。直到716年，李隆基才在茫茫人海中，又一次发现了他的才能。

短短八年时间，李隆基就将他从八品小官升为从三品的安西都护府副大都护。在安西都护的任上，他又是平定叛乱，又是安抚将士，在当地深得民心。726年，李隆基便召他回京，担任宰相一职。

在李隆基看来，李元纮和杜暹应该是一对好搭档。前者做事公允，后者清廉节俭，都是品德高尚的人。前者文官出身，可治理百姓；后者军人出身，可安定天下；文武配合，必然天下大治。

但是，这两位爷的所作所为却让所有人惊掉了下巴。

他们当上宰相之后，虽然什么坏事也没干过，但值得一提的政绩，他们也没有干过。

那么，他们干了些啥呢？

吵架！

这爷俩就像性格不合的小夫妻一样，小事吵、大事吵，没事还要找事吵。搞到最后，两人想起彼此就恶心，看见彼此就想吐，更别提相互帮助了。

刚开始，李隆基看见他们吵架，还以为他们都比较理性，只是对事不对人。

慢慢地，李隆基发现，他们完全就是对人不对事。这个人赞同的，那个人必然反对；那个人反对的，这个人必然赞成。

李隆基在忍受了三年之后，实在受不了这种折磨，终于把他俩全部罢了相。这两个活宝也因此成为开元时期最没有影响力、最没有知名度的宰相。

啥叫没用的好人，大概说的就是他们这种人吧。生于最辉煌的时代，占据一人之下万人之上的高位，拥有名垂青史的大好机会，让许多人羡慕不已，但他们却活成了一笔带过的配角。说实话，笔者觉得这是一个政治家最大的悲哀。

送走了这俩活冤家，李隆基又把萧嵩提拔为宰相。

萧嵩是梁武帝萧衍的后人，梁明帝萧岿的玄孙，江湖名气很大，治国才能却不怎么样。不过，萧嵩搞关系的能力很高超，年轻的时候，他和神龙五虎之一的桓彦范关系很好，桓彦范后来惨死，他竟然没有受到牵连。

年长以后，他又得到了姚崇的赏识，被提拔为兵部侍郎。姚崇的这个举动，遭到了不少人的非议，因为当时的人都知道，萧嵩有一个特点格外突出——学识浅薄。把这种人提拔为兵部侍郎，说姚崇徇情枉法恐怕都不为过。

但是十几年后的事实却证明，姚崇的眼光极为毒辣。

727年，也就是姚崇去世六年之后，大唐的西北出现了大乱。被大唐按着揍了十几年的吐蕃，以及之前名不见经传的回纥，突然之间雄起了一把。

吐蕃趁唐军不备，发兵攻陷了瓜州（今甘肃酒泉），生擒了当地的刺史。回纥则突然反叛，斩杀了右羽林大将军、河西节度使王君毚（chán）。

王君毚，我们在前面提过，是驻守西境的猛将，打吐蕃时从来都是以攻为守，屡立奇功。

如今，猛将突然战死，重镇突然失守，朝廷上下一时之间震惊不已。

但对于兵部二把手萧嵩来说，这个意外却是他的机遇。他在遭人非议了十几年之后，终于迎来了人生中的巅峰时刻。

萧嵩临危受命，被提拔为兵部尚书、河西节度使、判凉州事，全权处理西境事务。

面对吐蕃和回纥的双重压力，萧嵩敏锐地意识到，吐蕃才是问题的关键，只要搞定了吐蕃，回纥便掀不起什么大浪。

于是，他并没有被愤怒冲昏头脑，选择先为王君㚟报仇雪恨，而是把矛头直接对准了吐蕃。

在萧嵩的推荐下，安禄山的义父、一代名将张守珪被任命为瓜州刺史。

张守珪，陕州河北县（今山西平陆县）人，长得很野蛮，智商却很高，不仅能砍人，还能变着法砍人，年轻的时候就以善骑马射箭闻名于军中，时任左金吾卫将军、建康军使（从三品）。

张守珪接到任命以后，只带了少数亲兵，便急行军数千里，火急火燎地赶往瓜州。到达瓜州之后，吐蕃侵略军早已破坏城池，消失得无影无踪。

多年的征战经验让张守珪明白，吐蕃大军迟早还会回来的。所以，他立刻让士兵放下刀剑，拿起瓦刀，当起建筑工人。该修墙的修墙，该铺路的铺路，瓜州城很快就基本恢复了原貌。

但是，还没等唐军休整一下，吐蕃大军就如张守珪所料，又回来了。

精疲力尽的唐军见状，吓破了胆，自己这边人数太少，而且全都疲惫不堪，此时再坚守下去，恐怕凶多吉少。

张守珪深知眼下的瓜州城就是纸老虎，只要吐蕃军进攻，用不了几天就会城破人亡。但是，他不想退，也不能退，因为这支疲惫之师，根本跑不过吐蕃的精锐骑兵。

退是死，守也是死，仗还没开打，张守珪就陷入了两难的境地。情急之下，他突然想到了一个妙招——忽悠。

当吐蕃大军将瓜州城团团围住，摆开阵形，敲锣打鼓地准备进攻的时候，张守珪不慌不忙地将一群浓妆艳抹的女人叫上了城楼。

他让这群女人陪着自己吹拉弹唱、饮酒作乐。

大敌当前，还有心思搞腐败，纵观隋唐，只有一百多年前的陈后主陈叔宝敢这么玩，而陈叔宝的结局，众所周知，就是家破人亡。

张守珪什么人不学，偏偏学陈后主，等待他的好像除了灭亡，没有第二条路。

但是，就在这个时候，奇迹发生了。

城下的吐蕃军看到张守珪如此淡定，很快就蒙了。他们大概率没有看过《孙子兵法》，不知道这是空城计的灵活运用。

他们左看右看，思来想去，觉得城楼上的唐军大概率不是傻子。那么，不是傻子，怎么会干出傻事呢？肯定是城中早就有准备了。

所以，他们竟然和《三国演义》里的司马懿一样，吓得调转马头就赶紧往后逃。

此时不打，更待何时？张守珪见状，笑得刚喝下去的酒直往外喷。稳定了情绪之后，他立刻放下酒杯，穿起战甲，带领骑兵就冲出城去，朝着吐蕃军连追带打。吐蕃军根本没有任何准备，丢下了无数具尸体之后，纷纷抱头鼠窜。

一战下来，瓜州就此稳定。之后两年，张守珪再接再厉，两次大败吐蕃军，使其再也不敢侵犯瓜州。

就在张守珪与吐蕃鏖战的这三年里，萧嵩也没有闲着。

他通过高超的外交手段，再一次挑拨离间了吐蕃君臣的关系。而吐蕃的老大是个记吃不记打的主，他和当年中了郭元振的计策一样，又一次中了萧嵩的计策，主动斩杀了自己军中的名将。

随后，萧嵩又派副将主动出击，再次将吐蕃军狠狠地揍了一顿，斩杀三千多人。最后，吐蕃实在抗不住唐军一次又一次的猛烈进攻，只好主动求和，非要当唐朝的女婿不可。

大唐的整个西部，又一次恢复了安宁。正是因为这次杰出的操盘能力，萧嵩又被李隆基提拔为中书令。

但是，打仗和执政完全是两码事，不是所有会打仗的人都能当宰相的。萧嵩当上宰相之后，"学识浅薄"的毛病便严重影响了他的发挥。

只要遇到政治上的大事，他都头脑发晕，两眼发黑，根本无从下手。所以，他当宰相那几年，除了唯唯诺诺地听从李隆基的命令之外，没有任何其他建树。

不过，他与之前那俩"没用的好人"不同，他有一定的肚量，尽管和第二宰相裴光庭的关系很差，但也没有像张说那样，非要搞得你死我活。又不是不能过，两人就那么"情颇不协"地过了将近四年，直到把裴光庭熬死。

另外，萧嵩为人比较公正，眼光也比较独到。733年，裴光庭因病去世之后，李隆基让他再选一个搭档。

如果是张说，肯定选一个自己的亲信，例如张九龄。但是萧嵩并没有这么干，他选了一个叫韩休的人当宰相。

韩休，出生于官宦世家，京兆长安（今陕西西安）人。年轻时就精通词学，堪称京城一枝花。从政之后，他虽然没有干出什么政绩，但为人性格耿直、刚正不阿，有点魏徵当年的样子。他曾经当面怼过好几次李隆基，气得李隆基直拍大腿，为他的逆耳忠言点赞。

韩休当上宰相之后，更是将直谏的精神发扬到了极致。李隆基稍有过失，他就开怼。搞得李隆基每次犯了啥错，都吓得不行，赶紧问左右：韩休知道了吗？

在韩休的高压之下，短短几个月的工夫，李隆基就瘦了一大圈。左右看到皇帝变成这样，就纷纷来劝他："自从韩休拜相后，陛下没有爽过一天，为啥不把他贬到外地呢？"

李隆基发出一声长叹，说道："我虽然瘦了，但国家却富裕了。萧嵩每次奏事都会顺着我的意思说，我退朝之后，睡不安稳。韩休每次进谏都让我不爽，但我退朝之后，反而睡得安稳。我让韩休为相，是为国家社稷考虑啊。"

不过，韩休和张说一样，能力挺强，排挤同僚的毛病也一样。才当上宰相几个月，他就和恩人萧嵩闹出了很多矛盾。733年十月，两人的矛盾大爆发了。

有一次，萧嵩和韩休一起讨论国家大事。萧嵩想让韩休顺从自己，但韩休根本不念旧情。

两人你一言我一语，又一次吵上了，最后还闹到了李隆基那里。李隆基一听，也不是什么原则性的问题，便想和稀泥，让两个人能和解。哪承想，韩休已经彻底伤了萧嵩的心，他直接提出了辞职。

李隆基以为这是萧嵩的气话，就赶紧好言好语地挽留，但是一向唯唯诺诺的萧嵩却突然硬气了一把，一边哭一边坚持要辞职。

两人吵架，把当朝第一宰相给吵哭了，李隆基当了这么多年皇帝，还是第一次看见这种奇葩事。既然你们都不给我面子，那还有什么好说的呢。所以，李隆基一怒之下，就把萧嵩和韩休全部罢了相。

就这样，短短六七年时间，大唐就有四位宰相因为吵架被罢了。如果再算上前期的姚崇与张说斗，姚崇与魏知古斗，张说与张嘉贞斗，张说与宇文融、李林甫斗，开元一朝的宰相们可谓生命不息、斗争不休啊。

如果说一两个宰相斗，是因为他们的人品和心胸有问题的话，那么，几乎所有宰相都争斗，就极有可能另有隐情了。

这中间有没有李隆基的故意挑拨，我们不得而知，但考虑到李旦当年的平衡大法，李隆基大概率是得到了他老爹的真传，还青出于蓝而胜于蓝，至少目前看来是如此的。

可惜，这种平衡大法，李隆基并没能坚持下去。因为替代萧嵩与韩休的人，一个是开元时期最后一位贤相张九龄，另一个就是安史之乱的罪魁祸首之一、为相一十九载的口蜜腹剑高手李林甫。

一百二十一　张九龄：草根逆袭到底有多难

海上生明月，天涯共此时。

有初中文凭的中国人，基本上都知道这两句千古流传的诗句。但知道其作者的人恐怕不太多，他就是我们接下来要讲的，开元盛世的最后一位贤相——张九龄。

673年，张九龄出生于韶州曲江（今广东韶关）。作为至少官四代，他从小就表现出与众不同的文人气质。

当其他小孩还在玩泥巴的时候，七岁的张九龄就已经写得一手好字了。十三岁时，同学们还在为五百字的日记抓耳挠腮，他写的作文，就已经被人们争相传阅，比如当时的广州刺史、后来的宰相王方庆看罢，拍着大腿直夸这孩子前途无量。

更为难得的是，面对众星捧月般的夸赞，小小的张九龄并没有像"仲永"小朋友那样变得骄傲自大。相反，他一方面认真学习课本知识，另一方面细心模仿长辈们为人处世的方法。

经过长期的内外兼修，成年之后的张九龄变得格外优秀，既才高八斗，又风度翩翩，还懂人情世故，二十多岁就当上了校书郎。

虽然这个官职只是个九品芝麻官，但年轻的张九龄相信，凭借他的能力与才华，要不了多长时间，他肯定会在众多官员中脱颖而出。

为此，他在工作的时候格外卖力，认真地研究每一本文献，细心地校对每一本书。

然而，他却用实际行动又一次验证了一条历史潜规则：你自认为的优秀，在人际关系面前一文不值。

不如他努力的同事们，一个个都升了官、发了财、娶了新老婆，只有他在辛辛苦苦工作了很多年之后，依然是底层的校书郎。

唯一让人感到欣赏的是，当时的文坛领袖张说无意之间发现了他的文章，对他赞不绝口。

但是，这并不是一个好消息，因为当时的张说已不是宰相，而是随时可能被砍头的罪人——他因为力挺魏元忠，被武则天流放了。

而且张说之所以夸张九龄，也不单单是看中了他的文章，大概率是相中了他们家在两广地区的关系网。

因为张说的流放之地在广西钦州，而张九龄的家族在两广地区世代为官。张说作为流放罪人，想要在岭南安身立命，难免需要这些地头蛇的保护。

作为一代人精，张说知道应该在什么时候夸人，以及夸什么人。

史书上虽然没有记载张说到达岭南之后，张九龄的家族和其有过什么互动。但从后来张说当上宰相，极力提拔张九龄，并要与之结拜为异父异母的同宗兄弟这件事来看，张九龄家族肯定为困境之中的张说提供过巨大的而且不可替代的帮助。

锦上添花易，雪中送炭难，渡人如渡己，渡己亦渡人啊！

不过，这一切还是二十年之后的事，当时的张九龄并没有因为张说的夸赞而高兴几天。相反，三十五岁的他已经感受到了严重的中年危机。

他每天一睁开眼，就发现周围全是需要依靠自己的人，而自己却没有任何依靠。老婆、孩子的支出一年又一年增加，而自己的精力却一年又一年下降，工资就更别提了，不但没有上涨，甚至还有下调的危险。在京城生活高昂的开支，已让他疲惫不堪。

尤其是到了晚上，这种巨大的焦虑，经常让张九龄感到蚀骨般的疼痛，在繁华的京城中，在万家灯火之下，竟然没有一盏灯属于自己。

从小就人见人夸的张九龄，终于第一次体会到了生活的艰辛。

怎么办呢？是向困难挑战，继续在京城苟活，以待时机？还是向生活妥协，返回老家，在家人的庇护下过无忧无虑的生活？

很多人可能会认为，作为未来的一代贤相，张九龄肯定会像一个斗士那样，勇敢地面对困难并战胜困难。

但事实却恰恰相反，他怂了。

他思索再三之后，还是选择了逃离。

如果事情就这样发展下去，张九龄应该会回到老家，通过关系继续当一个小官，然后优哉游哉地过完他的后半生。

但幸运的是，他有一位老骥伏枥、壮心不已的老爹。

当张九龄回到老家，把返乡后的计划说出来的时候，张老爷子非常震惊。他们家已经连续四代人都当小官了，到他这一代终于生出了一个天才般的儿子张九龄。

张老爷子本想凭借这个儿子重振家族，可如今他竟然受不了京城的压力要回老家，重走自己走过的老路，让他如何能够接受。

所以，张老爷子把张九龄叫到身旁，语重心长地说了一番鼓励他的话：大器晚成者比比皆是，太公八十遇文王，刘邦花甲成帝王，而三十五岁的你却要逃离京城，人不怕落魄潦倒，就怕没有了理想和志气啊。

能成大事者，不是没有害怕过，没有灰心过，而是无论多么落魄、多么潦倒，只要有一点希望，雄心壮志便会再次燃起。

老爷子的话虽然没有什么新意，但对于胸怀大志的张九龄来说，已经足够了。

于是，打满鸡血的张九龄回到了京城。他依然孜孜不倦地学习，勤勤恳恳地编书，他不再关心同事们的升迁，不再参加朋友们的聚会，他的生活里只剩下了学习和工作。

经过一千多天坚持不懈的努力，张九龄终于等来了一次难得的机会。

710年，李隆基发动唐隆政变，扳倒韦后之后，为了和姑姑太平公主争权，便学习起当年的李世民，准备召集大批文人，拉拢天下人心。

张九龄抓住机会，顺利通过了李隆基的面试，终于从九品的校书郎升为八品的右拾遗。两年之后，李隆基正式称帝，又将他提升为左拾遗（杜甫、白居易也任过此职）。

虽然这个官职依然很小，但属于谏官性质，可以经常见到皇帝，也可以光明正大地批评皇帝。

张九龄很珍惜这个得来不易的机会，李隆基刚上台，没有到郊区祭祀天地，他就抓住机会，给李隆基上了一封奏章，从天地的角度和历史的角度论证了祭祀的重要性。

不过，这封奏章写的并不是时候，年轻的李隆基并不太信这个。所以，他的奏章递上去之后，并没有引起李隆基的注意。

受到挫折的张九龄并没有灰心，他相信只要自己向魏徵学习，坚持不懈地进谏，李隆基迟早会被自己的真诚打动。

但是，上天实在是捉弄人。

就在他准备再接再厉的时候，重新担任宰相不久的张说被姚崇斗下了台。作为张说的死党，张九龄的政治生涯也基本在这一刻画上了句号。不久之后，他便因为和姚崇产生了不可调和的矛盾，而不得不辞官回到广东老家。

这一年，张九龄已经整整四十三岁了。

二十年前，他带着一身的才华和满腔的热血从老家出发辗转数千里赶往京师，以求实现毕生的抱负。

二十年后，他一事无成带着疲惫的身躯、满怀的遗憾，跌跌撞撞数千里返回了广东。

曾经意气风发的少年，已经熬成了沮丧失意的中年人，可是那个梦寐以求的理想却仍然遥不可及。

又一次跌入谷底的张九龄，痛楚着、哀叹着，不知不觉间，他又一次想起了八年前父亲对自己说过的话。

哎，当年三十五岁，现在也才四十三岁，还年轻，还有机会，努力吧，既然不能在庙堂之上为帝王出谋划策，那就在江湖之中为老百姓做点事实吧。

回到老家之后，张九龄在这种精神的激励下，很快振作了起来。他发现海拔一千多米、绵延四百多里的大庾岭是阻碍广东与中原联系的最大障碍。

大庾岭里虽然有路，但那是秦始皇南征百越时派遣五十万大军开凿的。如今已经时隔千年，年久失修，而且荆棘遍布，老百姓走在上面，一不小心就会坠入悬崖，粉身碎骨。

张九龄对此看在眼里，疼在心里。于是，他上书李隆基，请求开凿大庾岭路。

李隆基也明白"要想富，先修路"的道理，所以很快就同意了他的请求，并按照谁出主意谁干活的原则，让他当了开路主管。

张九龄很开心，修好这条路后，也许自己就能东山再起。所以，从接到任命的那天起，他就开始亲自带着附近的农民们履险攀岩、披荆斩棘没日没夜地修路。没有炸药，他们就用火烧；没有机械，他们就用手砸。

他们敲碎了一块又一块坚硬的岩石，填平了一个又一个深邃的沟壑。两年之后，他们的付出终于换来了巨大的回报，一条宽十几米，长三十多里，可以并行五辆马车的康庄大道修好了。

从此，两广进口的海外货物由此流入中原，中原的珍品由此运往两广，再流向世界。

大庾岭路成为五岭之中最繁忙的大道，这种盛况一直延续到明清时期。

清代文学家杭世骏经过此路时不由得感慨道：绝险谁教一线通，雄关横截岭西东……荒祠一拜张丞相，疏凿真能迈禹功。

付出总会有收获，两年的默默付出、呕心沥血，张九龄终于得到了应有的回报。718年，他终于被召回京师，再次官升一级，由八品升为从七品的左补阙。

更加幸运的是，几年之后，张说因为打仗有功，第三次被提拔为宰相。作为张说的死党，张九龄终于迎来了人生中第一个高峰，被提拔为正五品上的中书舍人。

不过，这一次和上一次一样不幸，就在张九龄又一次准备大干一场的时候，张说又因为宇文融、李林甫的弹劾被罢了相，而张九龄也被贬到外地当刺史。

这一年，张九龄五十三岁，距离上次被贬官正好十年。

十年前他只是个八品小官，十年后他已是五品大员。虽然官职升了很多，但张九龄的郁闷感并没有丝毫减少。因为五十三岁在古代已是半截身子入土的年纪，没人知道他还能再活几年，而他的理想远不是刺史这么简单。

忧郁至极的张九龄，在被贬的路上，回想起过去三十年来的点点滴滴，哀叹不已。

情至深处，他终于按捺不住悲痛的心情，写下了"秋风入前林，萧瑟鸣高枝……五十而无闻，古人深所疵"的悲凉诗句。

不过，这一次张九龄郁闷得有点早了。

张说只是被罢了相，仍然担任着尚书右丞、集贤院学士等职位呢，而且他也没有受到李隆基的冷落，只要有军国大事，李隆基必然派人征询他的意见。

所以，就在张九龄在外地哀叹不已的时候，张说早已在京城为他铺好了道路。张说在生命的最后几年里，只要遇到机会，便会极力向李隆基推荐张九龄。

日复一日的唠叨，年复一年的推荐，张说的执着，终于在五年之后打动了李隆基。731年，张九龄终于又一次被召回京城。

数次的起起伏伏，多年的底层历练，也成为张九龄巨大的人生财富。他凭借这些厚重的积累，很快赢得了李隆基的信任。

两年后（733年），张九龄终于在奋斗了将近四十年之后，靠着自己的才华实现了自己的梦想，获授中书侍郎同中书门下平章事（宰相）兼修国史，这时他刚好六十岁。

开元时期最后一位贤相，由此迎来了属于他的时代。只是这个时代太过短暂，只有短短的三年而已，因为"面柔而有狡计"，造成天下大乱的李林甫，也已经迫不及待地准备出场了。

一百二十二　李林甫：坏蛋是怎样炼成的

683年，对于大唐来说是个极其不幸的年份。

这一年，一个人死了，统治大唐三十四年的唐高宗李治不幸病逝。锁住武则天的最后一个封印就此解除，一段长达二十多年、充满杀戮与血腥的历史由此拉开了序幕。

这一年，一个人生了，使大唐由盛转衰、一分为二的大奸相李林甫诞生了。在735年之后的十九年里，他助纣为虐、打击异己、迫害贤才、重用胡将，让本就开始堕落的李隆基更加堕落，从而直接葬送了辉煌无比的盛唐。

李林甫，字哥奴，是长平王李叔良的曾孙。

李叔良是李渊的堂弟，曾经在平定薛举和抵御突厥中立过大功，最后战死沙场。所以，论辈分李林甫还是李隆基的叔叔，只是这个叔叔年龄有点小，只比李隆基大两岁。

受祖宗的恩荫，李林甫在年轻的时候，就当了一个小官——千牛直长（正七品上）。

有不少人据此推断，说李林甫的祖宗没有给他留下多少政治资本，家里的日子过得还比较清贫。

这可是一个严重的错误，千牛直长虽然品级不高，但却不是一般人能够当的。

千牛卫，也就是皇帝的高级贴身保镖（掌执御刀宿卫）。

保镖听起来很没档次，但皇帝的贴身保镖可不一般，入选的标准简单来说就三个字：高、贵、帅——高荫子弟、年少姿容美丽者补之……为贵胄起家之良选。注意，是贵而不是富，你家再有钱，不是贵族就不行。

皇帝之所以选高贵帅当保镖，不是因为他们的武艺有多高超，而是因为这些人都是王朝的既得利益者，相对而言比较可靠。

高贵帅之所以愿意给皇帝当保镖，也不是因为他们喜欢站岗，而是这样有机会和领导混得脸熟，以后肯定有用。

所以，李林甫当千牛直长，只是贵族子弟进入官场的一种常用手段，绝不是像某些人说的没有什么政治资本。

另外，很多人也说，李林甫这个人胸无点墨，斗大的字不识几个，真实情况却并非如此。

李林甫的确闹过几个笑话，曾经把杕（dì）认成了杖，把璋写成了獐。

但这并不能说明他学问少，如今大部分人应该都不认识杕字，而把璋写成獐，笔误的可能性极大。作为宰相，每天处理那么多公务，写错几个字也在所难免。

李林甫和李白都给贺知章写过一首诗，名字都叫《送贺监归四明应制》。大家可以猜一下，下面哪一首是李林甫写的，哪一首是李白写的。

第一首：

久辞荣禄遂初衣，曾向长生说息机。

真诀自从茅氏得，恩波宁阻洞庭归。

瑶台含雾星辰满，仙峤浮空岛屿微。

借问欲栖珠树鹤，何年却向帝城飞。

第二首：

挂冠知止足，岂独汉疏贤。

入道求真侣，辞恩访列仙。

睿文含日月，宸翰动云烟。

鹤驾吴乡远，遥遥南斗边。

不知道大家有没有猜对，第二首是李林甫写的。这样的人，明明水平很高，怎么可能斗大的字不识几个。

另外，李林甫还很有音乐才能，吹拉弹唱样样精通。也正是因为他有高超的音乐造诣，才得到他舅舅姜皎的格外赏识。

姜皎，我们之前说过这个人，他帮助李隆基发动了唐隆政变，是李隆基心腹中的心腹，李隆基经常把他叫到宫中，和他一起议事。李隆基还曾把他比作霍光和程昱。

所以，李林甫这个人并不简单。他刚开始是一个小官，但不是一个普通的小官，背后有着巨大的关系网。他后来虽然成为奸臣，但不是一个不学无术的奸臣，而是一个能力很强的奸臣。

当然，笔者并不是要给李林甫翻案，只是想把他最真实的一面还原出来而已。

这种有才学，关系硬，还有音乐特长的人，放在任何时候，火速升官都是必然的。

所以，李林甫在千牛直长的位置上并没有熬几年，便被他舅姜皎连升几级，提拔为太子中允（正五品下）。

在他大概三十二岁的时候，又被他舅提拔为太子谕德（正四品下），这个品级比一般的刺史大，再升一级就是六部的二把手，有资格当宰相了。这么年轻就当上了高官，由此可见，他舅和他的关系该有多好。

没有对比就没有伤害，看一看前文所说的风度翩翩、才高八斗的张九龄吧。

三十五岁的时候，他遇到了中年危机，正准备逃离京城。四十三岁的时候，他还只是一个八品的左拾遗，而且还受到牵连被罢了官。与李林甫相比，说张九龄是草根，恐怕一点也不为过。

人与人的竞争，拼的终究还是人脉资源啊。

有人可能会说了，按照这个升官逻辑，李林甫应该比张九龄先当上宰相才对，为什么张九龄先当上了宰相呢？

道理其实很简单，因为与姜皎的关系，李林甫在三十四岁和三十九岁那两年，遭到了两次沉重的打击。

717年，宋璟当上宰相之后，觉得姜皎的权势太大，而且还天天和皇帝以及皇帝的老婆们一起吃喝玩乐成何体统。于是，他天天吓唬李隆基，身怀利器、杀心必起，给一个人太大的权力，早晚要出事。

李隆基被吓的次数多了，浑身哆嗦，就免了姜皎的所有权力，只给了他一个闲职。舅舅都没有了权力，李林甫自然就跟着不行了。

直到三年之后，宋璟被罢了相，姜皎才迎来了又一春，他又被提拔为从三品的秘书监。但是，好日子还没有过两年，姜皎便遭到了人生中最致命的一次打击。

李隆基的原配是王皇后，和李治的原配老婆王皇后一样，都是山西祁县人。而且这俩王皇后老爹的名字还特别像，李隆基的老丈人叫王仁皎，李治的老丈人叫王仁祐。不过，这两人不是兄弟，中间差了好几十岁。

李隆基的王皇后，年轻的时候算是一个女强人，在李隆基准备发动政变的时候，她出了不少"坏"主意。所以，李隆基当上皇帝之后，对她既感激又宠爱，两人甜蜜得很。

可是，好景不长。也不知道王家中了什么邪，李隆基的王皇后和李治的王皇后一样，都得了不孕症，一直怀不上孩子。

偏偏这个时候，连电视剧都不敢写的一幕发生了。

李隆基喜欢上了武则天的侄孙女武氏。武氏是武则天堂侄武攸止的女儿，因为武攸止死得早，按照惯例，她从小就被养在宫中。

李隆基登基之后，见这姑娘亭亭玉立、性情乖巧，就跟当年李治喜欢上武则天一样，把她纳入后宫，封为惠妃。

武惠妃恰好又和武则天一样有着超强的生育能力，在几年之内就给李隆基生了四个儿子和三个女儿（武则天是四子两女）。

时隔一代人，历史竟然相似到了如此恐怖的地步。同样是王皇后，同样是不能生；同样是武"小三"，同样是特能生；同样是一代明君，同样是喜新厌旧。后面的事情，要想不一样，就实在太难了。

抱着新欢的李隆基，很自然地学起了他爷爷李治，越来越看王皇后不顺眼，想立武惠妃为后。

不过李隆基很犹豫，因为他是经历过那段血腥历史的。他的亲妈死在了武则天的刀下，如果他也立武惠妃为后，武惠妃百分之百会学习武则天，到时候自己的子孙能活下来几个，恐怕没人知道了。

所以，李隆基犹豫再三之后，依旧不知道该如何是好。于是，他就把这个想法告诉了他的好"兄弟"姜皎，当然，是他自认为的好兄弟。因为姜皎转过身，就把这件事告诉了其他人。

本来是阴谋，一下子变成了阳谋，李隆基知道消息泄露之后，史无前例地龙颜大怒，因为背叛自己的人比敌人更加可恶。

如果这个时候，有人替姜皎说几句好话，按照李隆基以往对待功臣的态度，大概率会宽恕他的。

但是，当时的宰相正好是张嘉贞。前面我们说过，张嘉贞和张说有矛盾，而姜皎和张说的关系非常铁，当年张说阻止姚崇为相的时候，就是让姜皎当的急先锋。

仇人的朋友那就是仇人，所以，张嘉贞赶紧痛打落水狗，怂恿李隆基把姜皎痛打六十大板，然后流放到了广西。

当时姜皎已经是五十多岁老头了，别说是打六十大板，就是踹六十脚估计也得散架。所以，他还没有走到广西，就因为伤势太重，找黑白无常斗地主去了。

虽然后来李隆基很后悔处置姜皎，并将他以礼葬之，追赠为泽州刺史。但令所有人都没想到的是，这件事成了李林甫人生中的转折点。

不仅因为他失去了朝中最稳固的依靠，还让他看清了政治斗争的残酷性——不是你死，就是我活。

在此之前，李林甫只是一个普通的官员，每天准时上班，按点下班，虽然有时候会偷懒，但丧尽天良的坏事，他一件也没有干过，至少史书上没有记载过。

在此之前，李林甫知道官场的黑暗，他看过无数人起高楼、宴宾客、楼塌了，但落在他身上之前，他始终觉得这些事距离自己很远很远。

在此之前，李林甫也知道政治斗争的残酷，他经历过被打压，也见证了很多高官被免官，比如张说被罢、姚崇被罢、宋璟被罢，魏知古被罢。但这些人都只是被罢官而已，被活活打死的只有他舅。

　　在此之前，李林甫相信正直的人都有底线，姚崇打压政敌没有赶尽杀绝，宋璟打压政敌没有赶尽杀绝。但他万万没有想到，同样是被人称为贤相的张嘉贞竟然对自己的舅舅赶尽杀绝。

　　李林甫的世界观、人生观、价值观遭到了暴击。

　　都说仇恨能让一个人迷失自我，但仇恨也能让一个人快速成长，而李林甫就在这种仇恨之中彻底黑化了。

　　从此以后，他开始不择手段地发展自己的势力。一方面，他要为舅舅报仇雪恨；另一方面，他要扛起家族复兴的重任。

　　一场又一场充满血雨腥风的较量，由此拉开了序幕。

一百二十三　李林甫的成长密码——屡次靠女人升官

彻底黑化的李林甫，做的第一件事就是继承了舅舅姜皎的"衣钵"。

姜皎当年经常出入后宫，与嫔妃们的关系很好，李林甫再接再厉，继续和她们保持良好的关系。他巴结最多的女人，自不必说，肯定是李隆基当时最宠爱的武惠妃。

武惠妃这时候正在向当年的武则天学习，紧锣密鼓地培养自己的势力，准备重演武则天上位的剧情。

所以，她看到李林甫前来投靠，自然来者不拒，天天在李隆基面前夸赞李林甫家庭出身好，个人能力强，还会唱歌、表演节目。

在武惠妃娇声娇气的夸赞下，李林甫的职位开始节节攀升，一直升为吏部的二把手。

投靠了一个女人，便换来了如此多的回报。神气十足的李林甫很快就决定再依靠另一个女人。

这一次，李林甫又看上了宰相裴光庭的老婆武氏。此人是武三思的女儿，按辈分，算是武惠妃的姑姑。

在武惠妃的介绍下，李林甫揣着大把的金银珠宝找到了武氏。在他看来，武氏肯定会像武惠妃一样，经不起金钱的诱惑，劝说老公裴光庭再提拔自己一下。

但让人万万没想到的是，当李林甫带着金银珠宝找到武氏的时候，武氏却义正词严地拒绝了："钱拿走，老娘不稀罕，不过……"武氏娇羞地一笑，说出了后面的话："不过，人倒是可以留下。"

李林甫浑身一哆嗦，彻底震惊了。不是说李林甫多正人君子，而是武氏这时候已经五十多岁了，且不说已是人老珠黄，就是更年期的暴躁也够李林甫好好喝一壶了。

可是，今天不出卖肉体，明天你就得丢掉权力。李林甫犹豫了一下，长叹一声，只好认命了。

做男人难，做一个想往上爬的男人更难啊！

不过上天是公平的，当它给你关上一扇门时，一定会为你开启一扇窗。

李林甫和武氏好了几年之后，那一扇窗终于被打开了——武氏的老公裴光庭死了。大家不要多想，并不是被他俩合伙毒死的，而是得病死的。

不久，武氏便派人送来了一个巨大的好消息，她让人推荐李林甫担任宰相。

李林甫立刻快马加鞭赶到了裴光庭家。武氏告诉李林甫，李隆基最信任的大太监高力士以前是自己家的仆人，她已让人带着重金，请求高力士推荐李林甫为相了。

李林甫感动不已，顿时觉得眼前这个女人漂亮了许多，可爱了许多，这几年的功夫真的没有白费。

但是几天之后，高力士就派来一个太监给这两人泼下来一盆凉水，右相萧嵩已经推荐韩休担任了左相。

眼看煮熟的鸭子飞了，李林甫的心顿时凉了半截，以后自己和武氏的日子可咋过啊？

韩休精神好、身体棒，吃嘛嘛香，要等到他退休，自己的坟头恐怕也快要长草了。

如果是一般人，这时候肯定会一脸不情愿地把送信的太监打发走，回到家里独自生闷气。

但李林甫尽管内心十分不满，表面上却一直笑容可掬，他塞给太监一些碎银，并问了一句话："韩休知道他要当宰相了吗？"

"还不知道。"

就这么平平的一句话，李林甫却敏锐地从中发现了机会。

他迅速调整了预期，既然这一次自己不可能当宰相，那就去巴结韩休，等待下一次机会。他相信韩休听到这个消息后，一定会对自己感激不已的。

什么叫危机公关大师，那就是在情况对自己极其不利的危险关头，还能找到机遇并抓住这个机遇的人。

事实证明，正是多问的这一句话，正是这一次完美的变危为机，才改变了李林甫以后的命运。

韩休当上宰相以后，果然如李林甫所愿，将他视为心腹。更加出人意料的是，韩休因为性格过于耿直，不到一年的时间，就因为和右相萧嵩吵架而被罢了相，关于这一段，我们之前详细讲过了。

萧嵩与韩休被罢相之后，李隆基便让张九龄担任了右相中书令，让张九龄的好朋友裴耀卿担任了左相侍中，他还在韩休与武惠妃的联合推荐下，让李林甫担任了黄门侍郎（相当于副宰相）。

李林甫虽然暂时没有成为宰相，但是经过这么多年的运营，他已经羽翼丰满。

在未来的两年时间里，他一方面不断地结交宫中的嫔妃和太监，打探李隆基的一举一动；另一方面又不断拉拢各路大臣，壮大自己的势力。

两手抓、两手硬，这又给李林甫带来了巨大的回报。

凭借对李隆基一举一动的监视，每次李隆基找他谈话的时候，他都能够对答如流，因此赢得了李隆基格外的宠信。大臣们对他的称赞，又让李隆基对李林甫的能力高看了一眼。

735年，李林甫终于实现了他梦寐以求的梦想——升任礼部尚书、同中书门下三品（宰相）。而此时，距离他舅舅姜皎被活活打死，已经整整十三年了。

在这十三年里，他对武惠妃阿谀奉承，他对武氏以身相许，他对韩休毕恭毕敬，甚至对宫里的每个宦官，他都照顾周全。

虽然他以后干过很多坏事，但仅从他为了实现梦想锲而不舍的精神看，从他为了前途低三下四求人办事的态度看，他走上宰相之路的经历倒有几分励志，可以配得上"功夫不负有心人"的评语。

既然已经当上宰相，就到了该回报武惠妃的时候了。

当时武惠妃原来的死对头王皇后已经死了，不是被武惠妃整死的，而是她自己作死的。

自从722年姜皎把李隆基要废掉王皇后的消息泄露出去之后，王皇后就一直活在恐惧中。

为了能够让老公回心转意，724年，王皇后决定努力给李隆基整出一个儿子。具体怎么整呢？

一般情况下，只有两条路可以走：

第一，让李隆基多临幸自己，不过从以往的经验看，这个可能性几乎为零。

第二，像东汉的窦皇后等人学习，把其他妃子的儿子过继到自己名下。这条路虽然也很难，但起码还有希望。

但是王皇后偏偏选择了第三条路。

她找了一个很不靠谱的和尚搞起了"厌（yā）胜术"。具体操作方法就是和尚搞来一块木板，在上面胡乱写了一通，然后告诉王皇后，只要戴着木板，就能早生贵子，而且还可以像当年的武则天一样一飞冲天。

当年李治的王皇后和武则天斗法的时候用的就是这个方法。如今几十年过去了，历史竟然又一次重演了。

当年的王皇后失败了，如今的王皇后自然也成功不了。这件事很快就被人捅了出来。

李隆基听说之后，大怒不已，于是就和当年的爷爷李治一样，将王皇后打入冷宫。

这时候，王皇后才冷静了下来，可是为时已晚啊。

在冷宫的岁月里，王皇后一想到当年武则天把王皇后砍掉四肢做成了人彘，就吓得一身冷汗，不久之后，她便在惊吓和郁闷之中悲凉地死去了。

秦人不暇自哀，而后人哀之；后人哀之而不鉴之，亦使后人而复哀后人也。

同样的王皇后，同样的不孕，同样的武"小三"，同样的厌胜法，同样的悲剧不断地重演，不知道历史这个无情的编剧，是不是在用这种奇特的方法来告诉我们，这个世界上也许真的存在轮回？

王皇后死了，按照武则天当年的剧本看，就该把武惠妃立为皇后，并将武惠妃的儿子立为太子了。武惠妃就是这么想的，李隆基也是这么想的。

但是历史终于在此停止了复印，李隆基刚刚提出这个想法，便遭到了朝臣们的坚决反对：小伙子，你忘了当年你爹是怎么当的皇帝吗？他被武则天软禁在宫中整整六年啊。小伙子，你忘了当年你娘是怎么死的吗？她在大年初二被武则天秘密杀害了啊！

经过朝臣的不断提醒，李隆基吓得浑身哆嗦，这才放弃了将武惠妃立为皇后的念想，但是，他终其一生也没有再立后。

武惠妃也算是个明白人，当听到朝臣们如此反对时，也知道自己不可能成为皇后了。不过，自己不能成为皇后，不代表自己的儿子不能成为太子。因为她发现，随着时间的推移，李隆基对太子李瑛，开始越来越不满了。

李瑛，706年出生，是李隆基的次子。李瑛他妈是赵丽妃，原本只是一个歌女。当年李隆基在潞州上班的时候，晚上喜欢去戏院。有一次，他看见赵丽妃长得美丽动人、能歌善舞，就把她纳为侧室。赵丽妃的肚子也真争气，没多久就生下了李瑛。

不过无论是按照"立嫡以长不以贤"还是按照"立子以贵不以长"的规矩，作为老二的李瑛都没有资格当太子。

但是，奈何他大哥李琮时运不济，在一次打猎的时候，被一只猴挠了。如果猴挠到其他地方也罢，但它偏偏把李琮的脸挠出了鬼斧神工的感觉。

让一个丑八怪当皇帝，显然不太适合。所以，715年，李隆基几经犹豫，便把年仅九岁的李瑛立为太子。

李瑛长得如何，品行如何，史书上都没有记载。没有记载，一般情况下就是不好也不坏，这就跟学校里的学生一样，老师会记得学习特别好的学生，也会记得学习特别差的学生，但是学习中等的学生，过几年老师保证会忘得一干二净。

所以，如果李瑛真的当了下一任皇帝，估计也不会太差。

但是，自从李隆基宠爱武惠妃之后，能歌善舞的赵丽妃就失宠了。

子以母贵，李瑛的地位开始急剧下降，尤其是武惠妃的儿子、李隆基的第十八子李瑁（李隆基有三十个儿子）出生以后，李隆基便爱屋及乌地疼爱起了李瑁，越来越看年长的李瑛不顺眼。

在李隆基的偏心之下，太子李瑛和武惠妃的矛盾就像一个火药桶。所有人都知道，这个火药桶随时可能爆炸，只是需要一个时机而已。

735年，也就是在李林甫当上宰相这一年，这个火药桶的引线终于被人点燃了。

一百二十四　张九龄力保太子，安禄山初露峥嵘

点燃火药桶引线的人不是李林甫，而是唐中宗李显的外孙兼武惠妃的女婿杨洄。

735年七月，李隆基和武惠妃的女儿咸宜公主嫁给了杨洄。他们的婚礼和其他皇亲国戚的婚礼一样，除了声势浩大、穷奢极欲之外并没有什么特别之处。

但是，在这场并不特殊的婚礼中，却发生了两件特殊的事，而这两件事又在不经意间彻底改变了大唐的国运。

第一件事是武惠妃的儿子李瑁在参加姐姐婚礼的时候，偶遇了一位国色天香的美女——杨洄的亲戚杨玉环，没错，就是后来的杨贵妃。

杨玉环，719年出生，从小就长得极为漂亮。她的高祖父是隋朝的上柱国、吏部尚书杨汪，在大唐开国的时候，出来跑过一次龙套。

李密和杨玄感造反失败后，杨汪在李密大逃亡的时候，把李密的妹妹、妹夫、老婆和老丈人全杀了。但李密不计前嫌，在瓦岗寨做大之后，还把杨汪纳入麾下，封为上柱国、宋州总管。但是在李密失败之后，杨汪又投靠了王世充，李

世民一战擒双王之后，把他当作典型给斩了。

杨汪的死，对于杨家来说是个巨大的打击，从此杨家的地位一落千丈，子孙只是当了一些小官。比如杨玉环的老爹只在四川当了一个小小的八品司户。

这个官虽然很小，但应该还是可以贪污的，因此杨玉环的童年过得还算比较幸福，小小年纪的她便报了很多兴趣班，又是弹琵琶，又是练跳舞，很快就成了蜀中一枝花。

可惜，这样的日子仅仅持续了十年，在她十岁的时候，她爹便因为意外去世了（和武则天、武惠妃好像，都是父亲早亡）。没了父亲的照顾，小小的杨玉环只好投奔了在洛阳当小官的三叔杨玄璬（jiǎo）。

于是，杨玉环这才有了参加亲戚杨洄婚礼的可能。

李瑁看到杨玉环的时候，她刚好是"小女子年方二八，正青春等待出嫁（二八是十六岁的意思）"。李瑁像无数男人一样，一看到美女就两眼发直、两腿发软。

不过，与大家不同的是，除了他爹看中的女人以外，他基本都可以娶。这时候，他爹正好还有他娘的陪伴，暂时还没有看上杨玉环。

所以，他姐姐的婚礼刚一结束，他便让老爹李隆基下诏，把杨玉环册立为自己的王妃。至于几年之后，李隆基是如何娶了自己儿媳的，我们后面再讲，现在就先让这一对小夫妻恩爱着吧。

第二件事应该算是一个事故，太子李瑛在参加杨洄婚礼的时候，没顾着看美女，只顾着喝酒了。一不小心，他就喝多了。

俗话说，酒壮尿人胆，一斤敢翻天。本来就因为老爹不喜欢自己而郁闷无比的李瑛，在喝完酒之后更加郁闷了。

于是，李瑛便找到了同样郁闷的两个兄弟李瑶和李琚，向他们发起了牢骚。这两兄弟的经历和李瑛差不多，都是因为母亲失宠，自己也跟着被老爹嫌弃了。

唯一不同的是，史书对这俩兄弟的评价都很高：有才力，善骑射。

三位兄弟都是年轻人，心气高、火气大，还没有亲身经历过残酷的政治斗争，所以，他们对祸从口出的理解很不深刻。

他们简单地以为，大唐是个讲究言论自由的地方，几句牢骚话并不会招来什么麻烦，但偏偏这些牢骚话被刚刚成为驸马的杨洄听到了。

作为新女婿，拍丈母娘的马屁那是必须的，所以，杨洄转过身就把这些话捅到了武惠妃那里。

武惠妃听女婿这么一说，大喜过望，这真是连嫁女儿带过年啊。于是，她赶紧跑到李隆基的面前，一通梨花带雨、添油加醋地告状，将本来就看三个儿子不顺眼的李隆基彻底激怒了。

作为一名父亲，李隆基在没有任何调查的情况下，便将宰相们全部叫到了宫中，要求他们支持自己废掉这三个儿子。

哎，自古无情帝王家，心爱女人生的儿子才是亲生的啊。三个年轻人发了一通牢骚，就要因此被废掉，作为父亲，于心何忍？

右相张九龄不可思议地看着眼前这位愤怒到极点的帝王、准备废掉儿子的父亲，他有些激动，还没等李隆基说完，便抢先答道：

"陛下奈何一日弃三子啊？晋献公听信小老婆的诬陷，使太子申生自杀身亡，晋国大乱。汉武帝听信江充谗言，使太子起兵反抗，京师喋血。隋文帝听信独孤皇后的诬告，废掉太子杨勇，遂失天下。这些教训还不够多吗？"

"如今太子无过，二王又有贤才，父子之道，乃是天性，陛下怎么能因为年轻人的一些牢骚而废掉他们，还望陛下三思而行。如果陛下非要如此，恕臣难以从命！"

此时的左相还是张九龄的好友裴耀卿，张九龄刚一说完，他便跟着连连点头。李林甫这时候刚当上宰相没几个月，而且还是排位第三，所以，只好默不作声。

李隆基见宰相们都是这种态度，这才稍微缓解了一点怒气，极不情愿地暂时放弃了废掉太子的想法。

但是，等张九龄等人退出之后，李林甫又偷偷地玩了一把阴的。他学习当年的李勣，对李隆基周围的太监们说道："废不废太子，都是陛下的家事，根本不必和外人商议。"

这句话很快就传到了李隆基的耳朵里，而李隆基又一次和爷爷李治当年一样备感欣慰，将顺从自己的李林甫视为心腹，而将张九龄这种忠言逆耳的忠臣当成了绊脚石。

几个月后，张九龄便因为屡次违背李隆基的意思，而被罢了相。

张九龄被罢相最主要的原因是张守珪，我们之前提过此人，他是安禄山的义父，极有军事才能。当年吐蕃趁唐军不备，斩杀瓜州刺史之后，就是他率领少数亲兵，急行军数千里，利用空城计打退了吐蕃。

733年，李隆基鉴于他的军功，将他调到了东北担任幽州长史、营州都督等职，以抵御日益强大的契丹。

张守珪到任之后，再次发挥了他高超的军事才能，主动出击，将契丹打得落花流水。

第二年年底，张守珪更是立下了巨大的军功。

当时契丹有一个将领叫可突干，作战十分勇猛，曾无数次打败过唐军。但是张守珪去了之后，剧情就反转了。张守珪追着他到处打，一直把他打得连他妈都快认不出了。

可突干绝望了。不过作为契丹的一哥，他仍然不想投降，觉得自己还可以挣扎一下。于是，他就想到了一条妙计——诈降。但是这点小计策哪里能逃得过张守珪的眼睛，他将计就计，轻轻松松就把可突干给斩了。

李隆基听说之后大喜过望，唐朝已经好久没有斩杀过契丹的大将了。于是，李隆基为了表达自己的激动之情，便让张守珪亲自提着可突干的脑袋到洛阳献捷，让大家都看看，这就是反叛大唐的下场，并且还要提拔张守珪为宰相。

但是，张九龄却提出了反对意见，不是反对张守珪到洛阳献捷，而是反对张守珪为相。

在他看来，宰相应该是辅佐天子治理国家的职位，而不是用来赏赐功臣的职位，张守珪只是斩了契丹的一员大将，就让他担任宰相，如果以后灭了契丹，恐怕将封无可封了。

老实说，张九龄的这个提案并没有什么道理，因为提拔边将为相，是大唐开国以来的一贯做法。李靖、李勣、刘仁轨、唐休璟、张仁愿、杜暹等人全部都是如此，也没有遇到封无可封的情况。

那么，张九龄到底为什么反对张守珪为相呢？史书中并没有记载。

但从张九龄的人品以及张守珪后来贿赂他人、隐瞒败绩、谎报大捷的事情来看，张九龄大概率掌握了张守珪一些不法的证据。但是这些证据又不是特别充足，所以，他才退而求其次，阻止张守珪为相。

总之，这件事让李隆基再一次对张九龄感到了不满。在李隆基看来，张九龄不是为国着想，而是在排挤功臣。于是君臣之间原有的裂痕越来越大。

还有一件事也与张守珪有关，只不过这次是关于他的义子安禄山的。

安禄山他爹是粟特人，他娘是突厥籍。703年，他出生于康居（今中国新疆和吉尔吉斯斯坦）。刚开始他不叫安禄山，而是叫"轧荦（luò）山"。

轧不是姓，荦山也不是名，"轧荦山"只是突厥语中"斗战"的发音，安禄山他爹死得早，他娘又是巫婆，没有什么文化，所以起名只能随意了。

后来他之所以改名为安禄山，是因为几年之后，他娘阴差阳错地嫁给了一个叫安延偃的突厥人，于是，他就跟着姓了安。

不过安稳的日子还没有过几天，安延偃所在的突厥部落就发生了内乱。他们一家人跑得倒挺快，一溜烟就跑到了岚州（今山西岚县），投奔了时任唐朝岚州别驾的亲戚安贞节（五品高官）。

在这里，安禄山接受了比较系统的教育，还掌握了好几门外语，为以后的当官生涯打下了良好的基础。等到十几岁的时候，安禄山便在安贞节的安排下担任了一个小小的互市牙郎。

互市牙郎的具体工作，类似现在的房屋中介——撮合买家卖家成交，赚取提成。这个工作听起来很简单，没有本钱、没有门槛，只靠一张嘴就能养家糊口。但做过中介的人都知道，想做好这种工作其实并不容易。

你不仅要能说会道，还要服务周到；你不仅要面对商家的各种挑剌，还要随时面对跳单的无奈。

不过，人只有做困难的事情才能成长。没有被生活磨出厚厚老茧，即便幸福来临，你稚嫩的双手也无法握紧。

安禄山在经历长达十几年的端茶倒水、溜须拍马、阿谀奉承之后，终于变成了一个白白胖胖、油嘴滑舌、办事老练的倒爷。正是这十几年狂练洞察人性的技能，他才能在步入官场之后，如同鱼入大海，一切都游刃有余。

733年，也就是安禄山三十岁那一年，张守珪因为战功被调到幽州（今北京）当封疆大吏。我们在前面已经说过，在张守珪的带领下，唐军主动出击，屡次将契丹军打得抱头鼠窜。

军事上的胜利让李隆基大喜不已，但是作为中间商的安禄山却高兴不起来。因为连续不断的战争，边境上的商人吓得四散而逃，安禄山的业务量急剧下降。虽然有朝廷的俸禄能够勉强糊口，但根本不够他挥霍的。

经济不好的时候，社会治安必将恶化。作为朝廷的小官，安禄山看到小蟊贼越来越多，十分生气，凭什么别人能偷东西，自己不能？于是，他很快也找到一个副业——偷羊。

可惜偷东西是需要技术含量的。他长得白白胖胖的，行窃一旦被人发现，想跑都跑不掉。所以，他连羊毛都还没有偷到呢，就被人抓了起来。

按说这种芝麻小事，县长出面判刑，或者揍一顿也就完事了，但历史偏偏在此跟他开了一个天大的玩笑，这件事竟然惊动了张守珪。

军人出身的张守珪，也不管什么大唐律令，问完情况之后，大手一挥便命令左右把安禄山拖出去活活打死。

什么？偷一只羊要被打死？安禄山虽然没有读过什么书，但也知道这种判法明显量刑过重。

如果是一般人，这时候肯定会一边挣扎，一边大喊冤枉。安禄山也是一般人，所以他也是这么做的，不过，他喊的不是冤枉而是："大人难道不想消灭两个番族吗？为什么要打死我？"

张守珪一怔，他见过无数个临死之前恐惧的眼神，他见过无数人宣布死刑时被吓得一句话也说不出来，这种面对死亡还能大义凛然说出豪言壮语的人，他只在书本里见过，一个是当年的战神韩信，一个是当朝的战神李靖。

眼前这个人竟然和这两个战神一样，看来他必定会有所作为，放了他，也许能创造奇迹，还能让自己流芳百世。想到这里，张守珪急忙像当年的夏侯婴和李渊一样，不仅放了安禄山，还让他留在了自己身边。

事实证明，张守珪的眼光的确没错。安禄山虽然胖，但打起仗来很有力量，张守珪让从来没有上过战场的安禄山跟着他的小伙伴兼同乡史思明一起到塞外抓俘虏，这两人也不知道用了什么方法，每次都能保质保量地完成任务。

张守珪越来越坚信，自己遇到了一位战争奇才。为了拉近两人的距离，他便将安禄山收为义子。从此之后，安禄山的职位开始步步高升，短短四年时间，便从一个小兵升为副将。

　　至于没有义父撑腰的史思明，则混得相当惨，他不仅混成了老赖，还差一点
要了安禄山的小命。史思明是怎样一步步混到这个地步的呢？

一百二十五　史思明拐卖敌将，张九龄谏杀安禄山

史思明原名崒干，突厥人，出生于703年，比安禄山早一天。不过与安禄山的白白胖胖不同，史思明从小就长得跟猴一样瘦。

史书中说他"姿瘦，少须发，鸢肩伛背，钦目侧鼻，性急躁"。用现在的语言来说就是身材消瘦，胡须稀少，肩耸得像鹰，还驼背，眼睛乜斜，鼻子侧歪，性情急躁。总之，一看就不是好人呐。

可能因为长得过于"奇特"，所以，史思明当了兵之后，战斗力格外地强，动不动就能把敌人吓得掉下马，这谁能受得了。

领导看他气度如此突出，加上他又精通外语，所以也把他升为了互市牙郎，和安禄山一起做起了国际贸易中介。

可是，同行不同命啊。

733年，名将张守珪把契丹按在地上不停摩擦，严重影响了国际贸易的顺利进行，安禄山和史思明的收入都出现了过山车式的下滑。

面对经济危机，不法分子安禄山选择了偷羊，结果否极泰来，不仅没有被

斩，还被张守珪认作义子，从此步步高升，走向了人生巅峰。

守法公民史思明，没敢去偷羊，而是选择了合法途径——向政府贷款。但没承想，此次经济危机持续时间长，影响范围广，贷款利滚利，还钱很无望。

哎，时代的灰尘落在每个人头上都是一座山！有时候坏人能得到好报，而好人却只有恶报，这个世界就是这么滑稽。

三年之后，被生活逼成老赖的史思明，无奈之下只好选择了逃离。

史思明准备出逃的目的地是奚部，这是一个生活在我国东北的少数民族，和契丹语言相通，风俗相近，都是唐朝的死对头，被唐朝统称为"二藩"。但是，奚部要比契丹汉化程度深一点，用的都是汉姓，写的也都是汉字。

通往奚部的道路史思明走过很多次，只不过以前他是带着强者的心态，跑过来探视敌情，而这一次却是为了逃难。

他需要时刻回顾后方，看看有没有唐军追赶过来；他还需要时刻观察前方，以免遇到奚部的巡逻队，自己被当作唐人的奸细给做掉。另外，他还需要时不时地扫视周围，草原上变幻莫测的天气、神出鬼没的狼群，都会在顷刻之间给他带来巨大的麻烦，甚至还会要了他的小命。

他狼狈得像一名拾荒者，但比拾荒者更惨……

经过几天的苦行，灰头土脸的史思明终于到达奚部的边境，只要再往前走半天，前半生的债务就将一笔勾销，一切又将重新开始！

可是，就在这个关键时刻，一群奚族的巡逻骑兵却跑过来改变了历史。

他们呐喊着、叫嚣着，挥舞着手中的弯刀，向孤独前行的史思明冲了过去。精疲力尽的史思明看着越来越近的敌人，大惊失色，他想跑，但早已没有了力气。

看来，老天要亡我了啊。史思明仰望苍天，悲凉地叹了一口气……

不对，我好像还可以抢救一下，因为他们根本不知道我是干吗的，凭我的三寸不烂之舌，忽悠这些没脑子的蛮人应该不成问题。绝望中的史思明急中生智，他决定豁出性命，玩一把大的。

他立刻挺直了腰板，哦，忘了，他是躺着睡觉两头翘的驼背，没有办法挺直腰板。他立刻整理了一下衣服，摆出一副大唐高官的架子，质问前来捉拿自己的奚族骑兵："我乃大唐使臣，前来与你们大王和亲，你们如果带我去见奚王，必定能得到赏钱。"

这群人也是傻得可爱，看着眼前这个落魄的，长得像猴一样的人物，说出这种无厘头的话居然就信了，也不想一下，大唐的使者怎么可能只一个人，还长得跟猴一样？

奚王见到史思明之后，很难相信这就是大唐的使者。作为大王，他是见过大唐使者的，但从来没有见过这么奇葩的使者。所以，他准备给史思明一个下马威，假装很愤怒地命令史思明跪下。

但是史思明在来的路上早就想好了对策，自己连个正式的公文都没有，如果不能在气势上压倒奚王，被奚王盘问起来必然暴露。所以，他不但没有下跪，还大声喊道："按照大唐礼法，天子使者见小国君王不必下拜。"

奚王万万没有想到，眼前这个其貌不扬的人如此硬气，顿时也消减了三分气势，赶紧以礼相待，不再怀疑史思明的身份。

在随后的几天里，史思明和奚王就唐奚共同关注的问题进行了热烈的讨论和磋商，最后被忽悠得找不着北的奚王决定，派遣一百人跟随史思明入朝，商讨自己和大唐公主结婚的彩礼及流程。

不费吹灰之力就拐卖了一百个敌人。如果是一般人，早就乐得屁颠屁颠地跑回大唐了。

但是此时的史思明真把自己当成了使者，野心已经急剧膨胀，在他看来，这一百人根本不值一提。把这群人拐到唐朝，自己最多会被免了罪，或者被小小地封赏一下，以后还得在底层混日子。相反，如果拐卖一个奚族的大人物回去，自己肯定能飞黄腾达。

所以，史思明装作一副为奚王着想的样子劝道："大王派的人虽然不少，但这些人都是无名之辈，让他们去见天子，怎么显示大王的诚意？我听说大王帐下的琐高才能出众，让他随我前去，必能圆满完成任务。"

奚王一听，好像真是这么个道理。于是，他一边夸奖史思明考虑得周全，一边赶紧通知琐高，让其带领三百随从以及大批礼物，前往大唐朝见李隆基。

第二天，这支神奇的队伍就浩浩荡荡地出发了。

站在队伍最前面的史思明，望着身后的三百颗人头，知道这是自己飞黄腾达的投名状，恨不得三步并做两步，火速回到唐朝。

跟在后面的三百人，看着前面的史思明，也恨不得三步并作两步，尽快回到大唐，因为能到长安、洛阳这些国际大都市去看一看，一直都是他们的梦想。

于是，这群目的不同，但目的地相同的人，都拼了命地往前赶。没过几天，他们便到达了大唐的边境重镇平卢（今辽宁朝阳）。

进城之前，史思明又耍了一个滑头，他让人提前进城去忽悠平卢军使裴休子："奚族人派大将琐高带领精锐前来，表面上是去朝拜天子，实际上是来偷袭平卢，还望将军做好准备，先下手为强。"

送到嘴边的鸭子，裴休子自然不会放过，于是他赶紧派了一群士兵假装前去给这三百人接风洗尘。

等这三百人放松警惕，正准备在驿馆里好好休息一番的时候，裴休子一声令下，便将他们统统绑了起来，随后又用极其残忍的方式，将他们全部活埋。只有大将琐高被当作战利品，扭送给了张守珪。

可怜啊，这三百人死的时候，还不知道自己错在哪里，也许错就错在，不该来到这个冷酷的世界吧。

几天之后，史思明的传奇经历就传到了张守珪的耳朵里。这种超强的随机应变本领，智勇兼备的办事能力，让张守珪猛拍大腿，立刻将史思明提拔为六品的果毅都尉，与安禄山一起侍奉在自己的左右。

史思明在底层混了三十三年之后，终于迎来了曙光。但是，他的幸福完全建立在别人的痛苦之上，被他忽悠得"赔了夫人又折兵"的奚王此刻已经恼火到了极点。是可忍孰不可忍，此仇不报，还怎么当老大？

满腔怒火的奚王立刻联合契丹，率领数万精锐就向唐朝的边境杀了过来。

面对十万火急的军情，张守珪这边却格外悠闲。

在他看来，契丹和奚族的战斗力根本不值一提，这几年都是自己压着他们打，自己不去找他们的事，他们却主动找上了门，这完全就是千里送人头的作死行为。既然是送死，那就不必亲自出马，让义子安禄山带兵去刷一点业绩就行了。

此时，安禄山已经在张守珪身边待了三年，每次看到义父打二藩都那么轻松，他便想当然地认为，自己也有那种水平。所以，在接到张守珪的命令之后，安禄山激动不已，点了几万人马，就向着奚王等人冲了过去。

哪知道，事实完全超出了安禄山的预料，奚王搞阴谋时也许脑子不够用，但是打仗的水平他还是有的。一战下来，安禄山就被打得大败亏输。唐军具体死了多少，史书中并没有记载，但是伤亡程度应该不小，因为按照当时的军法，安禄山应该被立刻处死。

自己到东北整整三年了，从来没有吃过败仗，如今却败成这个样子，张守珪看到战报后大怒不已，便让人将安禄山押送到京城，并上表李隆基，请求对安禄山从重发落。

如果历史真的按此发展下去，大唐盛世恐怕还要延续很多年。但让人万万没想到的是，李隆基见到安禄山之后，却觉得他长得白白胖胖的，是个不可多得的人才，胜败乃兵家常事，居然将他释放了。

面对李隆基的糊涂行为，张九龄自然不会置之不理。所以，他又一次站了出来，表示安禄山狼子野心，面有反相，应该执行军法，不能赦免他的死罪。

可惜的是，此时的李隆基已经对张九龄厌恶了，任凭张九龄如何劝说，李隆基就是不听他的意见，仍然坚持把安禄山放回了河北。

以上，就是史书中关于张九龄劝谏李隆基杀掉安禄山的内容。很多人读罢，纷纷拍案叹息，觉得晚年的李隆基太过糊涂，不辨忠奸，一错再错。但笔者觉得，这件事恐怕没有这么简单。

大家试想一下，如果你是李隆基，你会杀了安禄山吗？

首先，张守珪的手下打了大败仗，作为封疆大吏，他难道没有权力直接斩了安禄山？

他肯定有这样的权力，此时的安禄山只是一个无名之辈，又没立下什么大的战功，张守珪将他斩了，李隆基肯定不会在意。

其次，张守珪舍得杀安禄山吗？安禄山是他的义子，就因为打了一次败仗就要杀义子，他能下得去手吗？如果他真的对安禄山恨之入骨，安禄山被无罪释放之后，他为什么还要一再提拔安禄山，把他当作接班人来培养？

所以，张守珪把安禄山送到京城，表面上看是想让李隆基把安禄山杀了，实际上是想让李隆基赦免安禄山。这和当年司马懿千里请战一模一样，表面是在请战，实际是借皇帝之手，堵住众人之口。

再次，张九龄作为一代贤相，他怎么可能不知道张守珪千里请杀的真实意图？

他知道，但他为什么要力主杀了安禄山？史书说他为了维护军法，而且看到了安禄山有反骨，且不说"反骨"真假，单单推理动机，他真的就没有一点私心吗？

不久之前，张九龄可是阻止过张守珪为相的啊，两个人的矛盾众所周知。

综上所述，李隆基知道张九龄和张守珪有矛盾，李隆基也知道张守珪是想借自己的手堵住众人之口。

所以，笔者的结论就是，李隆基无论如何都不会杀了安禄山。这是高超的帝王之术，而不是他晚年糊涂。相反，张九龄力主杀掉安禄山，还进一步加深了李隆基对其结党营私、排除异己的怀疑，让本就有裂痕的君臣关系，产生了更大的裂痕。

事实也是如此，两个月后，君臣二人便因为人员任命上的又一次分歧，而彻底地闹掰了。

当时唐朝的朔方节度使叫牛仙客，此人是上一任宰相萧嵩的心腹，在军事上很有才干，他在主政朔方的几年时间里勤勤恳恳、厉行节约，让河西仓库盈满、器械精良，深受当地军民的爱戴。

遇到如此难得的心腹，萧嵩自然想要提拔一下。所以，他被罢相之后，曾在李隆基面前多次推荐牛仙客。

不过李隆基并没有轻信，而是专门派人去实地考察了一下牛仙客的政绩。事实还真如萧嵩所言，此人是个不可多得的将才。于是，李隆基大喜过望，准备把牛仙客提拔到中央担任六部尚书。

站在李隆基的角度看，这个任命没有任何问题。牛仙客确实有才，有前任宰相的推荐，自己也派人考察了。

但问题是，有才的人就适合当尚书吗？

例如萧嵩此人，在军事上有大才，在政治上却没亮点。面对吐蕃的侵略，他能力挽狂澜，但面对政治问题，他却一筹莫展，在担任宰相的几年里没有丝毫主见，只是唯唯诺诺，李隆基说啥他干啥。

张九龄正是看到了这一点，所以，他又一次提出了反对意见："自大唐开国以来，尚书之职只有德高望重者才可担任。牛仙客边疆小吏出身，大字不识几个，如果加以重用，恐怕难孚众望。"

李隆基很不高兴，但是，他没有立刻发作，而是又忍了一步，问道："给牛仙客封爵可以吗？"

张九龄还没有意识到危险的来临，他又一次反驳道："有功之人，才能封爵。牛仙客身为边将，充实仓库，修理器械，乃是本职，不足以论功。陛下赏赐金帛即可，不可封爵。"

客观地说，张九龄的话很有道理，但此时的李隆基已经忍无可忍了。让张守珪当宰相，你反对。杀张守珪的人，你支持。如今提拔一个不是和你一个阵营的人，你又反对，你到底什么意思？所以，李隆基大怒不已，将张九龄狠狠地训了一顿。

如果这时候有人站出来替张九龄说几句好话，恐怕事情还有转机。但是此时站在旁边的人却是李林甫。他意识到，属于自己的机会终于来了。

于是，李林甫一改之前的和气，立刻站出来给李隆基的火上又浇了一桶油："牛仙客乃是宰相之才，张九龄一介书生，不识大体。天子用人，只要有才，何必满腹经纶？"

看到李林甫支持自己，李隆基的底气顿时增加了许多，他干脆一不做二不休，以结党为由，把张九龄以及他的朋友裴耀卿全部罢了相，并任命李林甫为右相，任命牛仙客为左相。

虽然后来的事实证明，牛仙客的确不适合做宰相，和萧嵩一样，他也是一个唯唯诺诺的宰相。遇到任何政事，牛仙客基本两眼一抹黑，唯李林甫是从。

但是，皇帝怎么可能犯错呢，为了证明自己是对的，李隆基只好在这条错误的道路上越走越远，不但将牛仙客封为了公爵，还将弹劾牛仙客的监察御史周子谅活活打死了。

大权在握的李林甫又趁机踹了张九龄一脚，说周子谅是他引荐的人。所以，张九龄又被贬为荆州长史。也正是在这个时候，郁闷无比的张九龄写下了著名的《感遇十二首》，现摘抄两句，如下：

江南有丹橘，经冬犹绿林。
岂伊地气暖？自有岁寒心。

四年之后，张九龄在回乡扫墓之时因病去世，享年六十八岁，开元时代最后一位名相，就此落下帷幕。

李林甫、杨玉环、安禄山、史思明由此开始成为历史舞台上的主角，一段长达二十年的黑暗时光，即将向开元盛世的上空袭来。

照惯例，每当一位伟人去世之后，我们都要写一段几百字的评论。但此时此刻，大概是由于大唐即将由盛转衰吧，笔者的心情格外悲凉，所以，不想对此评论太多，只想说一句话：

当整个社会向黑暗沉沦时，还想靠一己之力带领大家冲向光明的人，哪怕他最后失败了，也是英雄。

一百二十六　连杀三子，霸占儿媳，李隆基兽性大发

整走了张九龄之后，李林甫便再度和武惠妃联合起来，开始整太子李瑛。

他们到底是如何整太子的，不同史书有不同的记载。

《新唐书》中对于此事的记载有点像《水浒传》中的豹子头误入白虎堂。737年的一天，武惠妃派人告诉太子李瑛和他的两个好兄弟李瑶与李琚，宫中进了蛊贼，需要兄弟三人进宫拿贼。

三兄弟不知是计，披上甲胄，带上刀斧，便大摇大摆地去了。等三兄弟一进宫，武惠妃便派人告诉李隆基，说他们准备造反，已经杀入宫中了。李隆基大怒，下令逮捕三兄弟，随后又召集宰相询问该如何处置他们。

李林甫还是老一套，答道："这是陛下的家事，非臣所议。"

既然不反对，那就是赞成。于是，李隆基便将三兄弟全部废为庶人并赐死了。

《旧唐书》和《资治通鉴》则没有记载三兄弟进宫拿贼这一段，只是说武惠妃的女婿杨洄，又一次诬陷三兄弟谋反。李隆基听信了谗言，在李林甫的支持

下，将三兄弟废为庶人，不久后赐死。

笔者认为，《旧唐书》和《资治通鉴》没有记载三兄弟进宫拿贼这一段是比较严谨的，因为从逻辑上看，这一段明显不太合理。

原因很简单，三兄弟又不是没脑子，没有诏令便披甲入宫，谁都知道是重罪，他们怎么可能去干？

更何况，让他们入宫的还是自己的敌人武惠妃。他们脑子里得进多少水，才能干出这种傻事？

另外，就算他们傻，羽林军也不傻啊，羽林军怎么可能允许太子和诸王在没有诏令的情况下，全副武装进宫？他们有几个脑袋敢承担这种责任？

所以，太子李瑛等人的死肯定另有隐情，至于到底是什么，我们就不得而知了。

不过，这个隐情重要吗？恐怕一点也不重要，李隆基在乎的，不是三个儿子有没有被冤死，只是武惠妃开心不开心而已。

从隋朝开国至此，我们已经写了九位皇帝。之前杀过儿子的一共有三位：李世民、李治和武则天（杨坚、杨广都没杀过儿子），但没有一个像李隆基这样狠毒，一天之内连杀三子的。

我们在之前写过，李隆基当上皇帝之后，对他的兄弟们都极为优待，又是与兄弟同吃同住，又是给兄弟熬药治病，后来李隆业被牵扯到造反案中，李隆基对他也没有任何怀疑，还拉着李隆业的手安慰道："我如果有猜忌兄弟之心，天地不容。"

一个对待兄弟如此之好，被史书称为"近世帝王莫能及"的人，怎么会在对待儿子的时候如此无情？

思来想去，笔者觉得最大的原因应该是他的生育能力太强大——李隆基一共有三十个儿子，二十九个女儿。

人的本性大抵如此，对轻易得到的总不会珍惜，对擦肩而过的却念念不忘。

李隆基生儿子太容易了，他成年之后，一年大概能当两次爹，而得到一个像武惠妃那样让他宠爱十几年的女人却太难。

整死了李瑛等三人之后，武惠妃很开心，按照原来的计划，下一步就是吹耳边风，让李隆基把自己的儿子李琄立为太子，再下一步就是坐等李隆基升天，自己掌握大权，做第二个武则天了。

事实上，李隆基也是这样打算的，准备将李琄立为太子，重演他爷爷的故事。

但是，人有千算，不如天有一算。

就在幸福即将来临的时候，武惠妃竟然死了，不是被人杀死的，而是她的心理防线自动崩溃了。自从做了亏心事之后，她晚上不敢睡，半夜不敢醒，总觉得李瑛和那两个兄弟的鬼魂要找她报仇雪恨。还没过几天，她就病得下不了床。

李隆基知道后，如同热锅上的蚂蚁，赶紧搞天地结合治疗法，一边让太医把脉开药，一边让和尚、道士祈福，能用的方法都用了，但就是无济于事。几个月之后，武惠妃竟然被活活吓死了。

哎，看来，封建迷信真的害死人啊。

武惠妃死后，李隆基比死了儿子还伤心百倍。饭也不想吃，朝也不想上，心已死，泪也干，不堪回首魂亦牵；梦惊醒，不了情，往事如烟情绵绵啊。

领导天天愁，属下就天天忧，谁都知道，这时候谁要是能让皇帝重新振作起来，谁就能一步登天。于是，各路大臣和太监全都开始各显神通，来拍李隆基的马屁了。

有进贡白兔的（清代以前，我国白兔很少，所以被当作瑞物看待），有进贡绿毛龟的，有说星星眨了眨眼睛，代表天下太平的。总之，有条件的努力拍，没条件的创造条件也要拍。

当然，拍得最卖力的人，还是后宫的三千佳丽，她们一个个浓妆艳抹、搔首弄姿，想方设法地撩动五十二岁的李隆基的心弦。

可是，面对美女们的投怀送抱，李隆基就是高兴不起来。不是他年龄大了，而是已经阅人无数的李隆基，感情阈值早已高到普通人难以企及的地步。一般的美女，在他的眼里都是庸脂俗粉，根本提不起兴趣。

就在李隆基郁郁寡欢的时候，一个"洋妞"突然出现在他的面前。曹国进献了一位胡旋女，名叫曹野那姬，她鼻子高挺、眼睛深邃、皮肤白皙，放到现在能当世界小姐。

看遍了国内美女的李隆基，见到曹野那姬后大为高兴，在荷尔蒙的驱动下，当天晚上便把她临幸了，两人从此亲亲密密了好几天。

没错，只是几天而已。几天之后，失去新鲜感的李隆基就又当了一次渣男，把曹野那姬无情地抛弃了。九个月后，曹野那姬还给李隆基生下了一个女儿，但是李隆基十分讨厌这个女儿，给孩子起小名叫"虫娘"。也不知道这表示她妈是虫还是她爹是虫？

看到李隆基又一次蔫了，上次没有拍到马屁的下属们算是高兴坏了。他们又一次充分发挥想象力，期望给李隆基送去前所未有的刺激。

功夫不负有心人，有一天，不知道是哪个聪明的家伙，总结出了李唐爱人妻的规律。于是，这人就给李隆基出了一个巨馊的主意：李瑁的老婆，也就是武惠妃的儿媳杨玉环长得很漂亮，可以把她叫到宫中来。

李隆基一听，感觉不太合适，把自己的幸福建立在儿子的痛苦之上，这是人办的事吗？

但他转念一想，好像这的确是人办的事，他太爷爷李世民可以搞弟妹，他爷爷李治可以搞小妈，凭啥自己不可以搞儿媳。

于是，李隆基越想越高兴，越想越刺激，也不管儿子同意不同意，当天晚上就准备把杨玉环接进宫。

此时杨玉环已经嫁给李瑁几年了，虽然在这几年里，她没有给李瑁生下一儿半女，但是两人的感情依旧十分和睦，至于离婚的念头，两人更是没有过。

所以，当李隆基让杨玉环进宫的时候，李瑁一下子惊呆了。

我妈刚死，你就来抢我老婆，你到底是我爹还是畜生啊？

虽说咱李唐家爱人妻，但太爷爷李世民搞弟媳，那是他弟弟死了以后的事。爷爷李治搞小妈，那是李世民不知道，偷偷搞的，等李世民死了他才娶。到了我这里，我还没死啊，当爹的就要直接抢了吗？

李瑁从小就坚信不疑的伦理道德，在这一刻受到了严重的冲击，他不愿相信，也不敢相信这是真的。他一次又一次地询问前来宣旨的太监，幻想着他们会告诉自己，这一切都只是在开玩笑。但每一次，太监都斩钉截铁地告诉他，这是真的。

虎身犹可近，人毒不堪亲。李瑁第一次感受到了人性的黑暗。

可是作为儿子，他无法抗拒父亲；作为臣子，他也无法拒绝君主；他能做的只有默默忍受，他暗暗地开导自己：幸好杨玉环没有给我生孩子，不然这孩子是叫我爸呢，还是叫我哥呢？

李隆基这边，根本不管儿子有什么意见，自从把杨玉环接到宫中之后，他腰也不酸了，腿也不疼了，枯木又逢春了。

三个月的试用期刚一过，李隆基就要把杨玉环彻底变成自己的老婆。但是，怎么变呢？名义上杨玉环还是自己的儿媳，两人在一起的时候，杨玉环一直叫自己爹，真是十二分的别扭。

李隆基左思右想，终于从他奶奶武则天的故事中找到了灵感。随后，他便借着给他老妈窦太后祈福的名义，让杨玉环先出家当了女道士，又给他儿子李瑁娶了新老婆。

　　一切都操办完毕之后，李隆基才将杨玉环名正言顺地接到宫中，封为贵妃。幸好窦太后泉下无知啊，不然估计能被他气得再死一次。

　　从此以后，杨玉环便成了李隆基最宠爱的女人，上自朝中大臣，下到普通百姓，只要谈起这段八卦，无不为他们的爱情（脸皮厚）赞叹不已。

　　但事实上，这起奇葩事件，绝不仅仅是狗血而已，它也对李隆基的心理产生了严重的影响。既然如此没有底线的事情我都做了，那么再做一些没底线的事情又有何妨？

　　李隆基开始变得懒惰，变得独裁，变得不辨忠奸，变得迷信长生不老。因此，强盛无比的大唐也开始日益衰败。

一百二十七　李隆基为什么要重用李林甫

把老婆"让"给老爹之后，李瑁觉得老爹肯定会把自己立为太子。

他妈是李隆基的爱妃，他老婆也是李隆基的爱妃，他为老爹付出了这么多，作为回报，李隆基也应该把他立为太子。

不只是李瑁这么想，李林甫也这么想，其他大臣基本都这么想。于是，以李林甫为首的大臣们，连续好几次劝说李隆基将李瑁立为太子。

但是，他们没有发现，此时的李隆基心态已经发生了巨大的变化。其中的原因很简单，在抢了儿媳之后，他已经不敢把李瑁立为太子了。

夺妻之恨，不共戴天，万一李瑁心存怨恨，联合杨玉环在月黑风高夜把自己阴了怎么办？

几年之后，自己去见了阎王，李瑁当了皇帝，又一次把杨玉环收为己有，这样的剧情狗血不？

这些问题大臣们可以不考虑，李隆基却不能不想。所以，大臣们越是支持李瑁，李隆基越不敢把他立为太子。就这样，双方僵持了将近一年时间，也没有确定太子的人选，直到有一天。

738年四月二十二日，这一天是李瑛三兄弟的忌日。正在进膳的李隆基，突然良心发现，想起自己亲手杀死的三个儿子，伤感了起来。

他有点后悔，当初不应该那么冲动。他虽不喜欢这三个儿子，但那毕竟是血浓于水的亲情。他看着他们长大，曾经为他们开口叫第一声父皇高兴过，曾经为他们的聪明好学感到欣慰过，这些都是抹不掉的回忆。

当然，最重要的是，如果没有把他们都杀了，自己心爱的女人武惠妃也不至于被活活吓死，自己也不会为太子之位如此发愁。

李隆基越想越后悔，越想越失落，把筷子一扔，闭着眼感叹了起来。

高力士看到李隆基如此失落，赶紧上前小心翼翼地询问原因。

"你是我家的老仆人了，难道也不知道我在想什么吗？"李隆基有气无力地反问了一句。注意，李隆基用的是我，而不是朕（汝，我家老奴，岂不能揣我意）。

高力士不愧为李隆基最宠幸的太监，他一下子就明白了李隆基的心思。在太子李瑛的忌日发愁，不是为了太子之位，还能是什么？

另外，从李隆基拒绝把李琎立为太子的那天起，高力士就知道他的心里已经有了其他人选。所以，在过去的一年里，他认真观察和分析李隆基的一举一动，敏锐地发现，李隆基对皇三子李玙很偏爱。

不过高力士没有着急回答，而是试探性地又问了一句："不知道是否因为太子未定？"

李隆基欣慰地点了点头。高力士见时机成熟，这才又答道："陛下何必为此事发愁，立长不立幼，谁敢有不同意见？"

见自己的心思竟然被高力士猜中了，李隆基大感欣慰。于是，当场他就下定决心，不再和李林甫等大臣商议，把李玙立为太子。

李玙，原名李嗣升，后来又改名李亨，为方便叙述，我们后面统一称其为李亨。

711年，李亨出生于长安，是李隆基的第三个儿子。他的母亲姓杨，是隋朝宰相杨士达的曾孙女。

杨士达大家应该没有听过，不过他的外孙女大家肯定知道，这人就是李隆基的奶奶武则天。所以，按照辈分算，武则天既是李亨的曾祖母，也是李亨的姨姥姥。

虽说李亨是含着金钥匙出生的，但他还在娘肚子里的时候，差一点被他爹杀了。

从710年到712年，是李隆基地位最不稳定的时候。当时李旦是皇帝，而李隆基只是太子，正在和太平公主搞激烈的政治斗争。

所以，杨氏怀孕之后，李隆基为了保证万无一失，就不敢要这个孩子了，不是怕政治斗争失败后，孩子会被太平公主残杀，而是害怕太平公主借题发挥，诬告李隆基沉迷女色，难当大任。

这种事情也不是没有发生过，当年杨勇就是因为宠爱小妾，被独孤皇后认为好色而惨遭废黜的。

所以，李隆基一狠心，就让人找来一包堕胎药，准备把李亨流掉。历史要真的按此发展，安史之乱估计就是大唐的句号了。

幸好这时候的李隆基还是一个有血有肉的男人，打胎药还没有熬成，他突然后悔了，李亨因此才捡得一命。

正所谓大难不死，必有后福。李亨长大以后，一点也不像他爹。

不过，他却继承了李世民的优点，不仅长得像李世民，还聪明得有点过分，看一遍文章，基本就会背，完全可以参加"最强大脑"。

在老师贺知章的教导下，这个"最强大脑"又得到进一步的开发，将中国人所崇信的温良恭俭让全都装了进去。

作为老三，他本来没有资格成为太子。但是王皇后不会生，也就没有了所谓的嫡长子。而他大哥李琮在打猎的时候被猴子挠坏了脸，失去了当接班人的资格；他二哥（就是李瑛）被李隆基整死了，他弟弟李琩的老婆又被老爹抢去了。

彼之砒霜，汝之蜜糖。别人的一系列悲剧，倒成了李亨的喜剧，于是，他就很幸运地成了皇位继承人。

面对突然被立为太子的李亨，李林甫惊恐不已。

众所周知，李林甫一直都是李琩的坚定支持者，一旦李亨登基，他必然不会有好下场。所以，他必须阻止这一切发生，趁着对方的势力还没有壮大，他相信凭自己的力量，一定能够扳倒李亨。

不过，就在李林甫磨刀霍霍准备对李亨下手的时候，他自己倒先迎来了严重的职业危机。

按照李隆基任用宰相的传统，不论能力有多强，干三四年基本都得回家种菜去了，因为姚崇、宋璟、张说、萧嵩、张九龄等人全都如此。

从李林甫担任宰相到李亨被立为太子，已经两年了。如果运气好，他还能再干两年，如果运气一般，他最多也就只能再干一年了。

想用短短的一两年时间干掉李亨，显然不太现实，所以李林甫现在最着急完成的事情应该是先保住自己的乌纱帽。

为了达到这个目的，李林甫先花重金在李隆基的身边打造了一套全天候的人肉监控系统。宫中的嫔妃娘娘、大小太监，只要是关键岗位上的人，都能不定期收到李林甫的心意。

李隆基晚上干了啥，第二天一大早，消息就能通过秘密渠道传到李林甫的耳朵里。

在这套监控系统的帮助下，李林甫就像打游戏开了外挂一样，无论大事小事，都能准确无误地拍好李隆基的马屁。

李隆基想从洛阳回长安，由于是秋收的时候，皇帝出行，沿途百姓们就得铺路刷墙，会影响秋天的收成。于是，就有官员劝谏李隆基，啥时候回去都是回，过了秋收也不迟。

李林甫听说皇帝有点不高兴，就赶紧上前拍马屁："东京、西京都是陛下的家，想什么时候回家就什么时候回，给沿途老百姓免点税就行了，反正浪费的又不是我家的钱，不对，反正陛下高兴比什么都重要。"

李隆基炼丹，说自己看到了仙人，仙人喊了四个字"圣寿延长"。李林甫一听，哪有这么离谱的事。

但是，第二天一大早，他就赶紧带着大臣们对李隆基一阵猛夸，离不离谱不重要，重要的是皇帝高兴。夸完还不够，下朝之后，他还专门给李隆基写了一封祝贺表。

总之，不管李隆基想干啥，李林甫都会在第一时间送上滔滔江水般的马屁，把李隆基拍得如痴如醉。

除了自己拍马屁以外，李林甫还不允许别人怼皇帝。早年间，李隆基一心向李世民学习，很喜欢让言官们当"杠精"。

可惜，靡不有初，鲜克有终。晚年的李隆基越来越刚愎自用，也就越来越讨厌言官。但是，李隆基毕竟还是有底线的，往往不好意思拒绝言官们的意见。

李林甫通过"监控"，又一次发现了李隆基心态的变化，于是，他就把言官们全部召集起来，威逼利诱大家统一思想，凝聚共识，不准挑刺。

这时候的言官，经过数十年靡靡之音的熏陶，早已没有了大唐之初那些官员的骨气，领导让干啥他们就干啥，反正毁的又不是自己的天下。所以，他们也懒得再提什么意见，全都开启了静音模式。

从此以后，李隆基终于全身心地沉浸在了马屁的海洋之中。

熟悉的，才是最好的。人的年龄越大，就越喜欢熟悉的环境、熟悉的东西、熟悉的人物，而不管这些东西是不是对自己真的有益。李隆基虽贵为皇帝，也难免如此。

被李林甫拍的时间长了，李隆基就跟现在的许多老年人离不开卖保健品的销售员一样，严重依赖上了李林甫。他一天不被拍，耳朵就发痒，两天看不到李林甫，内心就发慌。

就这样，四年过去了，五年过去了，六年过去了……李林甫早已打破了宰相不超过四年的魔咒，但李隆基对他的依赖仍然没有减弱，相反还越来越深。

面对如此成功的马屁效果，李林甫终于满意地笑了。如果是一般人，可能就不再追求进步了。

但李林甫并没有止步于此，他深深地明白，李隆基对他的所有的依赖都只是暂时的，而且还极有可能是表面的。

因为李林甫了解李隆基，他只是懒政，而不是昏庸。他曾经是一个力挽狂澜，从死人堆里爬出来的勇士。他曾经是一个知人善任，创造了伟大的开元盛世的帝王。想靠拍马屁去糊弄他，可以糊弄得了一时，但绝对糊弄不了一世。

所以，李林甫要想坐稳相位，就必须使出浑身解数，把这个国家治理得井井有条。如果财政入不敷出，如果边疆战火四起，如果百姓饿殍遍野，李隆基必然通过其他渠道知道这些消息，进而重新燃起斗志，拿自己开刀。

另外，李林甫还知道，李隆基是一个见异思迁的男人，对女人如此，对男人也是如此。

他宠爱的女人从王皇后到赵丽妃，从武惠妃到杨贵妃，夜夜都不同。他信任的宰相从姚崇到宋璟，从张说到张九龄，年年不一样。

只要能力更强的人出现，李隆基必然会重新任命宰相。如果想让自己这个"旧爱"长久地留在李隆基的身边，最好的办法就是阻止他再有"新欢"。

所以，为了永久地占据相位，李林甫必须在未来长达十几年的岁月里，做到四面玲珑。

一面继续拍李隆基的马屁，把老大伺候得舒舒服服。

一面勤勤恳恳地治理国家，不一定有大治，但也不能出现大乱。

一面像争风吃醋的女人一样，想尽一切办法，排挤一切可能威胁到他地位的同僚。

一面寻找太子李亨的弱点，努力把他赶下台，换一个听话的人当太子，为自己儿孙的将来作打算。

以上每一点，对于普通人来说都是巨大的挑战，能做到其中任何一点的，都可以算得上大牛人。但是，李林甫靠着他过硬的治国水平，高超的阴人手段，基本上都做到了。

那么，他是如何做到的呢？

一百二十八　"坑人专家"李林甫是怎么炼成的

李林甫是如何治理国家的，史料中的记载寥寥无几，能拿出手的只有一件半好事。

一件是他曾历时三年，大规模修订过《唐律》，删除了其中的一千多条，改动了两千多条跟不上时代潮流的律令，为唐朝的司法事业作出过比较大的贡献。

另外，他还继承了张说、张九龄等人的事业，完成了共三十万字的《大唐六典》的编订。这部大典中主要记录了唐朝中央、地方各级官府的组织规模、官员编制、品级、职权范围以及田亩、户籍、军防、刑法、水利等制度。我们在写文章的时候，看见一个官职就知道是几品，得益于这套大典。

此书的文化价值和史料价值都很高，是我国保存至今最早的、完整的、具有封建国家行政法典性质的文献，在我国行政立法史上具有重大意义，对唐以后历代会典的编订具有深远影响。

虽然编订此大典的功劳，有很大一部分要归于张说与张九龄，但它毕竟是在李林甫的主持下最后完稿的，所以，也必须算他一份功劳。

另外半件事是李林甫曾下令禁止恶钱在长安流通，但是执行了不到一个月，便遭到杨国忠的阻挠，不得不废除了。

什么是恶钱呢？就是分量不够的钱。开元年间，官方发行的开元通宝，一个大约重五克。一些奸商为了谋利，就把官方的钱熔化，重新铸造成轻一点的钱。

历朝历代都有这种事，基本管不住。因为这些奸商和权贵们都有千丝万缕的联系，朝廷这边刚铸造一批新钱，权贵们就会通过各种渠道，把这些钱搞给奸商，让其熔化重造。

所以，想要打击恶钱，就得打击权贵，而打击权贵，无异于从老虎嘴里拔牙，搞不好就要身败名裂。这种费力不讨好的事，没有几个人愿意干。

李林甫为什么要管这事呢？

史书中没有记载原因，史官写这件事的目的，只是想用李林甫把杨国忠衬托得更加恶心——大奸臣李林甫还知道干点正事，杨国忠连李林甫都不如。

既然动机不可察，我们也不必纠结李林甫禁止恶钱的目的是什么，反正只要有利于社会的稳定，就是好事。只是这件事他没完全干成，所以只能算是半件好事。

李林甫肯定不止干了这些好事，因为笔者翻遍《资治通鉴》后发现，在他当宰相的十几年里，蝗灾、旱灾、饥荒等天灾人祸并没有比以往频繁。唐朝的人口也从八百五十二万户增加到了九百零六万户。在古代，人口就是生产力，所以经济肯定有了很大的进步。

《旧唐书》在评价李林甫的时候，对他的功劳也给予了肯定，即"每事过慎，条理众务，增修纲纪，中外迁除，皆有恒度"。

这个评价应该是正确的，李隆基又不傻，一个人忠诚不忠诚他可能不明白，但一个人有没有能力他还能分得清。

所以，拍马屁只是李林甫保住相位的次要条件，而拥有治国能力，无论干什么事情都遵循一定的法度，保证这个国家得以正常运行，才是他被重用的最主要原因。

当然，我们并不是在为李林甫洗白，只是客观地描述一下他有一定的治国能力。

他是一个不可能被翻案的奸臣，这一点毫无疑问。因为相比较他接下来所做的恶，以上那些好事的确不值一提。

在开元时期，宰相内斗、排除异己是由来已久的传统，李隆基之前任命的七个右相，除了宋璟和张九龄之外，姚崇、张说、萧嵩、张嘉贞、李元纮等人，没有一个不是排挤同僚的。李林甫的舅舅姜皎还是被张嘉贞给间接整死的。

可能是因为经历过这种惨痛无比的教训，才让李林甫的心理有了一些"变态"，在坐稳了宰相位置以后，他便将排除异己上升到了一个新的台阶。

有一次下午，李隆基正在勤政楼里一边喝茶，一边观看大型舞蹈演出，正当他看得高兴的时候，兵部侍郎卢绚却骑着马从楼下溜达了过去。

打扰皇帝的兴致，见到皇帝不下马，只要李隆基愿意，这两条罪中的任何一条，都够卢绚好好喝一壶了。但是，李隆基毕竟是开明的皇帝，他看到卢绚之后，不但没有发怒，反倒觉得卢绚身姿飘逸、风度翩翩，比美女还好看。于是，他当场就忍不住好好夸赞了卢绚一番。

这本来只是一件小事，但是李林甫从太监口中知道此事以后，立马就警觉起来。在他看来，李隆基今天夸卢绚长得帅，明天就会夸卢绚能力强，后天指不定就会让卢绚接替自己来担任宰相，所以，这种人必须提前打压，以免产生后患。

于是李林甫就把卢绚的儿子叫到身边，忽悠他说："你爹人品好，能力强，如今交州（今越南）需要人帮忙。皇帝愁，我也慌，让你爹去救个场，不知道你爹想不想？"

小卢一听顿时惊呆了，交州，就是那个蚊子特别大、猴子特别多的交州？不用问俺爹，他肯定不想去。但是，小卢也不敢拒绝，毕竟是皇帝的意思，所以他只好满脸惊慌、默不作声。

李林甫见小卢已经上钩，这才又语重心长地继续忽悠道："我和你爹感情深，他如果不想去交州，东都洛阳正好太子宾客的职位空缺，你可以让你爹赶紧申请，剩下的事交给我就行了。"

小卢到底涉世未深，也不想想交州从来都是流放囚犯的地方，啥时候也不会轮到人才去治理啊。他竟然就相信了李林甫的鬼话，一边对其感激涕零，一边赶紧回去劝卢绚申请调岗。

有其子必有其父，卢绚和他儿子一样，脑子也简单，仅听儿子添油加醋一忽悠，还真的就按李林甫说的办了。

最后，李林甫也没有让卢绚去洛阳，而是让他去华州（今陕西渭南）当了刺史。没过多久，李林甫又谎称卢绚有病，让他提前退休了。

以上便是史书中关于李林甫排挤卢绚的记载，看起来很简单，用一句话概括就是卢绚父子是"傻帽"，被李林甫一忽悠就上套了。

但是，笔者细读了两遍之后，却发现这件事让人细思极恐。

第一，卢绚是傻子吗？肯定不是，堂堂兵部二把手，还是被李隆基欣赏的二把手，怎么可能是傻子。

第二，既然他不是傻子，怎么仅听李林甫的一面之词，就上套了呢？

按道理讲，但凡是一个正常人听到事关自己前途命运的消息之后，肯定会派人打听一下真假。

卢绚之前还担任过太子宾客，和太子李亨的关系肯定不差。李亨又是大太监高力士劝李隆基立的，所以，高力士是标准的太子党。在电视剧《长安十二时辰》中，高力士为什么和李林甫作对，力挺太子李亨，就是这个原因。

卢绚如果找李亨或者高力士打听一下，相信这二位肯定会发动一切关系去确定真伪，因为兵部二把手是关键岗位，太子党绝对不会坐视不管。有高力士在，这件事很快就能水落石出。

但是，卢绚为什么就没有向李亨或高力士求助呢？

答案似乎呼之欲出了——卢绚是李林甫的人。他太信任李林甫了，在此之前，李林甫肯定向他透露过很多小道消息，每一次都准确无误，所以，这一次他才会盲目相信对方。

可能有人要问了，李林甫为什么要整自己人呢，这岂不是自废武功？

因为李林甫整人的标准有两个：首先，不是自己人。其次，如果是自己人，这人不能有大才，不能威胁自己的相位。

正是这种连自己人也不放过的神经质气质，才导致李林甫死后，大唐的人才出现了严重的断档，进而导致了安史之乱的爆发，也因此让李林甫被人们列为最大的奸臣。

小试牛刀，便搞定了一个兵部二把手，虽说是自己人，但李林甫仍然高兴得差点去倒立洗头，因为事实证明，利用这种套路整人实在太有用了，必须发扬光大。所以，在之后漫长的岁月里，只要遇到潜在的威胁，李林甫就会用同样的套路去阴人，这其中比较著名的阴人事件还有两次。

一次是李隆基突然心血来潮，想到几年前被贬到外地的严挺之是个人才，准备再次提拔他到中央委以重任。

李林甫知道消息后，提前找到严挺之的弟弟，忽悠对方说："你哥在外地这么长时间了，也该回京了。你为啥不让你哥装病呢？就说他得了风疾，需要回京就医，陛下肯定会让他回朝的。"

严挺之以前和李林甫的关系还不错，两人曾经在一起共过不少事，从前有一位叫萧炅的同事晋升了，去庆贺的时候，他们还都商量好了一起去。

但是，由于宴席上发生了一件极小极小的事情，李林甫从此恨上了严挺之。

萧炅这人比较没文化，同事们给他上的礼单中有"伏腊"两个字，结果他不认识腊字，读成了猎字。严挺之一听就笑喷了，可是李林甫却一点也笑不出来，因为大家都知道，他曾经有过两次因为不认识字，闹出过笑话。

所以，李林甫看到严挺之笑了之后，就想当然地认为他当年肯定也笑过自己。

严挺之哪里能想到，李林甫会因为这种屁大的事和自己反目成仇。所以，当弟弟把李林甫的话转述给他之后，他还以为李林甫是为了自己好。于是，他就真的装起了风疾，要求回京治疗。

李隆基大概率是想让严挺之担任宰相的，因为之前张九龄曾向李隆基推荐过他。所以，拿到严挺之称病的奏疏之后，李隆基感慨了许久许久（玄宗叹咤久之），最后只好给严挺之一个闲职，让他去洛阳"养病"了。

另一次是李林甫和左相李适之的斗争。

李适之是李世民的曾孙，李承乾的孙子。和很多只靠关系上位的官二代不同，他之所以能当上宰相，是凭借了自身过硬的实力。

神龙政变之后，李适之就开始到全国各地的基层锻炼，在三十年里，他走遍了河南、河北、陕西等地，每到一处都严于律己、宽以待人、让利于民，深受当地官员和老百姓的爱戴。

736年，李适之当河南尹的时候，谷水和洛水发生了大水灾，他亲赴前线坐镇指挥，拿着李隆基的私房钱修筑了三道堤坝，成功治住了水灾。这里写的没错，是李隆基的私房钱，不是李适之的。

这事要搁在其他抠门的皇帝头上，即便不把李适之剁了，也会大发雷霆。但是李隆基却大为感动，不仅亲自为李适之勒石记功，还将他提拔为御史大夫。几年之后，左相牛仙客死了，李隆基便让他接替了牛仙客的职位。

与牛仙客的唯唯诺诺不同，李适之上台之后，无论李林甫干什么他都看不惯。至于原因嘛，倒不是李适之有多正义，他纯粹就是为了争权。在李适之看来，你我二人都是皇帝的亲戚，我的关系还比你近，凭什么你就要骑在我的头上作威作福？

于是，这俩宰相就又一次上演了龙虎斗。

有一次，李林甫和李适之在上班时间闲聊，不知不觉间，两人就扯到了帝国的财政问题。当时李隆基已经有点好大喜功，边疆的战争越来越多，财政收入却越来越少，搞得宰相们都很头疼。

李林甫装作一副忧国忧民的样子，对财政问题表示了深切的担忧，接着他又询问李适之有没有什么解决的办法。

拜李林甫这几年无休无止地整人所赐，他的阴险名声早已传遍了整个朝堂。所以，当他提出这个问题的时候，李适之表示拒绝回答，别说他也没有办法，即便有办法，也不会告诉李林甫，免得这家伙和自己抢功。

李林甫早就料到了李适之的反应，所以，他也没有生气，而是得意洋洋地说道："最近华山发现了大量金矿，你还不知道吧，陛下也不知道呢，我准备过几天就上报给他。"

李适之看着李林甫小人得志的嘴脸，顿时就怒了，原来这小子是故意来气我啊。但是他也没有当场发作，而是笑着对李林甫表示了恭喜。

下班之后，李适之一回到家里，就赶紧找人确认华山是不是有金矿。当得到确定的答案之后，一丝不易察觉的奸笑浮上了他的嘴角。

李适之一边唱着歌，一边连夜写好了奏疏。第二天刚上早朝，他就抢在李林甫的前面，把金矿的事情汇报给了李隆基。

李隆基一听说有金子，也跟着笑开了花，对李适之大加赞赏了一番。接着，他又回过头询问李林甫，是不是确有其事。

李林甫看着得意洋洋的李适之，不紧不慢地说道："臣早就知道了这件事，但是华山是陛下的本命山，乃王气所在，不宜开凿，所以便没有提及。"

李适之一听，这才反应过来，原来又中了这老小子的圈套，但是为时已晚，刚刚还笑得合不拢嘴的李隆基大怒不已，把李适之狠狠地训了一顿。你竟敢挖老子的本命山，什么玩意儿。

从此以后，李隆基开始刻意疏远李适之。大概两年之后，李适之便因为李林甫诬告他乱结朋党，被逼服毒自杀了，年仅五十四岁。

连续三次坑人，让所有人都意识到，李林甫此人，已经练成了坑人界的"武林秘籍"，自己人坑，朋友也坑，政敌也坑，大坑套小坑，坑坑都不同。所以，自此以后，朝臣们只要见到李林甫就两腿发颤，额头直冒冷汗，再也没有任何人敢和李林甫当面叫板了。

可是，人的欲望总是无穷无止的，当摆平了大臣们之后，李林甫便将目光投向了太子李亨。只有搞定对方，他才能获得永久的权力。

一百二十九　杀能臣，斩大将，李林甫再造冤案（一）

要想整倒一个人，可以先从他身边的人下手，他干净，他身边的人绝对不会都干净，即便整不倒他，能整倒他身边的人也不错。李林甫整太子李亨，采用的就是这个策略。

李林甫原来有个好朋友叫作韦坚，此人是官二代，他老爹韦元珪是兖州刺史。后来韦坚又娶了李林甫的表姐，于是这两人就成了朋友加亲戚，关系好得跟亲兄弟似的。

李林甫当上宰相之后，自然不能亏待了好兄弟，便将韦坚一步步地提拔为刑部尚书。

韦坚也不负李林甫所望，在那几年里，引浐水、修漕渠，使长安周边的水运能力足足提高了十倍。李隆基也因此不再动不动便"就食"东都洛阳，所以，韦坚很快就成了李隆基的心腹之一，权力也越来越大。

但是，再好的兄弟也是用来出卖的，尤其是商场或者权力场上的兄弟，根本经不起利益的考验。

从738年之后，俩兄弟之间的关系就开始恶化了，不是韦坚出了轨，也不是李林甫的表姐劈了腿，而是这一年李亨被立为太子，而韦坚的亲妹妹是李亨的老婆。

宰相是自己的表小舅子，太子是自己的亲妹夫，如果这两人关系好，韦坚就是连娶媳妇带过年的典型代表。

可惜啊，李林甫和李亨从一开始就有矛盾，前面讲过原因，这里就不再赘述了。尤其是在李林甫的相位稳定之后，李亨就成了他的眼中钉，肉中刺。

眼看表小舅子要和亲妹夫互相拍砖，韦坚作为他们共同的亲人，自然不能袖手旁观。

按道理讲，在这个敏感的时刻，他特别适合当中间的调停人，把双方拉到一起，吃喝玩乐一番，相逢一笑泯恩仇。但是，韦坚深知让太子与宰相握手言和，非人力所能及，因为善于搞平衡术的李隆基第一个就不会答应。

于是，韦坚不得不按照亲疏远近的关系，成为李亨啦啦队的急先锋。前文中讲到的左相李适之被李林甫忽悠瘸了以后，韦坚就主动勾搭上了李适之。

鲁迅说过："宁可与敌人明打，不欲受同人暗算。"面对好兄弟韦坚的"背叛"，李林甫自然不会忍气吞声。但是作为阴人老手，他并没有着急，一面和韦坚继续套近乎，装大度；另一面派了一个叫杨慎矜的御史中丞暗中监视韦坚。

杨慎矜是隋炀帝杨广的玄孙，他爹掌管大唐国库二十年，凭借公正清廉扬名天下，活了九十多岁。由于家教严格，所以他刚进入职场的时候，也以他爹为榜样，为官清廉、风格高尚，深得李隆基的信任。

但是，在官场那个大染缸里，人性往往是靠不住的。

老爷子死了以后，没人管教的杨慎矜终于在纸醉金迷的世界里越陷越深，最终他放弃原则，投靠了权势熏天的李林甫。

正是这一次投靠，导致朝中少了一位能臣，边疆少了一员猛将，也导致杨慎矜自己被灭了全族（隋炀帝又要吐血啊）。

745年，大唐的边疆传来了一封紧急战报：陇右节度使皇甫惟明，在与吐蕃的大战中先胜后败，折戟石堡城。

李隆基听到战报之后，并没有生气，因为皇甫惟明在此之前战功赫赫，是他特别喜欢的一员虎将。

皇甫惟明出生年月不详，但大概率是在711年左右，因为他从小就和太子李亨是好朋友，而李亨就出生于711年。

李隆基上台之后，吐蕃总是被唐军摁在地上摩擦。730年，被摩擦了将近二十年的吐蕃赞普终于不堪其痛，要跪下来叫李隆基爸爸了。是真的叫爸爸，他派使者带了大量金银珠宝到唐朝求亲来了。

面对这种能打的时候把人当孙子，打不过的时候就管人叫爸爸的行为，李隆基那是相当鄙视。他很生气地拒绝了求亲，并表示赞普以前对爸爸傲慢无礼，爸爸已经准备出兵去揍他了。

吐蕃使者吓了一大跳，被惊得哑口无言。正在此时，二十岁左右的皇甫惟明却看透了李隆基的心思，他知道其实皇帝并不想大打出手，只是碍于面子，不好意思直接当爸爸而已。

于是，他站出来解释道："开元之初，赞普年纪还小，连字都不会写，那些傲慢无礼的书信，肯定是吐蕃边军为了邀一时之功做的伪书，故意激怒陛下，使两国相斗，他们以便建功立业。"

解释完矛盾的由来，皇甫惟明紧接着又指出了战争的危害，以及解决的方法："如今河西、陇右之地，百姓疲惫不堪，全是因为连年战争造成。如果陛下派遣使者去看望金城公主，与赞普当面和谈，赞普必然感恩，边境也必将安宁。"

皇甫惟明的这番话，说得实在是高明，他知道李隆基好面子，也想要和平。

所以，他没有直接要求李隆基必须当爸爸，只是说派使者去看望一下嫁到吐蕃的金城公主，顺道和谈一下。面对这种贴心的考虑，李隆基自然不会拒绝。

按照谁出主意谁干活的原则，李隆基便派皇甫惟明出使吐蕃。事情果然如皇甫惟明所料，赞普并没有非要再娶李隆基的女儿不可，唐吐两国也和平了一段时间。

从此以后，皇甫惟明开始步步高升，十年之后便升为陇右节度使，坐镇如今的青海、甘肃等地。

天宝元年（742年李隆基将年号改为天宝），吐蕃大军进犯陇右地区，皇甫惟明主动率军迎击，第一仗便在青海附近大败了吐蕃大军。但是，吐蕃大军并没有被揍怕。一个月之后，吐蕃大将莽布支又带领三万大军杀了过来。

莽布支是吐蕃语中"众人之王"的意思，从敢起个这名字，就可以看出此人相当嚣张。

为了打击莽布支的嚣张气焰，皇甫惟明便派出了一个名字正好能克得住"众人之王"的人当先锋。此人叫王难得，出身琅琊王氏，长得威武雄壮，善于骑射，时任河源军使。

你不是众人之王么，今天我就让你这个王难以得到。

"众人之王"虽然是吐蕃人，但也懂一点中原的文化，看到王难得来了，顿时觉得对方这名字太晦气，于是，他自己也不敢出战，让赞普的儿子琅支都前去迎战。

琅支都这小伙子比"众人之王"还嚣张，他率军来到唐军阵前，摆开阵形之后，并没有下令让部下排队进攻，而是自己一个人骑着镶钻的宝马，跑到唐军阵前呜呜一通乱叫，中心思想只有一个：谁敢与爷大战三百回合？

王难得也是一员虎将，哪里受得了这种挑衅。他怒从心中起，恶向胆边生，拿着长矛，骑着战马，不顾左右的阻拦就冲出大营，朝着琅支都扑了过去。

没想到，琅支都就是个驴粪蛋子——表面光，吆喝得挺厉害，可当王难得杀出来的时候，他连两个回合都没能扛住，就被王难得刺于马上，砍掉了首级，连同那匹镶钻的宝马也被牵走了。

老大的儿子如此不经打，吐蕃的军心顿时洼凉洼凉的，比青藏高原的雪山都要凉。皇甫惟明一看旗开得胜，立刻指挥唐军乘势杀了过去。结果毫无悬念，唐军连续追杀几十里，斩获敌人首级五千多个。

以上片段可不是来自《隋唐演义》，而是全部来自正史《新唐书》以及《册府元龟》。以后谁要再说《三国演义》中，两军对垒时大将单挑是骗人的，大家就可以拿这个故事去怼他们了，其实历史上还真有这种事，而且还不止一两次。

得此大胜，李隆基大喜不已，特意把王难得叫到长安，让他当着文武百官的面，把单挑琅支都的那段精彩对决重演了一遍，并给了王难得大量赏赐。安史之乱时，王难得还有一出大戏上演，我们以后再说。

连续两次大败吐蕃大军后，皇甫惟明并没有骄傲自满，得胜回军之后，他又拿起地图，认真研究吐蕃大军这两次的进攻路线。

不久之后，他便发现吐蕃大军的一个秘密：每一次进犯陇右之前，吐蕃军都会提前在洪济城（今青海贵德西）集结。而洪济城距离自己的驻地西平郡（今乐都）将近一千里，处于敌人的大后方，那里守军薄弱，防守松懈。

于是，一个大胆的想法就浮现在皇甫惟明的脑海之中。他准备学习当年李靖的长途奔袭。

第二年四月，青藏高原上的积雪刚刚融化，高原上的冷风依旧刺骨，吐蕃牧民们的牛羊正在待产。

每年的这个季节，都是游牧民族最忙碌的时刻，但每年的这个季节，也是农耕民族给游牧民族做计划生育规划的最佳时机。皇甫惟明趁此良机，亲自率领数万兵马朝着洪济城杀了过去。

为了防止计划暴露，皇甫惟明下达了一条极为严酷的军令：所有士兵不得交头接耳，生火做饭不得冒烟，违令者一律斩首。

士兵们知道，这次远袭非同小可，成则名垂千古，败则死无葬身之地，所以他们也格外地自律。

整支部队犹如一条巨大且沉默的黑龙，匍匐在连绵起伏的青藏高原上快速地蠕动。千万人坚定的步伐，配合着幽静山谷中的溪水和鸟鸣，形成了一支慷慨激昂的军乐。

经过几十天的艰苦行军，这支纪律性、执行力都极强的唐军，终于在一天的傍晚到达了洪济城下。而此时城中的吐蕃军队，根本不知道危险就在眼前，他们仍旧像往常一样，一边吃着烤羊肉串，一边饮酒作乐。

千里奔袭，遇此良机，此时不打，更待何时？

皇甫惟明当即便下达了总攻的命令，饥饿难耐的唐军，就像一头头猛虎一样，狂奔着、咆哮着，向着洪济城扑了过去。

由于天色昏暗，站在城墙上的吐蕃守军，还以为谁家的驴受了惊，便兴高采烈地准备下去顺道牵两头，第二天继续吃烧烤。

但是等来到距离唐军仅剩几十米远的时候，他们才发现迎面而来的不是犟驴而是凶神恶煞、装备精良的唐军。

他们刚刚张开嘴，准备转过身朝着城中报信，最前面的唐军骑兵就已经冲到他们背后，只听扑哧一声，一股火热的鲜血便喷了出来。

随后，越来越多的唐军像潮水一般向着城门涌了过去，他们不问由来，见人就砍，一时间鬼哭狼嚎、哀声遍野。不到一顿饭的工夫，唐军便成功占领了洪济城。

皇甫惟明由此一战成名，名震吐蕃。在随后相当长的一段时间里，吐蕃再也无胆东望。

　　三年之后，经过充分的养精蓄锐，皇甫惟明决定再一次主动出击、再创辉煌，而这一次他挑选的目标，正是日后吐蕃竭尽全力想要保住的军事重镇石堡城。

一百三十　杀能臣，斩大将，李林甫再造冤案（二）

皇甫惟明之所以要拿下石堡城（今青海省湟源县），是因为它是从西宁通往西藏的必经之路，处于两山之间，周围地势险要，易守难攻。

只要占领了它，就像爬上了邻居家的房顶。也就是说，只要唐军愿意，就可以一边唱着歌，一边朝吐蕃军的头上拍砖。而吐蕃如果再想去抢劫陇右（青海东部），就必须花费大量的人力、物力先攻破石堡城再说。

729年，大唐名将、陇西节度使、李世民的曾孙李祎曾经力排众议，亲自带领数千唐军，奔袭近千里，以极小的代价，出其不意地拿下过该城。正因为李祎的这一壮举，才有了前文所述吐蕃向唐朝求亲、皇甫惟明出使吐蕃的故事。

但是十二年后（741年），一个叫盖嘉运的大将被任命为河西、陇西节度使，就把此城给丢了。

盖嘉运生卒年不详，以前为碛西节度使，坐镇西域几十年立下过赫赫战功。其中最著名的战役发生在739年，他派人长途奔袭怛罗斯城（哈萨克斯坦东南部，后来唐朝和阿拉伯帝国在此互砍过），生擒了敌人的首领，俘虏了数万人，使得大唐威震中亚。李隆基因此大为高兴，便让他担任了陇西节度使。

哪知道，这位仁兄就是一颗没有根的豆芽菜，别人一吹，他就飘上了天。当上陇西节度使之后，他仗着功劳巨大，便天天喝酒泡妞吹牛皮，马也不骑了，兵也不练了，城也不防了。

这时候的吐蕃虽然打仗不太行，但情报倒挺灵，几个月之后，他们便知道了盖嘉运的种种腐败行为。

于是，吐蕃便纠集几十万大军，趁着唐军不备，轻轻松松拿下了石堡城。另外，他们还攻陷了唐朝的廓州，残忍地杀害了城内的所有军民。李隆基听闻败报大怒不已，便罢了盖嘉运的官，让皇甫惟明接替了他的职位。

如何夺回石堡城？按照夺取洪济城的经验看，皇甫惟明想的第一个办法自然还是偷袭。但是，经过详细的侦查之后皇甫惟明发现了一个秘密——吐蕃人不是傻子。

鉴于石堡城在十几年前被偷袭过一次，吐蕃再次占领石堡城之后便加强了防备，根本不给唐军任何可乘之机。

既然如此，那就只能硬碰硬了。

745年九月，皇甫惟明亲自率领几万唐军，向石堡城杀了过去。由于前两年吐蕃被皇甫惟明连续狠揍了三次，早已被他揍怕了，所以这一次他们刚听到皇甫惟明的名字，便赶紧蜷缩到城中，任凭唐军叫骂就是坚守不出。

看来把敌人打得太惨，有时候也不一定是好事啊。无奈之下，皇甫惟明只好用起了智谋。

他将唐军分为几个纵队，让大伙轮流攻城。但是每个纵队攻一个时辰就得撤下来，这样做的目的有两个：一个是让士兵们熟悉石堡城的结构，利于以后发动总攻；另一个是要让吐蕃军误以为唐军就是"战五渣"，放松警惕。

事实证明，吐蕃军虽然不傻但也聪明不到哪里去，唐军轮流进攻了几天之后，他们果然中计了。再看到唐军进攻的时候，城墙上的讥笑声越来越多，砸到城下的火力却越来越小。

皇甫惟明知道，破城的机会终于来了。第二天一大早，在他的亲自指挥下，唐军像潮水一般对石堡城发起总攻。战士们一个个视死如归，冒着枪林弹雨，不顾一切地向着坚固的城墙冲了上去。一个倒下了，另一个就顶上去。几个时辰之后，那堵坚固的城墙，便被唐军硬生生地砍出了一个豁口。

城内的吐蕃军这时候才意识到原来唐军这次是玩真的了，所以面对唐军发疯似的进攻，他们也爆发出惊人的战斗力。他们一边拿起瓦刀修墙，一边拿起砍刀剁人，双方打得天昏地暗，血流成河。

随着时间的流逝，唐军慢慢占据了上风，只要再努力一把，石堡城必将被攻克。但就在这紧要关头，不远处却传来了一阵阵急促的马蹄声——吐谷浑的部队杀了过来。

原来早在唐军围城的当天，石堡城的守军就已经向吐蕃以及周围的吐谷浑发去了求援信。皇甫惟明只计算了吐蕃援军到达的时间，却没有想到吐谷浑也会过来插上一脚。

两面受敌的唐军顿时军心大乱，战斗力急速下降，而躲在城里的吐蕃军却士气高涨，主动打开城门冲了出来。一番乱战之后，唐军的损失越来越大，有的人血染了征袍，有的人被砸断了双腿，副将褚诩也战死在了沙场。风景秀丽的青藏高原，一下子变成了充满杀气的地狱。

如果是一般的将领，此时绝对会丢下军队，撒丫子跑得无影无踪。但皇甫惟明不愧为身经百战的老将，面对如此混乱的局面，他竟然还将四散而逃的唐军重新组织起来，带领着大家一边打一边撤，不仅顺利地撤军，还俘获了不少敌军。

这该是多么令人恐怖的组织能力和抗压能力啊！

于是，就有了这个故事开头的那一幕，李隆基在收到唐军的败报之后并没有生气。相反，为了奖励皇甫惟明临危不乱的英勇事迹，李隆基还特意让皇甫惟明从前线回到长安，为他举办了一场隆重的献俘仪式。

可这次入朝，却要了皇甫惟明的老命。

献俘仪式结束之后，皇甫惟明并没有着急离开，因为这时候已经到了农历十二月，马上就是春节和元宵节。在边疆吃了几年风沙的他，好不容易回到了京城，自然要拜访一下老友，或者好好享受一下大都市的花花世界。

而他拜访的老友之一就是韦坚，两个人对当前的时局进行了一番分析，一致认为太子李亨和李林甫之间必有一战，与其坐以待毙，不如起而伐之。皇甫惟明刚刚被皇帝嘉奖了一番，正好可以趁着皇帝高兴，由他出面弹劾李林甫。

两个人说干就干，第二天皇甫惟明便以李林甫专权为由，上书李隆基要求罢了他的相位，由韦坚接任其职。

可是李隆基这边还没有作出反应，李林甫就已经通过宫中的各位密探知道了这件事情。

作为阴人的高手，李林甫敏锐地意识到，皇甫惟明的背后肯定有人指使，不然一个刚刚回京的大将，怎么可能上来就要弹劾自己。于是，李林甫便命令手下对皇甫惟明进行严密的监视，而他派去监视的这个人，刚巧就是正在监视韦坚的杨慎矜。

天运难料啊，两个主犯，竟然全被杨慎矜监视了，这要再不出事也就奇了怪了。

第二年元宵节，长安城内灯火通明，无论是平民百姓还是达官贵人，都在这一天涌上了街头，赏花灯、猜灯谜、看跳舞，异常地热闹。

太子李亨也带着仆人走上了拥挤的街头，说来也巧，他还没有走多远，就遇到了大舅子韦坚，两个人亲切地问候了对方的全家，并聊了聊当天的八卦新闻，然后就分开了。

后面太子去干了什么，我们不知道。但韦坚却跑到一个道观里见了皇甫惟明，两个人聊了啥，我们也不知道，不过这些已经不重要了。因为一条完整的"被造反链"已经摆在了李林甫的桌前：

韦坚作为朝廷重臣，按照规定，不能结交封疆大吏。但是韦坚却和皇甫惟明私下密会，并指使其弹劾当朝宰相。弹劾未果，两个人怕遭报复，便准备拥立太子为帝。正月十五这三个人见面就是充足的证据。

李隆基听闻此事，大怒不已。作为两次兵变的策划者，他清楚地知道，没有羽林军的参与，仅凭这两个人根本掀不起什么风浪。但是作为皇帝，他必须警告太子，让他明白"我可以给，但你不能要"，管好你的人，不要有邪念。

所以，李隆基并没有完全轻信李林甫的谎言，他只是借此机会敲打了一下太子，贬了韦坚与皇甫惟明的官职，并命令李亨休掉了韦坚的妹妹。

李适之当时还是左相，因为他和韦坚的关系也很好，所以，他便主动辞去了相位。

经此一战，李林甫和李亨的矛盾算是彻底地激化了。谁都知道，他们已经没有退路，除了硬着头皮整死对方以外，别无他法。所以几个月后，李林甫便对李亨发动了一次大规模的进攻。

李亨还有一个老婆是杜良娣（太子的老婆有妃、良娣、宝林三级），杜良娣的老爹叫杜有邻，杜有邻还有个女儿嫁给了一个叫柳勣的人。也就是说，柳勣和太子李亨是连襟。如果以后李亨当了皇帝，柳勣必然会大富大贵。

但是，柳勣却是个标准的小人，而且还是没有脑子的那种。不知道什么原因，柳勣和他老丈人杜有邻的关系极差，如果不是有尊老的道德束缚，他估计见一次老丈人就会揍对方一次。

有一次，两个人又因为一些小事吵了一架，柳勣一气之下，竟然写了一篇诬告信，说老丈人勾结太子，大搞封建迷信，准备支持太子篡位。

哎，傻子年年有，今年特别多啊。整老丈人也不是这么整的啊，如果谋反的事坐实了，那可是要株连九族的，作为人家的女婿，他能脱得了干系吗？

另外，女婿状告老丈人，这叫不孝不仁不义，只要是英明的皇帝，都不会允许这种人存在于世上。没想到，这种杀敌八百、自损一千的事还真有人做。

看到对方猪队友的神助攻，李林甫真是笑掉了大牙。他拿到诬告信之后，立刻就把柳勣和他的老丈人全部关到了牢里，并且逼迫柳勣伪造了大量人证物证，将矛头直指太子。

另外，那些和自己有仇的人，李林甫也给他们准备了一个惊喜，全部写进了谋逆的名单里，这其中就包括了几个月前才被贬的皇甫惟明、韦坚、李适之等人。

幸运的是，李隆基这时候并不太糊涂，听说此事又牵扯到了太子，知道兹事体大，所以他依然没有轻信李林甫的一面之词。他迅速成立了独立调查组，对此事进行了一番调查。

案情很快就被调查清楚了百分之五十，柳勣是在诬告，一切都和太子无关。但是，剩下的百分之五十是不是真的，也就是皇甫惟明等一群人到底有没有罪，李隆基竟然不管了。

至于原因嘛，很简单，就是要拿这些人的鲜血再一次警告太子，江南江北一条街，打听打听谁是爹。

其结果就是李隆基心满意足地继续当着爹，以下这些人却到地下见了爹：

杜有邻、柳勣被活活打死，他们的妻儿老小被流放边疆；杜良娣被废为庶人。

七十岁的北海太守李邕（大书法家）、淄川太守裴敦复被活活打死。

韦坚、皇甫惟明被赐死，李适之被迫自杀。

当年帮助李隆基扳倒太平公主的大功臣王琚被逼自杀。

哎，杀了一群人，只为保持你们父子之间的平衡，至于吗？而且杀的这些还都是重量级人物。

韦坚治水有功，皇甫惟明在边疆出生入死，王琚在你李隆基最困难的时候，不畏生死助你扳倒了太平公主。哪一个人对你没有恩德？杀他们的时候，你难道一点都不心痛吗？

难怪有人说最冷不过人性，最凉不过人心，无言以对，无言以对。

最后，也许是上天睁开眼看了一下吧，第二年监视韦坚的杨慎矜也迎来了他悲惨的命运。

随着杨慎矜的权力越来越大，李林甫明显感觉到自己的地位受到了威胁。于是他再次使用阴人大法，诬陷杨慎矜勾结术士，心怀不轨，企图恢复隋朝，导致其全族被灭。

一直以来，笔者都是无神论者，我不相信报应，也不相信因果轮回，但是写到这里，我真的希望这就是报应，这就是因果。

就这样，李林甫与李亨的前两次对决，以李林甫的完胜结束了。这时候已经是747年，距离安史之乱开始只剩下短短的八年了。但是他们依旧没有感受到危险的来临。几个月之后，李林甫又把矛头对准了李亨的另一位朋友——李隆基时期最主要的名将之一，佩戴四种将印、控疆万里的王忠嗣。

一百三十一　王忠嗣不死，安禄山不反，是真的吗

李隆基在位前期，唐朝最能打的名将有三个：薛仁贵的儿子薛讷，安禄山的干爹张守珪，还有李隆基的养子王忠嗣。

薛讷和张守珪我们之前已经简单介绍过了，之所以没有展开详细讲，是因为史书里对他们的记载特别简单，大部分战役只记载了战果，没有记载详细的作战过程，巧妇难为无米之炊啊。

很不幸，史书上对王忠嗣的记载也是如此简单。

为什么会出现这种情况？

其实不能怪史官太懒，其中一个原因是安史之乱时，洛阳和长安全部沦陷了，史料缺失严重。

另一个原因只能怪此时大唐周围的少数民族同胞们战斗力太弱，像李世民、李治、武则天时期那种大开大合，甚至一战便可以决定一个国家命运的战役，一个也没有。

所以，本文只能详细讲述王忠嗣打的第一仗，而且主要内容还来自他墓碑上

的碑文。

王忠嗣原名王训，出生于706年。他的老爹叫王海宾，也是大唐的一员虎将。714年，薛讷打吐蕃的时候，王海宾作为先锋，作战极为勇猛，一路上战无不胜，所向披靡。

但是，由于他的表现过于亮眼，遭到了其他将领的羡慕嫉妒恨。在一次战役中，他又一次大败吐蕃，狂追败军数十里，但很不幸，这时候却遇到了吐蕃的援军。

他一边与吐蕃援军激战，一边向后方紧急求援，但那些将领却见死不救。王海宾力尽而亡，从此，年仅九岁的王训便成了孤儿。

李隆基听说之后，为王海宾的忠勇感慨不已，便下令追赠他为左金吾大将军，顺道把王训任命为尚辇奉御（正五品）。

在授官仪式上，小小年纪的王训见到李隆基之后，忍不住号啕大哭，口吐鲜血（辞哀而进血沾衣），其悲痛之情感动了在场的所有人。

李隆基的心也跟着碎了，因为他想起了自己母亲被杀时的场景，而那一年他也刚好九岁。有过执着，才能放下执着；有过牵挂，才能了无牵挂；有过痛苦，才能理解他人的痛苦。

于是，李隆基一把将王训搂到怀里，悲痛地说道："这是霍去病的遗孤啊！"

随后，李隆基将他赐名为"忠嗣"，并收养在宫中，顾名思义，忠嗣就是忠臣的后嗣。

王忠嗣没有对不起这个名字，更没有辜负他爹的在天之灵，虽然一直生活在宫中，不能在草原、大漠上历练，但他从小就酷爱兵法，熟读兵书，表现出了极高的军事天赋。

成年之后，他很顺利地通过了大唐最高级别的军事考核，成为驻守代州（今山西代县）的一员虎将。

为了尽快为父亲报仇雪恨，王忠嗣在边境上的表现格外亮眼。别的将领都是待在城里，坐等契丹上门以自卫，他倒好，经常带着几个骑兵就到茫茫草原上游荡，还时不时抓回来一些俘虏，让契丹人的自尊心受到了极大的打击，到底谁才是抢劫专业户？

走胡人的路，让胡人无路可走，放眼整个隋唐史，隋朝名将史万岁是第一个这样做的，王忠嗣是第二个。

但是他的这种行为，很快就引起了两个自己人的不满。一个是李亨，另一个是李隆基。

寻兄遥望远途还，儿行千里父担忧，王忠嗣尽管不是他们的家人，但是在感情上已经胜似家人。尤其是李亨，他从小就和王忠嗣的关系极好，两人一起睡，一起玩，亲密得如同亲兄弟。

所以，李亨听说哥哥喜欢玩一些高难度动作之后，就赶紧劝说李隆基把他召回了京城。为了让王忠嗣以后稳重一些，李亨他妈还把自己的亲戚嫁给了他，并嘱咐小伙子，以后打仗之前想一想你的妻儿，别再做那些危险的事情了。

可是面对亲人们不断送来的温暖，年轻气盛的王忠嗣百感交集。他一方面感激李隆基、李亨的呵护，不愿让亲人们担心；另一方面又想着为父亲报仇，一定要上阵杀敌。

所以，每天早上一睁开眼睛，王忠嗣都痛苦不堪，要么激愤难当，痛哭流涕，要么一个人坐在室内，像个傻子一样呆呆地望着窗外，连饭也不吃一口（公以雠耻未雪，激愤愈深，每对案忘餐，或独居掩涕）。

李隆基见他如此悲伤，不禁伤感不已，几经犹豫，只好又把他派到河西前线。

但是，李隆基又特意叮嘱当时的河西节度使萧嵩："我把孩子交给你了，他还太年轻，天天想着为父报仇，所以，你只可以让他熟悉边疆事务，学习排兵布阵，千万不能让他带兵打仗啊。"

其实这时候王忠嗣已经二十四岁了，放到古代真不能算小，李世民在这个年龄时都已经一战擒双王了。由此可见，李隆基这时候多么护犊子啊。

一向听话的萧嵩自然不敢违抗命令，所以在之后的三年里，无论王忠嗣如何请求带兵打仗，萧嵩就是不同意，搞得他相当郁闷。他只好独自在家白天练习骑马射箭，晚上钻研兵法布阵，只有睡觉的时候可以幻想一下驰骋沙场。

但正所谓"蓄之既久，其发必速"，只要一心努力向上，属于你的机会终会来临。

733年，萧嵩因为在河西立下大功，被调到朝中担任宰相。临行之前，王忠嗣一把拉住了他，用近乎哀求的声音说道："我已经跟随公三年了，一仗也没有打过，公回去怎么和天子交代啊？"

萧嵩心想，不让你出战又不是老夫的主意，你要有个三长两短，老夫才不好交代呢。

但是看着王忠嗣哀求的眼神，以及为父报仇的渴望，萧嵩终于心软了一次。反正自己要走了，不如送他一个顺水人情吧，给他一些兵，等到了京城，自己就没有责任了。于是，萧嵩就勉为其难地拨给了王忠嗣七百名骑兵。

是七百名，不是七千名，很显然，萧嵩依然不想让王忠嗣去打仗，但是他完全低估了王忠嗣的决心。当年王忠嗣带着几个人都敢去草原上抢劫，如今有了七百人，他岂能不闹翻天。

刚得到这群大宝贝，王忠嗣就拿出地图，派出侦察兵，开始寻找干架的对象。

找来找去，他发现最近一段时间，吐蕃正在郁标川举办大规模军事演习，根本没有空和大唐打仗。如果他实在想打，只能跑到演习基地揍人家。

这种行为明显就是打着灯笼上厕所——找屎（死），人家在自己的地盘上实弹演习，士兵们都一级警备，枕戈待旦，你只有七百人，就要去揍人家，怕不是疯了吧?

但有时候，疯子和天才只有一线之隔，王忠嗣几经思索，认为这个方法的可行性极大。

既然从来没有人敢这么干，那么敌人肯定就不会防备，既然敌人没有防备，自己就可以出其不意揍他们一顿，不入虎穴，焉得虎子?

想到这里，王忠嗣热血上涌，立刻把这七百骑兵召集起来，骑上战马就准备往郁标川飙。

但这七百人可不傻，听说要趁着别人军事演习时去揍对方，立马吓出了一身冷汗，一个个急忙跑过去劝王忠嗣，冲动是魔鬼，三思而后行，咱又不是霍去病，何必如此拼小命? 可王忠嗣已经吃了秤砣铁了心，根本拦不住（其下欲还，忠嗣不从）。

无奈之下，这群人只好喂饱了战马，准备了大量的弓箭，以便打起来之后射几箭就赶紧往回溜。

经过几天的急行军，王忠嗣一行终于到达了郁标川，然后这群人就傻眼了。

本来准备偷袭人家呢，结果运气实在太差了，一到那里就碰到了吐蕃军队，而且人家还全副武装，长矛林立，战马如云。

王忠嗣大吃一惊，心想不妙。急忙让唐军弯弓搭箭，朝着吐蕃大军先射一拨，占个便宜再说。但是，这时候又出了幺蛾子，原本阴气沉沉的天空，突然之间电闪雷鸣，大雨如注，唐军的弓箭顿时失去了威力。

吐蕃军这时候已经反应过来，他们看到王忠嗣只有那么点人，竟然敢跑到自己家里摔锅砸碗，大怒不已，立刻调转马头，如同排山倒海一般，就向唐军冲了过去。

唐军的七百人已经被吓傻了，纷纷要求王忠嗣赶紧逃，也许还有一条生路。但是，王忠嗣知道，自己已经深入敌后，又能逃到哪里去呢，与其在逃跑的路上战死，还不如死在前进的途中。

于是，他把心一横，命令所有人扔掉弓箭，抽出陌刀，迎着敌军的长矛展开对冲。

一时之间，呐喊声、惨叫声混成了一片，双方打得是血流成河，难舍难分。

不过，唐军毕竟人数太少，又是客场作战，没过多长时间，战斗力就已经跌到谷底，被吐蕃吃干抹净只是时间问题了。

但就在这千钧一发之际，吐蕃赞普（老大）的警卫队队长一不小心被打死了。赞普本是个胆小鬼，看到之后大吃一惊，急忙向一旁的山坡上撤了过去。

而这一撤竟然就成了整个战局的转折点。

正在围攻唐军的吐蕃将士，哪里会知道赞普到底为啥撤退，他们看到帅旗往后撤了，还以为老大已经被打跑，顿时军心大乱，纷纷调转马头就开始向后逃窜。

被揍惨了的唐军自然不会放过这种机会，他们大喊一声，挥舞着陌刀直追上去，肆意地冲撞着、砍杀着、如入无人之境。

一顿乱砍滥伐之后，这个世界终于安静了。唐军斩杀吐蕃几千人，缴获牛马、辎重无数。如此大胜，王忠嗣依然没有解气，他把这些人垒为"京观"，祭拜完父亲，这才率军而回。

经此一战，王忠嗣名声大噪。李隆基大喜过望，亲自登上了勤政楼，向文武百官展示了王忠嗣缴获的辎重，并授予他左金吾卫将军一职。

随后的几年里，王忠嗣的职位开始节节攀升，战功也越来越大。

两年之后，王忠嗣率军拿下了吐蕃的新罗城。吐蕃不甘心失败，又纠集大批军马准备夺回城池，但遭到了王忠嗣的无情痛击，再次大败而逃。

742年，王忠嗣在北境三次大败契丹，俘获大量人马，威震漠北。

同年，王忠嗣又率军大破后突厥，使他们中的一部分人重新归附大唐。

743年，王忠嗣再次大破突厥，并与李隆基商讨应对大食（阿拉伯帝国）东扩之策。

之后两年，王忠嗣又在青海、积石等地大败吐蕃与吐谷浑。并在西部和北部的边境线上，大规模修筑城池，购买战马，广集粮草兵器，开拓边疆数千里。

746年，王忠嗣的权势终于达到整个唐朝节度使的巅峰，他身兼河西、陇右、朔方、河东四镇节度使，佩带四种将印，拥兵二十万，控疆上万里（安禄山造反的时候是三镇节度使，拥兵十五万）。

历史的经验已经无数次告诉我们，水满则溢，月满则亏。第二年，王忠嗣便从历史的顶峰狠狠地摔了下来。

成为四镇节度使，王忠嗣也意识到自己权力过大，所以在不久之后，他就坚持辞去了朔方、河东节度使的职务。李隆基对他这种主动交权的行为非常满意，便又交给他一个重要任务：重新夺回石堡城。

王忠嗣经过认真的侦查后发现，自从上一次皇甫惟明进攻石堡城之后，吐蕃就在不断地加固此城，如果再想拿下此城，唐军伤亡必然很大，所以目前最好的办法不是进攻，而是等待时机。

但是李隆基并不这么认为，在他看来，皇甫惟明上一次差点拿下此城，而你王忠嗣比皇甫惟明能打得多，只要你愿意，肯定能够拿下。这件事关乎大唐的脸面，所以，李隆基对王忠嗣的回答很不满意。

而这个时候，有一个叫董延光的将领突然冒了出来，拍着胸脯向李隆基表示自己可以拿下石堡城。

董延光的生卒年不详，以前干过啥仗也不详，唯一详细的就是这次吹了牛皮。可悲的是，李隆基偏偏就信了他。于是，李隆基便下令让董延光担任主攻，王忠嗣作为后勤大队长分兵接应他。

747年，进攻石堡城的战斗如期开始了。

　　双方是怎么打的，史书中没有记载，不过结果倒很详细，董延光被吐蕃打得屁滚尿流，落荒而逃。王忠嗣在董延光请求支援的时候，他以牺牲太大为理由，没有及时为他提供支援。

　　如果站在士兵们的角度看，这场败仗董延光应该负主要责任，他以战士们的生命为儿戏，没有金刚钻非要揽瓷器活。而王忠嗣的行为值得称颂，他为了将士们的生命不惜抗命，是一位好领导。

　　但是站在李隆基和董延光的角度看，这场败仗王忠嗣应该负主要责任。作为军人，战略没有确定之前，你可以提出不同意见，甚至拒绝执行。但是战略一旦确定，那就得无条件执行，如果大家都以士兵的性命为借口不听指挥，仗还怎么打？

　　所以，这边刚刚战败，董延光就本着严于律人、宽于律己的精神，把失败的责任全部推给了王忠嗣。

　　遇到这种缺德事，李林甫自然高兴得合不拢嘴，他便趁机在背后狠狠踹了王忠嗣一脚。

　　李林甫收买了王忠嗣的一个手下，让其快马加鞭赶到京城，诬告王忠嗣曾经说过大逆不道的话："以前我与忠王在宫中一起生活，所以我愿意尊奉他为太子。"

　　面对这种张口胡来的诬陷，其实只要简单调查一下，就能查得一清二楚。但是怒火中烧的李隆基根本不愿意细查。

　　一来，王忠嗣违抗军令的行为让李隆基极为恼火，他必须灭一灭王忠嗣的嚣张气焰。

　　二来，这时候的李隆基已经性情大变，总觉得儿子们要害他，喜欢刻意打压他们。

　　前面我们已经讲过，746年年初，李隆基把太子党的骨干韦坚、皇甫惟明贬了官，让李亨休了韦氏。746年年末，李隆基又让李亨休了杜氏，并杀了他的老丈人杜有邻，随后韦坚、皇甫惟明等人被赐死。

747年，李隆基还准备继续打压李亨。所以，他干脆一不做二不休，把王忠嗣直接关进大牢，准备杀了他以儆效尤。

反正三个亲生儿子都杀了，再多一个养子又有何妨？有些事情，一旦有了第一次，就再也无法控制，感情如此，杀人也是如此。

但就在这个时候，另一位名将的出现，挽救了王忠嗣的性命。

此人就是大名鼎鼎的哥舒翰，他的详细经历我们后面会讲，此时他的身份只是王忠嗣的老部下。

王忠嗣被关进大牢以后，李隆基就把哥舒翰叫到京城，两人一番交谈之后，李隆基对哥舒翰的才能十分地佩服，想让他接替王忠嗣的职位。

幸运的是，哥舒翰这时候还非常重情重义，面对此次升官发财的大好机遇，他并没有丝毫兴奋。相反，他立刻跪了下来，一边痛哭流涕，一边慷慨激昂地诉说着王忠嗣的冤屈，并表示愿意用自己所有的官职换取王忠嗣的一条性命。

李隆基终于被打动了，王忠嗣的部下都愿意放弃官职为他求情，而自己作为他的养父却要杀了他，于心何忍啊。

不过，死罪可免，活罪难逃，李隆基仍然以阻挠军功的罪名，将王忠嗣贬为汉阳（今湖北）太守。

可谁也没有想到，这一贬竟然成了永别，两年之后，郁闷无比的王忠嗣在湖北突然暴死，年仅四十五岁。

可惜这位所向披靡、战无不胜的名将，在人生的大好年华，没有死在战场之上，没有亡在刀剑之下，却落了一个浩歌沧浪、饮恨南国的下场。真是令人惜哉，痛哉啊！

后世在评价他的时候总会感叹这么一句话："王忠嗣不死，安禄山不反！"

这句话很有道理，如果他还活着，安史之乱也许真的不会爆发。

他打吐蕃、揍突厥、扁契丹，一生之中从未有过败绩，哪个敌人听说他的大名不会胆寒？安禄山被契丹打败过不止一次两次，又怎敢与他交手？

他节制河西、陇右、朔方、河东四镇，控弦二十万，在军中的威望极高。如果他还活着，河东五万精锐又怎会听从安禄山的命令起兵造反？

即便安史之乱爆发，他若坐镇潼关，李隆基又怎会疑神疑鬼错杀封常清、高仙芝等大将？安史之乱又怎会长达八年之久？

可惜历史没有如果，压制安史之乱的最后一道封印，就这样被李隆基亲手揭开了。亲者痛，仇者快，这样的王朝，哪里还有希望？

纵观王忠嗣的一生，《新唐书》对他的评价也许最为贴切：以忠嗣之才，战必破，攻必克……论禄山乱有萌，可谓深谋矣。然不能自免于谗，卒死放地。自古忠贤，工谋于国则拙于身，多矣，可胜吒哉！

一百三十二　杨国忠：我也曾经善良过

王忠嗣被贬之后，李隆基终于放松了对李亨的打压。

因为太子党这时候已如枯槁，对皇位没有了任何威胁。朝中支持太子的数位骨干死了，两位支持太子的封疆大吏也死了，再打压下去，太子估计就该裸奔了。

反观李林甫的势力，却成了权臣的标杆。在这十几年里，他为了巩固自己的相位，不停地打压人才。上到绩优股，下到潜力股，内到治国之能臣，外到封疆之大吏，没有他不坑的。

之前讲到的李林甫打压卢绚、严挺之、李适之等人都只是个例，事实上他还干过更加缺德的事情。

当年李隆基为了广揽人才，出台过一个求贤令，上面说只要有一技之长的人，不论出身、不论长相，都可以到吏部备案考核，成为人才预备队。但是李林甫害怕这些人中会突然冒出几个奇才，威胁到自己的相位，就把这件大好事搅黄了。

后来李隆基又想从封疆大吏之中挑选能当宰相的人选，李林甫忽悠他说："文臣为将，怯于战阵，不如用寒族和藩人。藩人骁勇善战，而寒族在朝中没有党援。"安禄山能长期控制河北，和李林甫这通忽悠有着极大的关系。

另外，为了从肉体上消灭天下人才，李林甫还纠集一大批酷吏，再次成立了推事院，和武则天时期一样，专门用来消灭异己。

鉴于李林甫发明了"口蜜腹剑"这个成语，这群酷吏也跟随领导的步伐，发明了一个成语：吉网罗钳，意思是指诬陷酷虐。

吉网指的是吉温，他是武则天时期酷吏吉顼的儿子，也算是子承父业了。这哥们负责罗织罪名，他的口头禅是"我永远比你知道你有多冤枉"。

罗钳指的是杭州人罗希奭（shì），这位哥们负责刑讯逼供，他的座右铭是："堂下所跪何人？先打二十杀威棒再说。"

两人分工明确、各司其职，把坑人事业做到了极致，也把"工于谋国、拙于谋身"的人才打压到了极致。

但是，正所谓物极必反，你李林甫天天全方位、立体式地打压"工于谋国、拙于谋身"的人才，那么围绕在你身边的，必然是一群"工于谋身、拙于谋国"的小人。

不要忘了，这些小人和你一样，都不喜欢游戏规则，都有一套阿谀奉承、阳奉阴违、见风使舵的武功秘籍。

段位不如你的时候，他们也许会忍气吞声、颔首低眉，可一旦功至九重，为了一人之下万人之上的权力，他们必然会对你痛下杀手，而且手段只会比你更加残忍、更加歹毒，因为你是他们的师父。

这是权力的反噬，也是你亲手养蛊的必然报应，此时，在观众席上等待已久的杨国忠终于要出场了。

杨国忠原名杨钊，出身弘农杨氏，武则天的小白脸张易之是他舅，李隆基的新欢杨玉环是他堂妹。

按说这种高规格的出身，二十岁之前没能迎娶白富美，那就对不起祖宗；三十岁之前没干出一番事业，那就对不起家庭。

不过杨国忠是一个例外，父亲对他的溺爱，让他从小就和善良结下了不共戴天之仇，总喜欢干一些为非作歹、吃喝嫖赌的事情，搞得族人们一看见他就跟见了瘟神一样，脑瓜子嗡嗡直响，纷纷躲着走。

刚开始，杨国忠对族人们的反应一点也不在乎，反正我是流氓我怕谁，你们爱怎么着就怎么着。而且看到族人们害怕的样子，他还会兴奋得手舞足蹈。

但是随着年龄的增长，他的三观慢慢发生了变化，眼看着周围的小伙伴们，有的结婚生子，有的升官发财，而自己除了体重增加了以外，其他本事一概没有增长，便也开始着急起来。

大家都是一样的起点，凭什么别人走到哪里都能赢得大家的尊重，而自己却被所有人看不起？

在三十岁那年，这位痞子哥终于痛定思痛，决定痛改前非，重新做人了。

不久之后，他便依托家族的关系，跑到四川的部队里当了一名小小的屯垦军官。

部队的严酷环境，让杨国忠彻底改掉了之前的痞子气质，他每天都像朴实的农民大伯一样，日出而作，日落而息，辛辛苦苦种地，认认真真除草。

功夫不负有心人，杨国忠种下的庄稼，连续几年都得到了大丰收。他也由于优秀的种地能力而得到了相关部门的奖励。

杨国忠很高兴，这是他这辈子得到的第一次奖励，过去的几十年里，他曾经误入歧途，被亲人们嘲笑了无数次，鄙视了无数次。

如今他终于通过自己的努力，得到了应有的回报，事实证明，他并不比任何一个人差。他相信，靠着自己的奋斗，一定会成就一番事业，一定会让那些瞧不起自己的人刮目相看。

按照惯例，得到奖励的人，就应该被提拔为更高级别的军官。杨国忠在同事们的祝福中，日夜期盼着得来不易的委任状。

可是，历史却在此时跟他开了一个大大的玩笑，当地的节度使张宥不知道什么原因，极其讨厌杨国忠（大概率是杨国忠没有给他送礼）。他不但没有给杨国忠升职，还随便捏造了一个理由，将杨国忠狠狠抽了一顿。

被打得皮开肉绽的杨国忠惊呆了，他当流氓的时候，所有人都告诉他，多做善事，好好做人，就能赢得别人的尊重，获得光明的前途。

可是他刚刚改邪归正，就遭到了这种不公平的待遇，公道何在？天理何在？

杨国忠好不容易建立起来的善良，在这一瞬间彻底崩塌了。

心灰意冷的杨国忠就这样狼狈不堪地离开了军队，随后他又通过家人的关系，跑到如今的成都新都县当了县尉。但是好景不长，节度使张宥又通过关系，罢掉了他的官职。

杨国忠的人生又一次跌到谷底，一次次的失败让他感到无比地绝望，如果说以前他还心存一点良知，那么，从这一刻开始，他的心就已经死了。

好人？去他的好人吧，谁愿意当好人谁就去当好了，我杨国忠这辈子再也不会去当一个所谓的好人了。不是我对不起这个世界，而是这个世界对不起我。

走投无路的杨国忠，这时候还保留了一些骨气，他不愿意灰头土脸地回到家中，被族人们笑话，因而选择投奔了往日的好友鲜于仲通。

此人出身于四川豪族，家资雄厚、为人仗义，给了杨国忠极大的帮助，不仅包吃包住，还包玩包接送，让他度过了一段难得的清闲时光。

可是正当杨国忠逐渐安定下来的时候，一个不幸的消息又传到了他的耳中——他的叔叔杨玄琰死了，作为大侄子，他必须回去奔丧。

哎，真的是怕什么来什么，一直羞于回家的杨国忠只好极不情愿地收拾好行李，回到了老家。

出门数载，一事无成，其结果可想而知，原来就看不起他的族人们，对他嘲笑得更加厉害了。这让杨国忠本就黑暗的心灵，变成了一个极其变态的黑洞。

所以，不断被生活暴击的杨国忠，干了一件极其恶心的事情，在给叔叔守灵的时候，他竟然与叔叔的二女儿搞在了一起。

在我国古代，表哥与表妹结婚属于两小无猜、青梅竹马，但同族是不能通婚的，也就是说堂哥和堂妹勾搭在一起，那就是人性的扭曲、道德的沦丧。

不过，无比搞笑的是，正是这次道德的沦丧，为杨国忠以后的飞黄腾达铺平了道路。因为他勾搭的这个堂妹，正是杨玉环的亲二姐。

数年之后，杨玉环成了杨贵妃，这个亲二姐也被召进宫中，封为虢国夫人，杨国忠正是靠着她们的耳边风，开始步步高升。

付出了好心却得不到好报，做了坏事却迎来了福报，杨国忠飞黄腾达以后所做的种种坏事，也许在这一刻就已经成了定局。

一百三十三　为什么会有人给李林甫翻案

和堂妹勾搭上的杨国忠，转过身就撞了大运，在家人的运作下，他又跑到一个县城当了县尉。

745年，杨玉环被李隆基册封为贵妃之后，她把自己的三位姐姐接到了京城。

李隆基对这三个姐姐非常照顾，不仅给她们安排了十分豪华的住宅，还将她们分别封为韩国夫人、虢国夫人、秦国夫人。其中虢国夫人就是杨国忠勾搭的那个堂妹。

三个女人一台戏，四个女人闹翻天。在这四个吞金兽的折腾下，大唐的快递员和百姓算是受了大苦。

晚唐诗人杜牧曾写过一首诗来表现杨贵妃的穷奢极欲："长安回望绣成堆，山顶千门次第开。一骑红尘妃子笑，无人知是荔枝来。"

这首诗没有夸张，真有其事。

《新唐书》中记载："妃嗜荔枝，必欲生致之，乃置转传送，走数千里，味未变，已至京师。"

荔枝的保质期是多长时间呢？

大诗人白居易曾在《荔枝图序》中说："荔枝生巴峡间……夏熟……若离本枝，一日而色变，二日而香变，三日而味变，四五日外色香味尽去矣。"

结合两段文字的记载，也就是说三天之内，味变之前，荔枝得从巴峡运到长安。

巴峡也就是如今的长江三峡之一，如果走高速公路，距离长安大概是一千四百里。古代没有高速公路，只有难于上青天的蜀道，这个距离保守估计也得两千里。

别人是八百里加急战报，杨贵妃这是八百里加急荔枝，公车私用的鼻祖，完全可以扣到她的头上。

除此之外，杨贵妃把宫中的奢华也带到了开元以来的巅峰。想当年李隆基刚当上皇帝的时候，曾把大量宫女放出宫外，还让妃子们亲自养蚕纺织。

但是杨贵妃一来，就创造了大量的就业机会，宫中光是给她织锦刺绣的工人就达到了七百多人，给她制造首饰的工人又有几百人，那可真是后宫秒变大工厂，GDP噌噌往上涨。

她的姐姐们也是一群败家子，仗着妹妹受宠，一个比一个能折腾。每人每月仅化妆费就得十万钱（大约能买一两万斤大米），随随便便修几间房子就得上千万钱，不知道是不是给马桶上镶了钻。

眼看着妹子们发达了，情人变成了小富婆，杨国忠自然不会忘了攀高枝。所以，他利用工作的机会，撒丫子就飙到京城投奔了这群妹子。

不久之后，杨国忠便在各位妹子的美言之下开始步步高升，一年之内便身兼十五职，成了当红"炸子鸡"。

李林甫看到杨国忠一方面越来越得势，另一方面又蠢得不一般，所以他料定杨国忠不会威胁到自己的相位，便也趁机和他套起了近乎。

两个人刚开始狼狈为奸的时候，合作得相当愉快，李林甫每次陷害太子李亨，杨国忠都会主动跑过去添油加醋。

李林甫设置推事院，抓异己，杀贤良，杨国忠便充当咬人急先锋。像前面所讲的杀韦坚、皇甫惟明这些事，都有杨国忠的积极参与。

但是，权力场上的合作往往不会长久，贤臣之间尚且如此，小人之间更是如此。等李隆基不再打压李亨的时候，杨国忠和李林甫的矛盾就开始浮出水面。

有一天，御史大夫（从三品）的职位出现了空缺，杨国忠和王鉷（hóng）都是御史中丞，按道理讲，两个人都有竞选上岗的可能性。

杨国忠自信满满，觉得自己为李林甫干了那么多亏心事，并且有杨贵妃撑腰，这个位置非他莫属。

但是李林甫并不这么想，从国家的角度看，他觉得王鉷很会为国敛财，深得李隆基的信任，推荐王鉷为御史大夫，李隆基会比较满意。

从私人的角度看，李林甫也比较喜欢王鉷，虽然王鉷没有帮自己干过什么坏事，但人家对自己非常尊敬。

当年安禄山仗着李隆基的宠信，无论见到谁都趾高气扬，恨不得用鼻子看人。李林甫为了给安禄山一个下马威，就当着他的面召见了王鉷。

王鉷在李林甫面前，表现得极其卑微恭谨，装得比亲孙子都像孙子，让安禄山大吃一惊。

接着，李林甫又给安禄山表演了一番个人绝学——读心术，安禄山想要说什么，李林甫都会抢先替他说出来。

这两招下来，安禄山惊恐万分，从此一看到李林甫就吓得汗流浃背。

安禄山返回老窝以后，每次使者从长安回去，他都会赶紧询问："十郎（李林甫）说了些什么？"

如果听到李林甫夸他了，他就高兴不已。如果李林甫说："告诉安大人，让他老实一点！"安禄山就会一边拍着床，一边喊："噫嘻，我死矣！"

当然，后面拍床说自己要死了，可能是安禄山韬光养晦，故意做给外人看的，但是每次见到李林甫都被吓得汗流浃背，国家一级演员恐怕也演不出来这种感觉。

王鉷如此给自己面子，李林甫怎么可能不喜欢，所以，他就把王鉷推荐为御史大夫。

落榜的杨国忠，由此对李林甫怀恨在心，走上了报复之路。

自古以来什么最重要？人才，人才永远是一个组织做大做强的核心竞争力，治国如此，整人也是如此。

杨国忠虽然干正经事不太在行，但还是很有自知之明的。他知道仅靠自己的智商，根本整不倒李林甫，于是，他就想方设法，把李林甫手下最能坑人的吉温拉到了自己的阵营。

吉温就是前文所说的"吉网罗钳"的男主角之一，他最擅长的事情就是拍马溜须、罗织罪名。在吉温的帮助下，杨国忠简直就是如虎添翼，很快就升为兵部侍郎（正四品上）。

紧接着，他们又学习李林甫到处安装人体监控的战术，在李林甫小弟的身边安插了无数耳目。

这群人本来就不是啥好人，违法乱纪的事一抓一大把，很快京兆尹萧炅、御史中丞宋浑等人贪赃枉法的事情，就被杨国忠捅了出来。

李林甫听说之后大为恼火，竟然有人敢动自己的人，他洗罢手就准备去营救自己的小弟。

但是，经过调查后，李林甫惊讶地发现根本没有营救的可能，因为这两位贪赃枉法的事情铁证如山，杨国忠没有一点冤枉他们。于是，李林甫只好舍车保帅，任凭他们被贬到了外地。

初步尝到甜头的杨国忠，从此成了安装人体监控的专家，他进一步扩大了监控的范围，除了李林甫家之外，整个京城基本都被他安装了人体监控。

功夫不负有心人，不久之后，杨国忠就监控到了一条石破天惊的消息：王鉷的弟弟、户部侍郎王銲和他的好朋友邢縡（zài）召集了数十号人马，准备杀掉禁军老大，率领禁军造反。

李隆基听完杨国忠的汇报之后大吃一惊，但他并不相信王鉷会和他弟弟一起造反，因为此时的王鉷已经是仅次于李林甫的二号权臣，完全没有理由造反。

所以，李隆基本着用人不疑的精神，便把抓人的任务交给王鉷以及杨国忠，希望王鉷能够大义灭亲。

可是知人知面不知心啊，他哪里能想到，王鉷不仅知道弟弟的阴谋，还帮弟弟杀过人、灭过口。

以前，王鉷的弟弟找过一个术士，让术士算一算自己有没有天子命。术士一听，顿时吓得魂飞魄散，你有没有天子命，我不知道，我只知道，这件事要是败露了，我肯定没命。所以，这个术士胡乱拍了一通马屁之后，便赶紧溜出京城藏了起来。

王鉷的弟弟听完马屁非常高兴，就赶紧把这件事当作喜讯告诉了王鉷。王鉷一听就炸了，我的天啊，没想到自己的弟弟竟然有天命。但是，有天命也得小心啊，万一天命没来之前事情泄露，就活不到明天了。

于是，王鉷急忙上演了一出千里追凶，派人把这个术士剁了。

可惜没过多长时间，这件事情还是泄露了。王鉷府上的司马韦会不知道通过什么渠道知道了这件事情，王鉷又让人把韦会杀了。

现在李隆基让王鉷去抓弟弟，毫无疑问就是肉包子打狗，能打着就怪了。但是，什么人也抓不着，又没办法向皇帝交差。

所以，王鉷接到抓人的命令之后，并没有着急行动，他先让人把弟弟从邢縡的家中叫到了自己的家里，然后才和杨国忠一起去邢縡的家里抓人。

可惜不怕神一样的对手，就怕猪一样的队友。当王鉷和杨国忠去抓人的时候，邢縡一看是王鉷来了，便大声喊道："大家不要伤害王大人的人。"然后他就带着几十号亡命之徒跑了。

王鉷一听这话，吓得一身冷汗，恨不得抽自己几巴掌，怎么会和这些没脑子的人搞到一起，如今跳到黄河也洗不清了。所以，他干脆一不做二不休，让人拼命在后面追，准备把这群人全杀了，从此就可以死无对证了。

但就在他举起屠刀的时候，高力士带着四百名禁卫军恰好赶到了现场。在高力士的指挥下，邢縡很快被砍掉了脑袋，其他几十号人则被生擒了。

按道理讲，有这群人作证，王鉷必然在劫难逃。可是，奇迹竟然又一次出现了。

也不知道王鉷用了什么方法，一向精明的李林甫竟然在这个敏感的时刻替他求了情，而且李隆基竟然也信了，不但没有追究王鉷的责任，还下令把他的弟弟王銲也赦免了。

好不容易煮熟的鸭子，而且还剁成了块，端上了桌，竟然就这么飞了。杨国忠听说之后，气得一口老血差点喷出来。绝对不能就此放弃，否则以后李林甫和王鉷联起手来对付自己，自己必然没有好下场。

郁闷透顶的杨国忠思来想去，决定再去找一个人，他相信只要这个人出面弹劾王鉷，王鉷就必然会被重新拔毛，回锅重烤。

这个人不是杨贵妃，而是左相陈希烈。陈希烈生辰不详，以前有过啥功绩也不详，他之所以能当上宰相，全是李林甫的功劳。不是李林甫喜欢他，而是李林甫觉得他为人懦弱，容易控制。

事实也是如此，陈希烈当上宰相之后毫无作为，除了李林甫让他签字的时候动动手之外，基本就没有干过其他事。

这种微不足道的"小人物"，同事们都没有把他放在眼里，但是从底层爬起来的杨国忠知道，只要冷灶烧得好，惊喜自然少不了，越是这种人，越容易接近，也越希望得到别人的认可。

杨国忠找到陈希烈之后，把当前的局势好好分析了一通，没想到陈希烈比他想象的还要激烈，他早就受够了被人冷落的滋味，也早就忍够了李林甫的飞扬跋扈。所以，他立刻写了一封弹劾王鉷的奏疏就交了上去。

李隆基很是惊讶，一向老实巴交的陈希烈竟然也来弹劾王鉷，看来此人大概率真的有问题。所以李隆基收回了原来的命令，让杨国忠和陈希烈一起审讯王鉷以及他的弟弟王銲。

结果可想而知，一通杀威棒下来，这兄弟俩便把罪行全部招了。

听到这个消息，李隆基的心理受到了巨大的打击。于是，他一怒之下把王鉷赐死了，还把王銲活活打死了，把他们的儿子也全部流放到了岭南，没过多久也全部杀了。

替王鉷求过情的李林甫虽然没有获罪，但从此以后，也就失去了李隆基的信任。

当年十月，南诏国（位于今天云南附近）反叛唐朝，攻陷了姚州（今云南姚安），杀死了当地的太守。

被冷落的李林甫顿时又看到了希望，想趁机整垮杨国忠，因为杨国忠当时兼任着剑南节度使，这地方归他管，所以李林甫就向李隆基提议，让杨国忠带兵出征南诏。

可杨国忠并不是傻子，他当面揭穿了李林甫的阴谋："臣一旦离朝，必为李林甫所害。"

李隆基也知道这是李林甫的阴谋，不过军务要紧，你管的地方出了事，无论如何你都得去一趟。所以，李隆基依然坚持把杨国忠派往剑南，不过临行之前，他对杨国忠许下承诺，很快就会把他召回京城，并任命为宰相。

李林甫听说这个承诺之后，彻底傻眼了，他终于意识到属于自己的时代已经结束了，杨国忠回来后，必然会大肆报复自己。

所以，没过多长时间，李林甫便因为惊恐过度，一病不起了。

当杨国忠从剑南回来的时候，李林甫已经病入膏肓，随时都有挂掉的可能。李隆基估计是怕他死得太慢，在这个时候竟然让杨国忠去看望了一次李林甫。

鸟之将死，其鸣也哀；人之将死，其言也善。这位雄踞相位十九年，心狠手辣、整人无数的大人物，见到杨国忠之后，竟然流下了忏悔的眼泪，他一边哭着一边对杨国忠说道："我很快就要死了，你一定会继任宰相，我的后事就托付给你了。"

可是，这时候说这些话还有什么用呢？前几天你还准备整垮杨国忠，现在他怎么可能对你手下留情？

几天之后，李林甫终于在家中病逝，享年七十一岁。

还没有等李林甫下葬，杨国忠便联合安禄山，诬陷李林甫谋反。李隆基在盛怒之下，将李林甫削去了官爵，抄没了家产，把他的儿子们全部除名，流放岭南。随后，李隆基又命人劈开他的棺木，挖出嘴里含着的珍珠，剥下他的金紫朝服，改用小棺材，以庶人之礼将他埋了。

一代权臣的人生，就这样戏剧性地结束了。在他主政的十九年里，唐朝虽然表面上继续保持着繁华，但是繁华之下已经涌现出了无数危机。

李林甫虽然修订了法律，编订了唐六典，但是这些功劳相较于他打击异己、压制人才、结党营私、残害忠良的罪恶根本微不足道。

张说当宰相的时候，施行强干弱枝的政策，裁撤边防军二十万，招募中央军十几万，大大加强了中央的权力。

但李林甫却一反常态、强枝弱干，不断加强边防军的力量，但对于禁军四散逃亡，他却不管不问。

虽说安禄山畏惧他的威严，没有在他生前造反，但他所种下的恶果已经遍地开花。

在他的任期之内，李隆基耽于享乐，杨贵妃挥霍无度，忠臣们无处施展才华，而奸臣们却尸位素餐，横行无度。

虽说这一切，归根结底都应该由李隆基负责，但作为右相，他在李隆基骄奢淫逸之时，没有劝阻、没有纠正，还助纣为虐，作为人臣，岂能算作合格？

所以，他虽有一定的能力，但也摆脱不了奸臣的定论。过往的一千多年，没有人为他成功翻案，在之后的一千多年，也不会有人为他翻案成功。

这样的人死不足惜，他之所以会被个别人翻案，只是因为他生活在一个比烂的时代，接替他的人更死不足惜罢了。

一百三十四　安禄山为什么要造反

杨国忠当上宰相之后，全心全意地干了三件缺德事：

第一件缺德事和李林甫一样，打压异己、贪污腐败，只不过他做得比李林甫更狠、更毒、更过分。

他刚一上台，便把朝中不听话的大臣全部贬到了外地。没人干活不要紧，他一个人身兼四十多职，既当裁判，又当教练，朝中大小事情都由他说了算。

为了拉拢人心，他规定提拔官员的时候，能力大小不重要，贤与不贤也不重要，谁干的时间长，谁就能先晋级，于是那些坐了千年冷板凳的老头欣喜若狂，全部投到了他的门下。

另外，李林甫当宰相的时候，如果哪里发生了天灾人祸，一般还会派人去治理一下，最起码保证不会出现大规模的民变。可是杨国忠为了让李隆基每天都能沉溺在后宫，便不允许地方上报灾祸。

例如扶风太守房琯曾上报当地出现了水灾，杨国忠就派人狠狠训了他一通，从此以后再也没有人敢汇报实情。

第二件缺德事是两次远征南诏（今云南、缅甸、老挝一带）。

南诏统治的疆域在隋末唐初的时候是六诏。

唐朝建立之后，其他五个诏都归附了吐蕃，只有南诏自始至终对唐朝不离不弃。为了让南诏牵制吐蕃，唐朝历代皇帝都给南诏提供了大量的援助。

南诏的势力由此越来越强，终于在738年的时候，在皮逻阁的带领下兼并了其他五诏。李隆基为了表扬皮逻阁的功绩，还把皮逻阁封为云南王。

748年，皮逻阁去世之后，他的儿子阁罗凤经过内斗抢夺了王位，并继续奉行亲唐政策。

但是，当时唐朝的云南太守张虔陀圫不是个东西，能力不强，脾气却很大。这位仁兄总觉得自己是天朝上国的封疆大吏，对方只是还没有开化的南蛮，所以，他不但不把阁罗凤当王爷对待，还接二连三侮辱对方。

有一次，阁罗凤带着老婆孩子到云南出差，张虔陀见人家的老婆长得漂亮，竟然色心大起，调戏了对方。作为男人阁罗凤大怒不已，当场就准备抽刀砍人，但作为地方首领，为了和平，他又不得不忍受这种屈辱。

可是，你的容忍，就是别人放肆的资本，等阁罗凤回到南诏以后，张虔陀又狮子大开口，向他索要精神损失费，搞得好像是阁罗凤调戏了张虔陀的老婆似的。遇到这种人渣，阁罗凤气得哭笑不得，但他仍然没有反抗，只是装作没有听到。

可张虔陀还在继续作死，看对方没反应，以为阁罗凤怕了自己，竟然又派人去辱骂阁罗凤，并上书朝廷诬告阁罗凤要谋反。

面对张虔陀一而再、再而三的挑衅，阁罗凤终于忍无可忍，真的起兵造反了。他率领大军很快就攻陷了云南，还将张虔陀大卸八块。

消息传到朝廷里，杨国忠大怒不已，欺负你，你竟然还敢还手？没见过这么勇敢的人。

于是，751年四月，杨国忠便推荐鲜于仲通为剑南节度使，率军八万，兵分两路准备教训一下南诏。

鲜于仲通从小就生活在锦衣玉食之中，文化成绩还不错，竟然考中了进士，但缺点也很明显，就是从来没有打过仗。杨国忠之所以派他去，只是因为当年自己走投无路的时候投奔过他。

在杨国忠看来，南诏只是一个芝麻大的小政权，打这种政权完全就是刷业绩，所以，他就把这个建功立业的机会给了恩人。

老实说，杨国忠的看法没有错，南诏的确是一个小政权，不能和唐朝抗衡。但是他忽略了一点：不怕神一样的对手，只怕猪一样的队友，南诏虽弱，奈何鲜于仲通是头猪啊。

阁罗凤看见唐军大举压境，还以为朝廷会派一些猛将过来，所以，两军还没有开打，他就被吓得魂飞魄散，赶紧派了几位使者，拿着大量的金银珠宝向鲜于仲通说明造反的原因并且请和。

可是鲜于仲通自以为打仗就是拼人数，谁多谁就能获胜，于是，他拒绝了对方的请求，带着兵就往前冲。结果双方只打了一仗，阁罗凤连阴谋都没有使用，就把唐军打得大败亏输，死了整整六万之众。

只是很可惜，鲜于仲通没有被打死。杨国忠为了掩盖此次大败，还把他升为了京兆尹。

754年，也就是在安史之乱爆发的前一年，不甘失败的杨国忠，又在两京附近拉了七万壮丁，由姚州都督李宓率领，再次攻打南诏。

阁罗凤和李宓原来是一对关系还不错的朋友，他知道李宓身经百战，是一位不容易对付的将领。

所以，这一次他没有选择正面硬刚，而是采用了诱敌深入的战术。当唐军到达大和城的时候，阁罗凤便让南诏的主力坚守不出，只是派了少量骑兵不断地骚扰唐军的粮道。

时间很快来到一年之中最热的六月，自北方而来的唐军，根本没有经历过南方的炎热，再加上水土不服，没过多长时间，便大面积感染了瘟疫，死了十之七八。

李宓见状，只好率领残军撤退，但是为时已晚，阁罗凤在后面一通猛砍猛杀，唐军全军覆没，连李宓也成了俘虏。

本来是想教训别人，结果被别人连续削了两次，死了十几万人，杨国忠的罪过放到以前，能让他死好几次。

可是，李隆基根本就不知道这些事情。因为这时候的李隆基已经懒政到了极其可怕的地步，他把所有的军国大事都交给杨国忠处理，自己则天天待在后宫和杨贵妃玩各种二人游戏。

为此，他还得意洋洋地对高力士炫耀："朕老了，朝廷的事情都交给了宰相，边疆的事情全部交给了诸位将军，还有什么好担心的啊！"

高力士虽然是太监，身体少了一根筋，但脑子里一根筋也没少，他伺候过武则天，知道武则天当年是怎么被搞掉的。他帮助李隆基发动过两次政变，知道大权旁落的后果有多严重。

所以，他趁机赶紧劝李隆基说："臣听说云南吃了多次败仗，而且封疆大吏们个个拥兵自重，万一事情有变，陛下如何应对？"

可是，忠言逆耳，面对高力士的善意提醒，李隆基懒得去调查一下云南的真实情况，当场就让高力士闭嘴。

遥想当年，李隆基多么英明神武，如今竟然昏聩到这种地步，人的变化，怎会如此之大？

杨国忠干的第三件缺德事就是逼迫安禄山尽快造反。

安禄山想造反，因为经过二十年的经营，他手中掌握的实力已经到了可以造反的地步。

732年，安禄山偷羊被抓，幸运地成为张守珪的义子，从此开始步步高升。

740年，安禄山升为平卢兵马使。

742年，安禄山升为平卢节度使，所辖兵力只有三万七千五百。

744年，安禄山升为平卢节度使、范阳节度使，两个节度使所辖兵力已经将近十四万，使得安禄山有了初步造反的实力。

751年，安禄山再次升官，在原有的基础上又兼任了河东（今山西大部）节度使，所辖兵力已经达到了可怕的十八万之多。

当时唐朝一共有十个节度使，边防军总兵力四十九万，中央军只有区区九万，安禄山一个人统辖的兵力竟然接近整个唐朝军队的三分之一。

后来，李隆基又把安禄山封为东平郡王，而在此之前，唐朝开国以来，活着的时候被封为东平郡王的只有一个——李世民的孙子李续。安禄山是第二个，一百多年后还有一个，那就是篡了唐朝江山的朱温。

我们来看一下，751年时安禄山所有的官职吧：

右羽林军大将军、御史大夫、范阳节度使、平卢节度使、河东节度使、河北采访使、柳城郡太守、上柱国、开府仪同三司、柳城郡开国公、东平郡王。这些还不是他的最终官职，未来几年又增加了很多。

节度使主管地方的军队、百姓、财政，采访使主要负责刑狱以及监察州县官吏。河北不是指现在的河北，而是指当时的河北道，包括今天的河北、天津、北京、东北等地。

拥有如此大的权力，说实话，只要是个正常人，都会有造反的想法，更何况安禄山本来就是一个野心极大，并且没有受过儒家忠孝文化熏陶、连汉字都不认识的胡人。

但是，安禄山此时此刻还没有准备造反，因为李隆基对他实在太好了，比他亲爹都好。这不是一句玩笑话，而是事实。安禄山他爹死得早，除了生他的时候费了点力气，养他的时候可一点力气也没费。

李隆基则不同，在养安禄山的时候，费尽了心思。

安禄山大概有三百三十斤，因为太胖，走两步就气喘，跑两步就头晕，李隆基便允许他在宫中骑马、坐轿，享受各种特殊待遇。

安禄山在京城没有住的地方，李隆基就让有关部门给他在长安盖了一座超级豪宅，里面的一切用品全是李隆基赏赐的宫廷之物，东西不求最好，但求最贵，连厨房里的锅碗瓢盆都用金银打造。

安禄山率领十几万人攻打契丹，结果打输了，李隆基连一句问责的话都没有。

安禄山的儿子到了该结婚的年龄，李隆基就把自己的亲孙女、太子的女儿嫁给了他，让安家成为皇亲国戚。

最重要的是，李隆基对安禄山的信任达到了史无前例的地步，基本上属于安禄山说啥，他就信啥，哪怕是一些鬼都不信的鬼话，李隆基也照信不误。

安禄山第一次见到李隆基时，为了表忠心，就摆出一副神神道道的样子，表示去年秋天，营州闹了蝗灾，都快把禾苗吃完了，自己心急如焚，祈求上苍说："如果我心术不正，事君不忠，就让蝗虫把我的心吃掉，如果我不负上天，就让蝗虫赶紧消失吧！"结果自己刚刚说完，天上就飞过来一大群候鸟，把蝗虫吃完了。

这种比神话传说还不靠谱的鬼话，李隆基竟然信了。更为搞笑的是，他还专门让史官把这件事记录下来，又把安禄山封为骠骑大将军。

后来，安禄山入朝觐见李隆基时，刚好太子李亨也在场，但是安禄山只拜李隆基而不拜太子。旁边人提醒他，他却装作一副傻傻的样子说："臣是胡人，不知道太子是何官。"

当了那么多年封疆大吏，不知道太子是何官，李隆基竟然也信了，还向他解释道："太子就是储君。"

哪知道安禄山等的就是这句话，他赶紧上前拍了一通马屁："臣愚钝，只知道陛下一人，不知道还有储君。"

李隆基这才意识到，安禄山是在耍滑头，但是为了拍自己的马屁，他竟然愿意得罪未来的皇帝。这种只看眼前、不顾未来的忠臣，让李隆基相当满意。

751年，安禄山兼任三镇节度使之后，为了拍李隆基的马屁，四十多岁的他提出了一个极其荒唐的请求，要认比自己小十六岁的杨玉环为干妈，而李隆基竟然也同意了。

从此之后，安禄山就开始以儿子的身份随便出入皇宫，每次入宫都是先拜杨玉环，再拜李隆基。

李隆基很诧异，问他为啥这么做。他用早就准备好的答案说："我们胡人的习俗，都是先拜母亲，后拜父亲。"

此话一出，周围人的鸡皮疙瘩掉了一地，但李隆基和杨玉环两位却非常受用，觉得这儿子比孙子还孙子。

为了表达对儿子的爱，杨玉环母性大发，竟然做了一件比认妈还要荒唐的事情，她要亲自给安禄山"洗三礼"。唐朝的时候，婴儿出生的第三天，家长会把亲朋好友聚集到一起，给婴儿举行个洗澡仪式以图吉利。

安禄山是一个四十多岁的大老爷们，杨玉环是一个二十多岁的妙龄少妇，杨玉环给他洗澡，那画面简直不要太辣眼睛。

更加荒唐的事情还在后面，李隆基看见这两位如此奔放之后，也表现得极为奔放，他不但没有生气，竟然还跟着哈哈大笑了起来。

面对这样昏庸，但又对自己如此之好的皇帝，安禄山的内心十分纠结。

反了，一方面对不起皇帝的信任，人毕竟是有感情的动物，虽然安禄山没有多少感情。更重要的是，目前这种无忧远虑的生活，就将一去不复返。

如今在京城，可以住豪宅、驾豪车、自由出入皇宫，和杨贵妃嬉戏玩乐，犹如天上人间。

如果回到范阳，还可以做土皇帝，想打仗就打仗，不想打仗就吃喝玩乐，打赢了有奖赏，打输了，皇帝也不在乎。

人臣做到这种份上，古往今来，谁能与之匹敌？

可是不反，又对不起自己手中的权力。二十万大军枕戈待旦，搏一搏，指不定可以坐拥天下，睥睨四方，成就霸图伟业。

对权力的渴望，让安禄山雄心勃勃；道德的束缚以及潜在的危险，又让安禄山不得不冷静下来。两者不断博弈的结果就是，安禄山选择了造反，但他准备等到李隆基去世以后再反（安禄山专制三道，阴蓄异志，殆将十年，以上待之厚，欲俟上晏驾然后作乱）。

如果历史真的按照这个节奏发展下去，恐怕就不会有安史之乱了，因为此时此刻，安禄山肥胖的身体已经出现了各种问题，在不久的将来，他就会病得双目失明。如果那时候他还没有起兵，被收回权力恐怕是他唯一的结局。

可惜历史没有如果，杨国忠从当上宰相那一刻起，就下定决心要逼迫安禄山尽快造反。因为他天真地认为，只有这样，才能搞掉这个看不起自己的安禄山，让自己永远独揽大权。

那么，杨国忠是如何逼迫安禄山的呢？

一百三十五　李隆基为什么不相信安禄山要造反

杨国忠和安禄山其实并没有什么深仇大恨，两个人的矛盾说起来挺可笑，竟然是因为李林甫。

杨国忠觉得既然李林甫降得住安禄山，自己也能降得住，所以，他就希望安禄山能够像害怕李林甫那样害怕自己。

安禄山却觉得，虽然你妹是我妈，但你不是我舅，你怎么能和口蜜腹剑的李林甫相提并论。我怕他，是因为他能够猜透人心，而你不仅看不透我，还能被我看透，你算哪根葱。

所以，杨国忠当上宰相没多久，这两人就杠上了。

靠着近水楼台先得月的优势，杨国忠开始不停在李隆基面前，诉说安禄山谋反的种种迹象。例如，安禄山权力太大，拥有造反的实力。再如，安禄山人品有问题，一看就有反骨。如果李隆基不信，可以召安禄山回京，他肯定不敢。

俗话说三人成虎，杨国忠从752年年底一直絮絮叨叨说到了753年年底，李隆基听得脑袋都大了一圈，终于勉强同意了杨国忠的提议，下诏让安禄山回京述职。

《隋唐演义》中说，杨玉环因为与安禄山私通，所以赶紧给安禄山通风报信，让他火速回京，以免李隆基生疑。于是，安禄山将计就计，火速赶回京城，重新赢得了李隆基的信任。

但是，这段故事并不可信，因为两唐书和《资治通鉴》里并没有提到这一点。所以，安禄山回京，大概率是因为他还没有做好造反的前期准备，不得不以身犯险，争取时间。

总之，754年一月，安禄山出乎意料地到了京城。当他抱着李隆基的大腿痛哭一番之后，李隆基拍着杨贵妃的大腿就心软了，开始安慰起这个干儿子来。

在之后的两个月内，为了表彰乖儿子的忠心，李隆基又对他大肆封赏了一番。

安禄山说，我现在的官太小。李隆基便把他提拔为左仆射（本来准备提拔为宰相，但遭到杨国忠的反对），又把他的两个儿子分别提拔为三、四品大员。

安禄山说，我想当群牧使。李隆基立刻同意了他的请求，让安禄山派人到马厩里挑选几千匹强壮的战马，大大增强了他骑兵的实力。

安禄山又说，我的将士功勋卓著，需要加重赏赐。李隆基立刻下诏将他手下的五百多人升为将军、两千多人升为中郎将，使安禄山进一步收买了军心。

754年三月，安禄山准备回范阳的时候，李隆基又把自己身上的衣服赏赐给他。从此以后，只要有人说安禄山要造反，李隆基便撸起袖子，将此人抓起来痛揍一顿。

鉴于李隆基的暴力压制，害怕被揍的杨国忠不得不与安禄山和平相处了一年。在未来的一年里，安禄山在范阳老巢，优哉游哉地准备着造反的武器、粮草和兵员，杨国忠这边却连一句反对的话也不敢说。

755年二月，表面上的平静终于被安禄山打破了。他上书朝廷，希望用自己手下的三十二员藩将代替汉人将领，李隆基竟然同意了。

兵部尚书兼左相韦见素（名字里虽然有个素，却不是吃素长大的）立刻就意识到大事不妙，急忙找到杨国忠说：

"安禄山一直都有二心，如今用胡人代替汉人，恐怕马上就要反叛。明天我将极力进谏，如果皇上不听，你就接着进谏。"杨国忠觉得韦见素分析得很有道理，当场便答应了下来。

事情果然如韦见素所料，第二天，李隆基听到又有人说安禄山要造反，便大怒不已，根本没有理会韦见素的意见。

韦见素一边给杨国忠使眼色，一边继续劝说李隆基。可是，杨国忠在这个关键的时候却吓得一句话也说不出来。

不过，面对李隆基的怒火，韦见素并没有灰心丧气。几天之后，他又一次带着杨国忠极力进谏，并提出一个可行性比较大的办法：

"臣有一计能够消除安禄山的野心，如果让安禄山回朝担任宰相，让其他人担任三镇节度使，安禄山的势力自然会土崩瓦解。"

这时候，安禄山的族兄、时任朔方节度使的安思顺，以及太子李亨也纷纷加入了劝告李隆基的队伍。

面对这么多人的进谏，李隆基犹豫再三之后，终于采纳了他们的建议，准备让安禄山入朝为相。

眼看着事情就要向有利于中央的局势转变，但是，就在诏书准备发出去的时候，李隆基突然后悔了。他觉得去年自己因轻信了杨国忠的诬陷，错怪了安禄山，如果这一次又轻信他们，岂不要闹出笑话。

于是，李隆基收回了写好的诏书，派了一个叫辅谬琳的太监，带着稀有的水果跑到范阳，名义上是请安禄山吃水果，实际上是调查他会不会造反。

这种小儿科的把戏，自然逃不过安禄山的眼睛。他只用了一些金银珠宝，就将辅谬琳收买了。

回到长安之后，辅谬琳便不断替安禄山说好话。李隆基听了之后，顿时神清气爽，为自己的英明神武感到无比开心，他专门把杨国忠等人召集起来，吹着牛皮说道：

"朕以诚心对待安禄山，他肯定没有二心，东北的敌军还需要他去镇压，大家不用担心了。"

杨国忠一听，一口老血差点喷了出来，都什么时候了，皇帝竟然还相信安禄山不会造反。为了证明自己是对的，接下来他便做了一件极为荒唐的事情。

755年四月，杨国忠竟然派人包围了安禄山在京城的住宅，并抓捕了他的门客李超等人。

按道理讲，对方的人都抓了，总该审讯出一些造反的证据吧。可是，杨国忠竟然什么也没有审问出来，就将这些人偷偷杀了。

可惜纸是包不住火的，安禄山的儿子安庆宗当时还在朝中当驸马。他听说了这件事以后，不由得大惊失色，赶紧将此事汇报给了安禄山。

安禄山一下就懵了，因为他不知道抓捕李超到底有没有皇上的授意。如果没有，杨国忠怎么敢对自己下手；如果有，自己除了抓紧造反以外，已经别无选择了。

可悲的是，发生了这么大的事情，李隆基竟全然不知。

当年六月，李隆基还以安禄山的儿子大婚为由，让他回京参加婚礼。不用说，安禄山没有病也要装病，绝对不会去的。

不过，安禄山并没有完全拒绝，他灵机一动，想出了一条妙计，表示为庆祝儿子的大婚，准备献给皇帝三千匹战马，每匹战马再配备两个一米七八的马童，另外再派二十二名藩将带领这些战马入朝。

李隆基一听，这才突然警觉起来，马童？一米七八的那种童？开什么玩笑，那分明是三千名骑兵和三千名步兵，如果让这些人来到长安，恐怕就要大乱了。

这时候，河南尹达溪珣刚好也想到了这一点，他急忙上书李隆基，表示一定要拒绝这三千匹马入朝。另外，两个月前太监辅谬琳接受安禄山贿赂的事情，恰好在这个时候败露了。

李隆基越想越害怕，但是他仍然不愿意相信安禄山会造反，又派了一个叫冯神威的使者到范阳去告诉安禄山，自己在华清宫给安禄山特意修建了一处温泉，希望十月的时候，安禄山能与自己一起享受泡澡的快乐。

此时，安禄山已经基本准备好了造反的一切。所以，他见到冯神威之后，呵呵一笑，连凳子都没有离开，更别提跪拜了，他只是轻蔑地说了一句："圣上平安，十月我一定到长安。"

说罢，他便让冯神威回朝去了，连一封谢恩的表文也懒得回复。冯神威看见安禄山如此失礼，意识到大事不妙，赶紧以十万火急的速度往京城一路狂飙。

到达京城之后，他连滚带爬跪在李隆基面前大声痛哭："臣差一点就不能再见到皇上了啊。"

按说此时此刻，安禄山造反的迹象就如秃子头上的虱子，再明显不过了。

这个时候，如果李隆基能够暗地里招兵买马，在虎牢关、洛阳、函谷关等地设防，唐军绝对不会一败涂地，安史之乱也绝对不可能长达八年之久，因为此时距离安禄山起兵还有整整四五个月的时间。

可是，李隆基听说安禄山十月会来长安之后，竟然又信了。在这几个月里，他竟然什么也没有做。当年十月，他便如期跑到华清宫泡温泉去了。

当然，他没有等来乖儿子和自己一起泡澡，却等来了那个三百多斤的胖子已经造反的消息。

755年十一月九日，安禄山统领奚、契丹、同罗、室韦等少数民族，合计十五万大军，假称二十万，以清君侧、斩杨国忠为由，终于举起了反叛的大旗！

相信大家看完以上这段历史之后，会和笔者一样陷入深深的沉思之中。就算是一头猪，恐怕也不会比李隆基更傻。

安禄山造反的迹象已经那么明显，那么多人都在提醒李隆基，而他竟然能够不顾所有的正确意见，一头扎进宰猪厂里就是不出来。他到底怎么了？

思来想去，笔者觉得有以下几个原因：

第一，李隆基越来越昏庸、越老越固执。

李隆基在位后期，办的错事可谓一件接着一件。

杀害三个儿子，和儿子抢老婆，这是一个正常人能干出来的事吗？

明知李林甫妒贤嫉能，还重用了他十九年，连李林甫自己后来都觉得羞愧难当。

安史之乱后，李隆基曾经和给事中裴士淹一起谈论过宰相。当提到李林甫的时候，他说："李林甫妒贤嫉能，无人能比。"裴士淹趁机说道："陛下既然知道，为什么还要让他当那么久的宰相？"李隆基一听，憋得一句话也说不出来。

杨国忠当上宰相之后，李隆基越来越懒政，基本上把大权都交给了他。

从753年到754年，关中水灾旱灾接连不断，出现了大饥荒，他不知道。两次远征南诏失败，死了十几万人，他也不知道。杨国忠没有经过他的同意，便包围安禄山的住宅，杀了安禄山的人，他竟然也不知道。

这得昏庸、贪玩到什么地步，才能消息如此闭塞啊？

754年，安禄山已经拥兵十八万，具备了造反的实力。杨国忠说他要造反，虽然没有证据，但安禄山来到京城之后，也不能再给他那么多赏赐啊！

安禄山手下的五百人升为将军，两千人升为中郎将，三十二员藩将代替汉人将领，还让他当群牧使，可以随便挑选战马。这不是鼓励他收买人心、赶紧造反吗？

杨国忠说安禄山要反，他不信。

韦见素说安禄山要反，他不信。

安禄山的族兄安思顺说安禄山要造反，他不信。

太子李亨说安禄山要造反，他还是不信。

他偏偏就信了一个叫辅谬琳的太监，辅谬琳收受安禄山贿赂的事情被揭发出来以后，他竟然还不愿意相信安禄山要造反。

安禄山以生病为由不来参加儿子的婚礼，他觉得安禄山不会造反。

安禄山准备派六千名身高一米七八的马童，送三千匹战马到长安，他虽然有了警觉，但依然认为安禄山不会造反。

安禄山见到他的使臣，连拜都不拜，谢恩的表文也没有写一封，他还是觉得安禄山不会造反。

到底是什么原因让他如此固执，如此奇葩？除了"人越老越固执"之外，笔者再也想不出什么理由了。

老年的李隆基应该和我们身边的某些老人一样，得了固执病。

这种病的临床表现就是，他们一旦相信了某个人，就算撞了南墙也不愿意回头。

哪怕这个人说的话再荒唐，例如躺到磁性床上就能治百病、吃了某药就能治绝症，哪怕警察告诉他们上了当、受了骗，他们也是绝对不会相信的。

也许，他们在某一个时刻会意识到自己错了，但是碍于面子，也绝对不愿意承认自己的错误。这种固执病，除了家财散尽，甚至家破人亡以外，没法治，李隆基就属于这种病的深度患者。

第二，杨国忠整人的方法有问题。

当年李林甫整人的时候，一般都是挖一个大坑，让对方主动往里跳。

虽然这种整人方法很缺德，属于利用别人的信任设陷阱。但奈何两个字——管用，而且对方跳下去之后，还得回过头来对李林甫说一声谢谢。

可是，杨国忠跟着李林甫混了那么久，一点也没有领会整人的精髓，他整安禄山只用了两个字——蛮干。

天天说安禄山要谋反，连续说了两三年，把人家的门客都抓了，竟然什么证据也没有抓到。

在这两三年里，杨国忠完全有时间在安禄山身边安插几个卧底，可惜他什么也没有做。

相反，安禄山还在他的身边安插了一个卧底——吉温，也就是"吉网罗钳"的男主角之一。

吉温当年是李林甫的人，当杨国忠得势的时候，他又投奔杨国忠，打倒了李林甫。752年年底，杨国忠刚当上宰相，便让吉温当了御史中丞、关内采访使等职。

但是吉温的野心很大，对杨国忠的安排并不满意。杨国忠本来想让吉温去监视安禄山，哪知道他却被安禄山策反了。

有一次，吉温到范阳出差，安禄山让自己的儿子安庆绪送了他一程又一程，并给他牵了一段马，吉温顿时感受到了无与伦比的尊重，便主动投到了安禄山的门下。到达长安之后，朝廷的所有动向，吉温都会在第一时间汇报给安禄山（温至长安，凡朝廷动静，辄报禄山，信宿而达）。

李隆基第一次让安禄山到京城，试探他是否忠心的事情，如果有人通风报信，那个人不会是杨玉环，大概率会是吉温。

虽然754年，吉温被杨国忠整下了台，但人家已潜伏两年，为安禄山争取了宝贵的时间。

就算再给杨国忠两年时间，估计他也找不出安禄山造反的确凿证据。所以，杨国忠低下的整人水平，也是李隆基不愿意相信他的一个原因。相反，如果不是杨国忠步步紧逼，依安禄山的阳寿看，这哥们还真不一定有机会造反。

第三，当时的内部、外部环境并不利于安禄山造反。

安史之乱爆发之前，大唐无比强大。

经济上，754年，户部上报大唐人口为九百零七万户，五千二百八十八万人。在古代，人口就能反映出一个国家的GDP，人口越多，GDP便越高，所以，说这时候大唐达到了史无前例的繁华并不为过。

史书中也记载：是时中国盛强，自长安往西一万二千里，房屋相连，桑麻遍野，天下称富庶者无如陇右。天下安定，西京、东京的米一石不到二百钱，行人虽走万里路，也不需要携带武器。

军事上，安史之乱前几年，大唐的军队一直都在打胜仗。

747年，高仙芝智取小勃律（今克什米尔西北部），生擒其国王和吐蕃公主，威震中亚七十二国。

750年，高仙芝远征褐师国（今巴基斯坦北部），生擒褐师王勃特没。

749年六月，唐军在哥舒翰的带领下，终于攻占了吐蕃竭尽全力保卫的军事重镇石堡城。

753年五月，哥舒翰进攻吐蕃，攻克洪济和大漠门等城，将九曲地方的各个部落全部收复（今青海省共和县东南、黄河曲流处，其地水草肥美，宜于畜牧）。

753年封长清在安西大败大勃律（今克什米尔的巴尔提斯坦），并逼迫其投降唐朝。

754年，安思顺和程千里大败并生擒突厥阿布思，将其押送到京城，斩首示众。

当然，唐军也有失败的时候，752年高仙芝与阿拉伯帝国交战，兵败怛罗斯，死伤三万。唐军两征南诏均败，死伤十几万。但是，从总体上看，唐军败少胜多，依然占据着绝对优势。

而且，在这些打胜仗的名将中，有两个人与安禄山不和，他们所辖的地区，又刚好能够拱卫长安。

第一个人是河西节度使哥舒翰，第二个人是朔方节度使安思顺。

752年，李隆基为了让安禄山与哥舒翰摒弃前嫌，曾摆下宴席让他俩结为兄弟。但是，哥舒翰根本不领情，当着李隆基的面就和安禄山吵了起来，搞得这场宴席不欢而散。

安思顺虽然是安禄山的族兄，两个人小的时候还亲密无间。但是安思顺从小就接受传统的儒家教育，忠君爱国思想深入骨髓，他意识到安禄山要造反后，便积极劝告李隆基要多加提防。

哥舒翰统兵七万三千人，安思顺统兵六万四千七百人，两人合计统兵十三万七千七百人。如果再加上中央的九万人，共有将近二十三万人，比安禄山还多了五万人。而且，中央还占据着绝对的政治优势与地理优势。

国内国泰民安，边境上猛将如云，京城周围的大将还都与安禄山不和。在这种情况下，估计没有一个皇帝会相信安禄山能够造反成功，更别提已经当了四十多年皇帝，并且得了固执病的李隆基了。

李隆基始终不愿意相信安禄山会造反，这其中有糊涂的因素，恐怕也有这种自信的因素。

事实上，李隆基的这种自信并非没有道理，尽管安禄山已经拥兵十八万，但从后来的事情发展看，如果不出意外，安史之乱几个月之内必然会被平定。

很可惜，一个人不怕蠢，就怕不知道自己蠢，不怕不知道自己蠢，就怕误以为自己很聪明。

而此时的李隆基，就严重低估了自己的愚蠢程度，高估了自己的聪明程度。恐怕他自己都想不到，未来几个月内，他的迷幻操作能够一个接着一个，却连一个正确的都没有……

一百三十六　连败五仗，封常清为何打不过安禄山

755年十一月九日夜，安禄山坐着精心打造的战车，带领十五万大军，从范阳（今河北涿州）出发，如同饿虎扑食一般向着长安杀了过去。

由于承平日久，人不知兵，华北平原上各个州县的长官一看到安禄山的大军，就吓得两腿发软，要么望风而降，要么弃城逃窜。还没有打一仗，安禄山就冲到了五百里外的常山（今石家庄）。

为了防止腹背受敌，造反之前，安禄山又派出一支二十人的小分队，以进献神射手的名义奔赴太原。在造反的第二天，这群人便骗开城门，活捉了太原副留守。

十一月十四日，正在长安华清宫泡澡的李隆基，终于收到了太原被袭击的消息。但是，此时的李隆基已经被泡得脑子进了温泉水，面对铁一般的事实，他仍然不愿意相信安禄山造反了，坚持认为这是别人的诬陷。

十一月十五日，安禄山造反第六天，当河北的八百里加急战报，像雪花一样传到长安的时候。把南墙撞得稀碎的李隆基，终于意识到大事不妙，他急忙推开

了怀中的杨贵妃，赶紧召集宰相们商讨对策。

按道理讲，大敌当前，这个匆匆忙忙召集起来的会议，应该开得非常严肃紧张才对，但出人意料的是，会议的气氛并不凝重。

因为还没有等到大家说话，杨国忠就得意洋洋地拍着胸脯向李隆基保证："安禄山造反，只是他一个人在反，据我所知，他手下人都不愿反。陛下请放心，不到十天，安禄山的脑袋肯定会被送到长安。"

本来就很自负的李隆基，被杨国忠这么一忽悠，就更加自信了。所以，当天他并没有全民总动员，只是发布了一条很失败的命令：

特使毕思琛（突厥人）到东京洛阳，金吾将军程千里到河东，两个人分别募兵几万，以抵抗叛军。

为什么说这个命令很失败呢？不是我们马后炮，而是这里有三个非常客观的原因：

第一，在此之前，程千里的战功远高于毕思琛。

程千里身长七尺，体格魁梧，勇力过人，靠着战功一直做到了安西副都护，还灭过反叛的突厥军，作战经验丰富，是一员猛将。

而毕思琛之前一直做的是保镖一类的工作，不是靠着战功升官的，而是靠着关系发达的，根本就没有拿得出手的战绩。

程千里是汉人，生在长安，长在长安，长期受儒家忠君爱国思想的熏陶，政治觉悟更高。

毕思琛是突厥人，生在西域毕国（今乌兹别克斯坦境内），长在毕国，根本就没有忠君爱国的概念。

第二，两个人的家庭情况差别很大。

程千里的老婆、孩子、族人全部都在长安，就算他的思想道德滑坡了，也得为这些家人考虑一下，不敢轻易投降。

毕思琛就不同了，亲人们都在西域，就算投降了，李隆基拿他也没有任何办法（后面的事实也证明了这一点）。

大敌当前，不让能力过硬、政治背景过硬的程千里去洛阳，却让毕思琛这种能力和政治背景都有问题的人去洛阳，无论如何都不能算是一个明智的选择。

第三，当时唐朝最能打的名将之一高仙芝也在长安。

战场之上，变幻莫测，别说晚一天，就是晚一个小时，战局就可能会发生根本性转变。王炸在手，此时不用，更待何时？

说白了，从这个安排就可以看出，此时的李隆基根本就没有把安禄山放在眼里。

更加悲摧的是，第二天，安西节度使封长清正好赶到了长安，准备汇报工作。从以前的军功来看（后面我们会讲），这位老哥完全可以称得上一代名将，但在此时，他也犯了和李隆基、杨国忠等人同样的错误，极为轻视安禄山。

他拍着胸脯向李隆基保证，只要自己去洛阳招兵买马，用不了几天，必将安禄山的脑袋送到京城。

宰相吹牛、大将吹牛，两通牛皮吹下来，李隆基大喜不已。十七日，李隆基便正式任命封长清为范阳、平卢节度使，火速赶往洛阳招兵买马，全权负责前线战事。

但是，四天之后，李隆基便意识到了问题的严重性，因为叛军的战斗力完全出乎他的意料。在过去的十二天里，安禄山已经轻轻松松拿下了上千里的大唐土地，而且没有遇到一次像样的抵抗，哪怕是一座能抵抗两天的城池都没有。

二十一日，吃够了败仗的李隆基终于感受到火烧眉毛的危机，这才火急火燎地离开可以泡温泉的华清宫，赶回大明宫，并于二十二日连续下达了四道命令：

斩了安禄山的儿子安庆宗，将安禄山的族兄、朔方节度使安思顺调入中央，担任户部尚书，以防他与安禄山串联勾结。

任命正在家里守孝的郭子仪接任朔方节度使，统率六万兵马，攻打被安禄山占领的山西各地。

新设河南节度使，任命卫尉卿张介然为第一任节度使，火速赶往陈留（今开封），抵御叛军。

拿出宫中金银珠宝，在长安附近招兵十一万，号称天武军，驻守京城。

任命荣王李琬（太子李亨之弟）为元帅，右金吾大将军高仙芝为副元帅，于十二月一日统兵五万，前往陕郡驻守（今河南三门峡）。

应该说，李隆基这一次下达的四道命令还是比较明智的，兼顾了政治和军事方面的所有需要。

第一，安思顺虽然举报过安禄山要造反，但他毕竟是安禄山的族兄，两个人小时候的关系还非常好，以前安思顺心向朝廷，但以后心向哪里还真不好说。

最重要的是，出于政治需要，李隆基必须拿安家人开刀，不然朝中的大臣和前线的战士由谁来安抚？

战士们为了国家，牺牲了父母或者妻子，而罪人的哥哥还在边疆领兵，他们会怎么想？

所以，无论安思顺多么忠心，李隆基也必须将其监控起来（后来又把安思顺杀了）。

第二，张介然此人很有气节，以前在河西、陇右当过郡守，但是没有打过仗。李隆基派他去陈留，并没有期望他能打几场胜仗，而是政治意义大于军事意义。

因为这时候安禄山马上就要打到陈留了，无论派谁去，陈留必丢无疑。让张介然这种有气节的人去，他大概率会抵抗到底，甚至以身殉国，有利于提升士气。

第三，郭子仪出击山西，可以牵制安禄山的军事力量，避免关中两面受敌。

要知道，李唐起家时，就是从山西打入关中的。

第四，李琬和高仙芝率军五万驻守陕郡。进，可以随时支援洛阳的封常清；退，可以占据潼关天险，以保关中平安。另外，李琬作为李隆基的儿子，还可以起到监军的作用。

但是，理想很丰满，现实很残酷，这四道命令有一个致命的缺点，就是发布得太晚了。

十二月一日，当高仙芝带领大军从长安出发的时候，安禄山就已经到达了灵昌（今河南滑县）。更不幸的是，当天晚上，黄河恰好又结了冰，安禄山第二天就渡过了黄河。

长安到洛阳是七百七十里，灵昌到洛阳只有五百八十里，也就是说，安禄山到达洛阳三天之后，高仙芝也不一定来得及支援洛阳。

十二月五日，张介然刚到达陈留，组织了一万多士兵，还没给这些人发完兵器，安禄山就已经杀了过去。

陈留太守郭纳是个㞞货，立刻打开城门投降了。安禄山进入城中之后，得知儿子已经被李隆基杀了，他悲痛不已，将张介然以及投降的几千唐军全部斩杀。

十二月八日，安禄山的大军便杀到了洛阳东边的最后一道天险——虎牢关。

此时，驻守虎牢关的是名将封长清。

十一月十七日，封长清被任命为范阳、平卢节度使之后，便快马加鞭地赶到了洛阳，十一月三十日左右，他就招募到了六万士兵，此时距离安禄山到达虎牢关还有八天时间。

虎牢关我们在讲述李世民一战擒双王的时候介绍过，它的两边是黄土高坡，只有中间一条小路可以通过，大有“一夫当关，万夫莫开”之势，为历代兵家必争之地。在和项羽互砍的那四年里，刘邦为什么能扛住战神的使劲造，就是因为他从一开始就占据了这里的有利地形。

李世民为什么能凭三千五百铁甲军大破窦建德十三万大军，也是因为占据了这里的有利地形，顶住了窦建德前三十多天的进攻，最后给予其致命一击。

所以，按道理讲，封常清作为一代名将，用八天时间足以修筑好一切防备工事，抵挡住安禄山几天，甚至几个月的进攻。但是，封常清竟然连一天都没有挡住。

史书上说的原因是，封常清招募来的士兵全是普通百姓，没有经过训练，所以被安禄山的铁骑肆意蹂躏（贼以铁骑蹂之，官军大败）。

但笔者觉得，这个原因不太有说服力。

因为如果封常清坚守不出，站在险关之上，安禄山怎么可能以铁骑蹂之？马还能飞上去不成？

所以，封常清一定是放弃了有利的地形，出关和叛军死磕，这才导致大败。归根结底，这场失败不是士兵原因，而是封常清的指挥失误，急功近利，他以己之短，攻敌之长。

当然，笔者并不是要否定他名将的身份，只是说作为名将，他在此时此刻竟然没有认清局势，实在令人扼腕叹息。史书更不应该因为他是名将，而且最后被冤杀而对他的这次失败作淡化处理，将一切责任都推给李隆基。

丢失虎牢关之后，封常清依然没有吸取教训，跑到洛阳城里，依靠牢固的城墙防御。他又将剩下的士兵召集起来，与安禄山在葵园（今河南荥阳市高阳镇）硬拼了一次，结果不出意外，唐军又一次大败而逃。

再之后，封常清依旧没有坚守洛阳，而是在洛阳城下的上东门与安禄山硬拼了一次，依然是大败亏输。

连续三次大败，封常清彻底失去了守住洛阳的能力。十二月十二日，这座当年抵挡住了李密两年包围，抵挡住了李世民十个月进攻的洛阳城，竟然在两三天之内就被安禄山攻破了。

封常清不甘心失败，又在洛阳城内与安禄山硬拼了两次，但一切都已经晚了，败局已定，任谁也无力回天。

在无奈之下，封常清只好率领残兵败将，砍开了城墙，向着陕郡逃窜而去。

到达陕郡之后，陕郡的太守和百姓们都已经逃到了河东，陕郡只剩下了高仙芝的五万大军。

连败五次的封常清，跑了几百里之后，头脑终于清醒了，他以自己惨痛的教训，急忙劝说高仙芝道："常清连日血战，贼锋势不可挡。潼关没有士兵把守，如果让叛军攻入关中，长安危矣，不如退守潼关，占据险要，以避贼军锋芒。"

高仙芝原本就是封常清的老上司，对其格外信任（下面我们会讲他俩以前的故事），所以，看到封常清的惨状，他立刻就下达了撤军的命令。

唐军这边刚撤没多远，叛军就已经杀到陕郡，对着唐军又是一顿猛踹猛砍，逼得唐军再次大败而逃。

幸运的是，唐军到达潼关之后，利用险要，迅速修筑好了工事，终于抵挡住叛军一波又一波的进攻。

更加幸运的是，叛军退去之后，在未来一个月的时间里还减缓了攻势，因为安禄山在攻下洛阳之后，便迫不及待地在洛阳自封为皇帝，建立了伪燕政权。在他看来，攻下关中只是时间问题，及时称帝才能配得上他的丰功伟绩。

但是，这一个月的犹豫，差一点就成了安禄山的勾魂枪，因为他过于小看了唐军的实力。一场场致命的反攻，已经在安禄山的前线以及后方展开了。

一百三十七　一万人灭一国，高仙芝到底有多牛

第一批想要展开反攻的人就是刚刚吃了败仗的高仙芝和封常清，他们退守潼关之后，一方面积极组织防御，另一方面抓紧整顿军务、训练士兵，希望在固守疲敌之后再和叛军决一死战。

从实力上看，他们在休整之后，能否打败安禄山的主力也许存在争议，但守住潼关，阻止叛军攻入关中，一千多年以来，从来没有人怀疑过。哦不对，除了一个人——李隆基，因为几天之后，李隆基就把他们杀了。

李隆基为什么要杀了他们？他们到底死得多冤枉？要讲清楚这些问题，我们还得把时针拨回到几十年前，详细地讲述一下这两位名将的一生。

高仙芝，出生于军人世家，籍贯大唐高句丽，必须加上"大唐"两个字，因为他出生的时候，高句丽早就成了大唐的领土。

不过他并没有在高句丽待几年，便跟着他爹高舍鸡跨越一万多里，跑到了最西边的安西（今库车）。

高舍鸡这名字虽然不太好听，但为人鸡贼得很。到达安西没多久，他就立了

大功，年轻的高仙芝便跟着鸡犬升天，被授予游击将军的职位（从五品下）。

在父亲的言传身教之下，高仙芝二十岁便成了一名优秀的军人，不仅长得帅，还勇于冒险，善于骑射，妥妥的小兵王。后来，在安西节度使夫蒙灵詧的提拔下，他又升为安西副都护、四镇都知兵马使（安西四镇）。

自从692年王孝杰率军大败吐蕃、收复安西四镇之后，唐朝与吐蕃在中亚地区的争夺重点，就转移到了帕米尔高原以南的勃律（今克什米尔地区）。

吐蕃想要控制中亚，就必须从勃律经过，而唐朝的势力想要继续发展，也必须控制勃律。至于天竺嘛，这时候早就被王玄策灭了，所以没有实力来凑热闹。

原本勃律是唐朝的附庸，但是大概720年的时候，吐蕃出兵把它揍了一顿，将它分为大、小勃律两个部分。

小勃律位于今天克什米尔地区的吉尔吉特（巴基斯坦控制），距离唐朝近一点，仍然依附于唐朝。

大勃律位于今天克什米尔地区的巴尔蒂斯坦（巴基斯坦控制），在小勃律东南三百里处，成了吐蕃的势力范围。

722年吐蕃出兵攻打小勃律，连续攻下了九座城池，想把它彻底吞并。但就在这危急之时，唐将张思礼率领勃、唐步骑兵四千多人，翻越帕米尔高原，及时赶到了小勃律。唐、勃两军随后两面夹击，大破吐蕃军，俘斩数万人，收复了小勃律的所有失地。

736年，也就是李林甫当上右相的那一年，不甘心失败的吐蕃卷土重来，趁机攻下了小勃律。

至此，原来属于唐朝势力范围的勃律全部归了吐蕃。更可恶的是，原本依附于唐朝的中亚二十多个部落，也不得不在威逼利诱之下向吐蕃称了臣。

从来都是打别人，而且还不喜欢别人还手的李隆基自然忍受不了这种事情。

所以，在之后的十年时间里，他连续更换了三位安西节度使，命令他们收复大小勃律。但是，由于帕米尔高原环境恶劣、极难跨越，所以，这些人全都无功而返。

747年，这个艰巨的任务便落到了高仙芝的身上。李隆基命令高仙芝为行营节度使、太监边令诚（注意这个人，后来就是他整死了高仙芝）为监军，率领一万唐军，远征小勃律。

从安西出发到小勃律，今天走中巴友谊公路，即314国道大概三千里左右。

不过，唐朝的时候从葱岭守捉（今新疆塔什库尔干塔吉克自治县）到小勃律并没有大路，而且这里海拔太高，山势陡峭，气候过于恶劣，别说走人了，就是牲畜走起来都很困难。

所以，当年需要向西通过瓦罕走廊绕到如今的阿富汗、塔吉克斯坦，然后再向东到小勃律，这段距离差不多还有一千到两千里，也就是说，高仙芝这一次要带着一万人行军四千到五千里。

超远距离的行军，对于任何一支部队来说都是一个十分困难的挑战。

它要消耗大量的粮草，一个士兵在前线打仗，需要三个民夫在后方运粮！一万唐军，就需要三万后勤人员。

它要消耗大量的士气，风餐露宿、辗转数千里，生病、掉队、摔伤甚至牺牲都在所难免。在见到敌军之前，士兵们必然会精疲力尽、元气大伤，如何让这群哀兵重振雄风，极其考验将领的领军水平。

但这还不是最要命的，最要命的是平均海拔四千五百米的帕米尔高原道路险峻、天气变幻莫测，即便绕道阿富汗也是如此。

当年唐僧取经回来的时候，就经过了帕米尔高原，他在《大唐西域记》中记载了这里严酷的环境："东西千余里，南北百余里，狭隘之处不逾十里，据两雪山间，故寒风凄劲，春夏飞雪，昼夜飘风。地碱卤，多砾石，播植不滋，草木稀少，遂致空荒，绝无人止。"

注意"寒风凄劲，春夏飞雪，昼夜飘风"这十二个字，去过西藏的朋友看见它们，估计就能想起寒风吹着后脑勺的酸爽感觉。

道路和天气可能还不是最要命的，最要命的是这支庞大的军队，还不能被小勃律的人过早地发现。否则，他们必然会向吐蕃求援，如果吐蕃援军提前赶到并埋伏起来，唐军轻则无功而返，重则有去无回。

所以，与其说这是一次远征，不如说这是一次赌博，以身家性命为赌注，赌一次丰功伟业、名垂青史。

747年四月，高仙芝在做好了充分的物资准备和心理准备之后，便带着一万名士兵开启了漫漫征程。

行军一个月后，他们到达塔里木盆地的西南角疏勒（今新疆喀什），完成了第一阶段的行军。在这里休整几天之后，他们便开始了长达三个多月的翻越帕米尔高原之旅。

刚刚进入帕米尔高原，唐军便感受到了环境的严酷。

越来越稀薄的空气，让很多人的呼吸变得困难起来，再加上强烈的紫外线照射，不久之后，每一位士兵的皮肤都像经历了一场大旱的土地一样，裂开了一道道长长的细纹。这些伤痕在大风的猛吹之下，让人疼痛难忍。

长时间的行军，也让大家的双脚犹如灌满了铅一样沉重，每一步都走得颤颤巍巍、疲惫不堪。

甚至很多人的脑袋里开始出现天昏地转的错觉，这让本就险峻的道路变得更加扑朔迷离。

有时候，原本晴朗无云的天空，还会突然下起雪来，白皑皑的雪花犹如白色的幽灵，刹那间就掩盖了脚下的危险，有些战士一不小心就跌入了万丈深渊。

可是，军队并不会因为几个人的意外牺牲而停下脚步。他们来不及寻找尸首，将兄弟的亡灵带回家乡，甚至来不及伤心，没时间痛哭一场。因为没人知道自己能否活着回去。

就这样，这支视死如归、意志坚定的军队，在经过了一次次酷热、一次次严寒、一次次雷电风雪之后，终于用了两个月的时间，赶到了今天的瓦罕河，这里当时是五识匿的活动区域，也是唐朝的势力范围。

精疲力尽的唐军在此休整了几天，又开始第三阶段的艰苦行军。

出了五识匿，便进入敌人的势力范围。为了保险起见，高仙芝将军队分为三路，分别从北部、南部、中部向着几百里之外敌军的第一个要塞连云堡（喷赤河南源附近）扑了过去。

经过将近一个月的艰苦行军，三路唐军终于在当年七月中旬悄悄抵达了连云堡附近。

连云堡三面环山，地势险要，北面有大河婆勒川作为天险，易守难攻。据密探回报，堡中有一千吐蕃军驻守，十五里外还有九千吐蕃军与之形成犄角，遥相呼应。

一万对一万，如果是在平原上对冲，吐蕃军大概率不是唐军的对手。但如今，唐军经过一百多天的艰苦行军，早已疲惫至极，想通过硬攻拿下连云堡无异于天方夜谭。

所以高仙芝决定改用偷袭之法，他命令士兵磨好兵器、喂饱战马，只带上三天的军粮，准备在第二天黎明时分悄悄渡过婆勒川。

将士们一听到军令，都觉得高仙芝疯了（将士皆以为狂），因为这是一场非常冒险的赌博行为，万一吐蕃军发现了唐军的动向，半渡而击之，唐军必然大败无疑。

但高仙芝知道，他已经别无选择，行军五千里，就为了眼前一搏，如果此时退缩，必然功亏一篑。此时不押上性命，更待何时？

幸运的是，吐蕃军正好是一群糊涂蛋，唐军在帕米尔高原行军四个月，如今都到眼皮底下了，他们竟然还不知道。

第二天，天刚蒙蒙亮，唐军便很顺利地渡过了婆勒川。高仙芝高兴得直拍大腿，感叹道："如果渡河一半，贼兵来袭，我们必将失败，如今渡河成功，真乃天赐良机。"

说罢，他便任命中郎将李嗣业为陌刀将，带领唐军向连云堡冲了过去。

李嗣业，出生日期不详，幼年经历不详，京兆（今陕西）人士，身高七尺，力大无穷，擅长使用陌刀。早年间，他曾跟随安西都护来曜征讨西突厥，每次作战，必身先士卒，所向披靡，被称为"神通大将"，后世也有人称他为"人形坦克"，在平定安史之乱中，他也立下了巨大的功劳。

高仙芝带此人前来，要的就是他身上的这股猛劲、狠劲。

刚刚睡醒的吐蕃军，看到唐军乌泱泱地朝自己奔跑过来，还以为是在做梦时遇到了一群鬼。等唐军由远及近，冲到连云堡跟前的时候，他们才意识到，原来眼前的不是鬼，而是一群准备让自己做鬼的敌人。

于是，他们急忙搬起滚石、檑木，以及身边能用的一切，向唐军的头上砸了下去。

唐军虽然占据了先机，但由于连云堡地势过于险要，在经受了如雨般的滚石檑木袭击之后，也不得不减缓了攻势。

更要命的是，十五里外的吐蕃军听到连云堡这边的厮杀声，也急急忙忙赶了过来，准备内外夹击，将唐军囫囵吞下。

高仙芝看到这种情况之后大怒不已，他意识到必须尽快攻下连云堡，一旦进入持久战，唐军必将陷入危险的境地。所以，他给李嗣业下达了一条死命令："中午破贼，否则提头来见。"

李嗣业接到命令之后，来不及擦拭额头上的汗水与血水，便一手拿着令旗，一手握着陌刀，亲自向连云堡冲了上去。一时之间，喊杀声、惨叫声充满了整个山谷，双方打得是天昏地暗，难舍难分……

两个小时之后，李嗣业终于凭借斩首五千、俘虏一千、缴获战马一千余匹的辉煌战绩占领了连云堡。

高仙芝大喜过望，还没等唐军休整，就准备再接再厉攻入小勃律的都城，灭了这个政权。

但就在此时，监军太监边令诚却不干了，因为前方的道路过于艰险，一般人看了都会两腿发颤，更别提没胆的太监了。

而且，从连云堡到小勃律的都城孽多城还需要经过一个阿弩越城。

阿弩越城的前面，有一座海拔高达四千六百八十八米的坦驹岭，登上此岭需要爬一座长达十公里的冰川，下去时还要经过一条长达四十里的悬崖峭壁。

唐军跨高山、渡大河、穿沙漠都不是问题，问题是如此大的冰川，谁也没有爬过，如此陡峭的悬崖，谁也没有下过。所以，边令诚听说前方的道路如此危险之后，打死也不再往前挪动一步了。

无奈之下，高仙芝只好给边令诚留下三千老弱病残，让他驻守连云堡，自己则带领大军向着危险重重的坦驹岭进发。

为了鼓舞士气，高仙芝在向导的指引下一马当先，爬上了冰川，其他士兵见老大都这么做了，顿时也充满勇气，跟了上去。

经过三天的艰苦攀登，唐军终于到达坦驹岭的顶峰，阿弩越城就在脚下，只要冲下去，胜利必然属于唐军。

但是接下来，唐军士兵们却像边令诚一样，死活不再往前走了，因为悬崖的陡峭程度超出了所有人的想象。他们抱着严重怀疑而又惊恐的目光，纷纷跑到高仙芝的面前问："将军，你要把我们带到哪里去？"

高仙芝没有回答，他远远望着悬崖的下面，逐渐露出了得意的笑容，因为悬崖下慢慢地走出了二十个穿着小勃律服装的胡人，他们敲锣打鼓，迎接唐军来了。

原来早在登顶之前，高仙芝就预料到了士兵们登顶之后会畏惧不前，所以，他便提前派出二十名士兵，伪装成小勃律使者的模样，让大家误以为阿弩越城已经投降了。

看到这些"使者"前来，刚刚还畏惧不前的唐军士兵顿时就像打了鸡血一样，欢呼了起来，他们争先恐后地跟着"使者"跑到了山下，生怕到晚了，抢不到胜利的果实。

阿弩越城的小勃律士兵本来还想借助险要抵抗一下，但看到唐军士兵一个个兴奋地从悬崖上溜下来之后，顿时蒙了，见过不要命的，没见过这么不要命的。所以，唐军刚到山下，他们便真的投降了。

入城之后，高仙芝没有片刻停歇，急忙派出一千名骑兵火速赶往小勃律的都城孽多城。因为他得到了一条十分不好的消息，吐蕃的援军已经在赶来的路上。

三天之后，席元庆一行终于到达了孽多城。小勃律首领此时已经带着吐蕃籍的老婆逃到了山谷之中，唐军兵不血刃便占领了该城。随后，席元庆又狂奔六十里，在吐蕃援军到来之前，砍断了孽多城南边的藤桥。

由于此桥是吐蕃到小勃律的必经之路，当年吐蕃修建此桥花了整整一年时间，砍断此桥也就意味着彻底阻断了小勃律可能出现的反抗。

绝望之中的小勃律王只好从山谷中溜达出来，投降了唐军。当年九月，高仙芝留下三千士兵戍守小勃律，押着小勃律首领和吐蕃公主，吃着火锅唱着歌回到了安西。

至此，投靠吐蕃十一年之久的小勃律，终于又一次回到了大唐的怀抱。中亚原本依附于吐蕃的二十多个部落，也随风倒向了唐朝，高仙芝因此一战成名，跻身名将之列，被西域诸部称为山地之王。

但是，取得如此大胜的高仙芝并没有高兴多久，在回到安西之后，他不但没有得到嘉奖，还差一点丢掉了前程……

一百三十八　高仙芝兵败怛罗斯，封常清崭露头角

凯旋的高仙芝依仗军功，干了一件很不地道的事情。

按照职场规矩，作为安西副都护，获得如此大胜，应该先把战功汇报给顶头上司安西都护夫蒙灵詧，然后再由夫蒙灵詧汇报给李隆基。哪怕是最不会办事的下属，也得兵分两路，在给李隆基报喜的同时，抄送夫蒙灵詧一份。

但是，高仙芝却偏偏选择了最无情的做法，他不但越级汇报，而且居然没有通知夫蒙灵詧。

如果高仙芝和夫蒙灵詧有仇，他这么做也算情有可原，但现实却恰恰相反，他是夫蒙灵詧一手提拔起来的心腹。

所以，高仙芝干的这件事，往轻了说叫不懂规矩，往重了说就是忘恩负义。

别说极为讲究忠诚恩义、门生故吏的古代，哪怕是放到如今的职场，这种行为也会被人唾弃，以后谁还敢用这样的下属？

性格决定命运，也许从这一刻起，高仙芝以后悲凉的命运就已经确定了。

等高仙芝带领大军回到安西的时候，夫蒙灵詧对他这种忘恩负义的行为，狠

狠地骂了一顿。他们的这段对话很有意思，这里就直接放原文了：

夫蒙灵詧骂仙芝曰："啖狗肠高丽奴！啖狗屎高丽奴！于阗使谁与汝奏得？"

仙芝曰："中丞。"（夫蒙灵詧兼任中丞）

"焉耆镇守使谁边得？"曰："中丞。""安西副都护使谁边得？"曰："中丞。""安西都知兵马使谁边得？"曰："中丞。"

灵詧曰："此既皆我所奏，安得不待我处分悬奏捷书？据高丽奴此罪，合当斩，但缘新立大功，不欲处置。"

被顶头上司一通臭骂之后，高仙芝这才意识到自己闯下了大祸，以后穿着小鞋上班，恐怕在所难免了。

如果高仙芝真的能够穿几年小鞋，经受一下挫折，在痛苦中领悟到做人、做事的真谛，后面他的悲剧，也许还可以避免。

但是，历史没有如果。就在高仙芝惶恐不安的时候，监军太监边令诚却把这件事情秘密报告给了李隆基，并且劝谏李隆基道："如果高仙芝立了功，却要忧虑而死，以后谁还敢为朝廷卖命呢？"

越级上报这种事，对于直属领导来说很恶心，但在不少一把手看来，并不是什么坏事，相反还能让他们体会到一种至高无上、掌握全局的快感。

所以，正在兴头上的李隆基听完边令诚的小报告之后，就把夫蒙灵詧调回中央，让高仙芝接替他的职位。

两年之后，高仙芝入朝汇报工作的时候，李隆基又把他提拔为左金吾卫大将军（正三品），还将他的一个儿子授予五品官职。

为了回报李隆基的厚恩，回到安西之后，高仙芝便率军第二次跨越帕米尔高原，灭了羯师，并生擒了羯师首领勃特没。

两次跨越帕米尔高原后，高仙芝在西域的威望达到了顶点，也让唐朝在中亚的势力发展到了顶峰。

但是，孟子说过："故天将降大任于是人也，必先苦其心志，劳其筋骨，饿其体肤，空乏其身，行拂乱其所为，所以动心忍性，曾益其所不能。"

这句话我们还可以反过来理解，一个人如果没有"苦其心志，劳其筋骨，饿其体肤，空乏其身"便很难担当起大任，高仙芝便是如此。

他明明做了不懂规矩、忘恩负义的事情，却没有得到应有的惩罚，还得到了李隆基的大力提拔。虽然从短期的军事角度看，李隆基的确爽了一把，但从长期的政治角度看，这是在变相鼓励高仙芝为所欲为。

要知道，人性是不可以纵容的！今天若放肆，明天必然出乱子。

高仙芝就是如此，在获得两次大胜之后，他就飘了起来，变得不仅胆大包天，还贪婪无比。

当时，中亚有一个国家叫作石国，从李世民时期开始，该国就成了唐朝的附属国。几十年以来，石国对待唐朝可谓恭恭敬敬，每过几年都会到长安朝贡一次，其国王还被李隆基册封为怀化王，并赐予免死铁券。

但是这个国家有一个特别欠揍的"毛病"，就是很会经商，特别有钱。正所谓"匹夫无罪，怀璧其罪"，750年，闲来无事的高仙芝便以"无蕃臣礼"的名义，领着兵揍人家去了。

到达石国之后，高仙芝又用了一个很卑鄙的手段，他忽悠石国国王车鼻施，说自己是来签订友好协约的。然后，他趁其不备，攻下石国的都城，活捉了车鼻施，将城中老幼全部斩杀，还纵容士兵大肆抢掠了一番，仅他一个人就获得了十几斛瑟瑟（一种宝石），用五六匹骆驼驮运的黄金，以及良马无数。

他这种不顾大局的恶劣行为，引起了中亚各国的强烈不满。没有被活捉的石国王子便开始游说中亚各国，以及大食（阿拉伯帝国）出兵数万，一起来进攻大唐。

751年，著名的怛罗斯之战便因此爆发了。

面对多国联军的远征，其实损失最小的应对办法就是坚壁清野、固守不出，等到敌军粮草将尽之时再伺机出战。

但高仙芝听说石国纠集了一群国家来打自己之后，十分不屑。在他看来，这就是一群手下败将、乌合之众。所以，还没等这群人打过来，他就带着李嗣业，召集了三万蕃兵和唐兵，长途奔袭七百里打人家去了。

很快，双方便在石国的第二军事重镇怛罗斯城（今哈萨克斯坦境内）相遇了。

由于高仙芝的威名早就传遍了中亚，所以，大食军队看到唐军主动出击之后，并没有敢出城迎战，而是采用了固守疲敌的策略。

高仙芝见对方人数众多，加上自己深入敌人腹地，狂奔了七百里疲惫不堪，所以也没有敢轻举妄动。

双方就这样在怛罗斯城下大眼瞪小眼地对峙了五天，也没有瞪出来什么结果。就在双方准备瞪第六天的时候，唐军这边却出了意外。

当时唐军之中有一支是少数民族葛逻禄的骑兵。葛逻禄和石国相邻，几个月前，当石国被高仙芝用卑鄙的手段摩擦的时候，葛逻禄便产生了一种惺惺相惜的悲悯感。所以，他便在第五天傍晚勾结大食的军队，对唐军发起了总攻。

高仙芝哪里想到后院起火，所以根本就没有丝毫准备。虽然他极为勇敢地带领唐军进行了拼死抵抗，但是几个时辰之后，三万大军就被打得只剩下了几千人。

眼看大势已去，"人形坦克"李嗣业急忙冲到高仙芝的身边，一手拉着他往后狂奔，一手拿着大棒连杀几十人，终于为高仙芝杀出了一条血路。

护送高仙芝突出包围圈之后，李嗣业抢了一匹战马就准备跟着高仙芝一起逃跑。但这一幕刚好被唐军副将段秀实看到了，他大声骂道："率先逃走，是为不勇；弃军保己，是为不仁。侥幸逃脱，你不羞愧吗？"

一向以勇猛著称，动不动就来个先登的李嗣业怎么受得了这种侮辱。于是，他便立刻转过身去，握着段秀实的手连连谢罪。

随后，这两位猛将便把打散的唐军重新组织起来，并带头对大食军队发起了反冲。在他们拼命厮杀之下，大食军队终于被打得放缓了攻势，这几千唐军也终于顺利逃回了安西。

很早以前有人说过，怛罗斯之战是当时世界上最强大的两个帝国之间的战斗，影响了世界历史的进程，大唐帝国从此失去了对中亚的统治。还有一些造纸工匠被俘虏过去，造纸术也由此传入了阿拉伯，以后又传入了西方。

但是，最近几年又有研究表明，造纸术早在怛罗斯之战以前，就通过和平的方式传入了阿拉伯，与这次战争无关。另外，这场战争无论是对于唐朝，还是对于阿拉伯而言都无足轻重，并没有改变历史的进程。

还有，唐朝也没有因此失去对中亚的统治，因为两年之后，封常清就越过帕米尔高原灭了大勃律，使中亚各国再次震惊。

而阿拉伯帝国并没有再向中亚用兵，因为它也在忙着镇压内乱。所以，别说世界格局了，中亚的政治格局都没有因此而改变。

在政治格局层面，笔者比较倾向于后面的说法，但造纸术是否通过这次战争传到阿拉伯，则还需要更多的证据。

笔者以为，我们没有必要纠结于这么微小的历史细节，应该着眼于大局，从中总结历史规律、获取经验教训、看懂权谋人性等，这对于我们的成长似乎更加重要一些。

总之，经此大败，高仙芝的名将生涯提前结束，他被解除安西四镇节度使的职务，调入京城，只担任右金吾大将军一职，一直等到四年之后安史之乱爆发，他才又一次披上盔甲，被委以重任。

高仙芝走后不久，另一位名将封常清就接任了安西四镇节度使的职务。

封常清，蒲州（今山西）人，在他很小的时候，他的外公不知道犯了什么罪，被流放到安西看守城门，他就跟着外公一起到了安西。

作为没有父母照顾的犯人家属，封常清的童年过得相当凄凉。因为家里过于贫困，他从小就营养不良，长大之后，便成了一副鬼斧神工的模样，身材细瘦不说，还有斜眼、脚短、跛足等一系列毛病。

但是，老天毕竟还是公平的，在夺走了他亲人以及外貌的同时，也给他留下了一个聪明、酷爱学习的大脑。

他的外公知识渊博，所以在看守城门的时候，经常抽出时间教他学习文化知识。

一边是大漠孤烟，一边是之乎者也，在如此简陋的野外教室之中，通过十几年的努力学习，封常清终于学业有成，并掌握了一定的军事知识。

但是，当时犯人的子孙并没有资格参加科举，所以，封常清尽管满腹才华，却无处施展。外公死后，他又失去了唯一的经济来源，变得更加贫穷了。

走投无路的封常清不得不投到夫蒙灵詧的麾下当了一名小兵，但苦于没有施展抱负的机会，所以一直到三十多岁，他都默默无闻。

面对长期的怀才不遇，封常清并没有像一些文人墨客那样意志消沉，从此喝酒堕落。相反，蓄之既久，其发必速，他积极主动寻找每一个可能的机会，不停向各位牛人毛遂自荐。

有一次，他看到高仙芝骑着战马，带着三十多名衣着光鲜的士兵从自己的眼前飞奔而过，突然觉得自己的机会来了。于是，他又一次鼓足勇气，给高仙芝写了一封慷慨激昂的毛遂自荐信。

但是，结果仍然和以前一样，高仙芝看到他的长相之后就一阵恶心，直接把他拒之门外了。

不过，封常清并没有灰心，所以，他第二天又写了一封信，当面交给了高仙芝。

高仙芝看到是他之后，不胜其烦地说道："我的侍从已经够了，用不着你。"

封常清也怒了，大声说道："我仰慕公之高义，愿意侍奉左右，所以才毛遂自荐，您为什么一定要拒绝？公若以貌取人，恐怕要失去子羽啊！"

"以貌取人，失之子羽"是一个典故，大概讲的是孔子当年以貌取人，没有收子羽为徒，而把一个长得很帅的宰予收为了徒弟。没想到，多年之后，子羽自学成才，成为闻名天下的学者，而宰予却因为在齐国造反被处死了。

封常清用这个典故，一下子就显示出自己的才学不一般。但是，高仙芝根本不吃他这一套，什么子羽、宰予，若再过来，宰了你还差不多。

可是，封常清这一次是吃了秤砣铁了心，一定要跟着高仙芝混。在之后的几十天里，他就一直站在高仙芝的办公室外面，大有一派你不录用我，我就站死在这里的劲头。

你还别说，这种方法还真管用。高仙芝终于被封常清这种锲而不舍的惊人毅力折服了，让他当了自己的侍从，从此无论走到哪里，都把他带在身边。

有了施展抱负的平台，封常清很快就展现出了自己绝世的才华。

有一次，达奚各部叛乱，高仙芝率领两千名精锐骑兵，将其一举消灭了。打完仗之后，按照工作流程，得给上级领导写一封捷报。

高仙芝正准备让人动笔的时候，封常清就已经帮他写好了。他在捷书里详细地陈述了井眼泉水、驻军地点、敌人的情况及战术、我方的对策及收获等所有需要注意和总结的事项。

高仙芝看完之后，大吃一惊，从此更加对封常清刮目相看。捷报传到后方之后，判官刘眺、独孤峻等人也都大吃一惊，纷纷夸赞封常清是一位了不起的奇才。

　　从此，封常清这朵长相奇特、才能更加奇特的奇葩，便开始在安西崭露头角，步步高升。几年之后，他便升为朝散大夫，负责安西四镇的一切后勤工作，只要高仙芝出征，就必然让封常清留守后方，运筹帷幄，处理要务。

　　新一代名将之星，就此冉冉升起了……

一百三十九　高仙芝和封常清死得到底冤不冤枉

名将封常清被高仙芝重用之后，做的第一件名留青史的事情，不是立下了多大战功，而是连续杀了三个自己人。

有一次，高仙芝领兵在外打仗，让封常清留守后方，全权处理一切要务。很多人对这个安排很不满意，因为封常清身材短小，长相丑陋，而且没有战功却成了二把手，的确难服人心。

这其中最不满意的是高仙芝奶妈家的孩子——中郎将郑德诠。

由于郑德诠和高仙芝从小就同吃一奶、一起玩耍，两人的关系非常好，天天称兄道弟，甚至郑德诠和他妈都一直住在高仙芝家里。

有这层关系在，郑德诠在军中的威望也远高于封常清，所以，他一直都没有把封常清放在眼里。

军规规定，低级军官见到高级军官得下马行礼，但是郑德诠看见封常清就装作没看见，骑着马过去了。

军规又规定，当封常清这种大领导出去办完事回到军营后，高级将领们都得前去汇报一下工作，但郑德诠却装作没听到，就是不去。

在郑德诠看来，老大是我哥，你能奈我何？

但在封常清看来，你这就是找死。你们只不过是异父异母的亲兄弟，猪鼻子插大葱，装什么蒜。你犯军规在前，我杀了你，高仙芝也许会心痛，但也不至于杀了我给你报仇。

于是，封常清大怒，就把郑德诠叫到自己府上，往死里打了他六十军棍，等到郑德诠奄奄一息的时候，恐怕郑德诠不死，又让人将他脸朝下，像拖死猪一样拖了出去。

高仙芝的老婆和奶妈听说之后，急忙跑到封常清的门外号啕大哭，想要救下郑德诠，但为时已晚，郑德诠早已被打得皮开肉绽、磕得头破血流而死了。

杀了郑德诠，封常清觉得还不够，所以没过几天，他又找机会杀了两个犯了错的大将。

连续三次杀鸡儆猴，让军中上下，顿时对他畏惧不已。从此以后，再也没有人敢违抗他的命令，军容也为之一新。

高仙芝回来之后大吃一惊。他没有办法追究封常清的责任，因为军规不是他一个人定的，所有人都得遵守。他更没有办法赞赏封常清的行为，因为被打死的是他的兄弟，他需要给自己的奶妈一个交代。

所以，高仙芝只好选择沉默，什么话也没有说，就当作根本不知道这件事。

封常清见老大这种态度，知道自己让领导左右为难了，所以，他也选择沉默，从来没有提过这件事。

两个人的默契，互相成就了对方的名声。高仙芝这叫大义灭亲，封常清这叫治军严格，这件事便被传为一段佳话，流传千古。

但是作为小人物的我们，在这个故事中最应该引以为戒的人，其实是那个被活活打死的郑德诠。

无论是职场还是官场，不能因为别人叫了自己一声兄弟，就真的把自己当成了别人的亲兄弟。

人呐，永远都得有自知之明，血浓于水的亲情很多时候都靠不住，更别提其他感情了。以邻为壑的案例比比皆是，舍车保帅的事情多如牛毛。无论什么时候，都得先保证自己不犯错，再去考虑其他事情，永远不要把希望寄托在别人身上。

经过这一系列的事情，封常清终于在军营中彻底站稳了脚跟。在高仙芝兵败怛罗斯一年之后，他就当上了安西节度使。

753年，当年没有被高仙芝灭掉的大勃律看到唐军新败，就想趁机薅一次羊毛，开始出来捣乱了。于是，封常清亲自率军跨越帕米尔高原向大勃律杀了过去。

由于当年高仙芝远征小勃律的时候，封常清也跟着去了，所以这一次揍大勃律，唐军进行得异常顺利，几乎没费吹灰之力，就打到了大勃律的军事重镇菩萨劳城（今克什米尔中部）。

连续不断获得胜利后，封常清极为自满，他指挥着大军便准备乘胜追击、直捣黄龙。殊不知，唐军前期的胜利，都是大勃律设下的圈套，他们早已在菩萨劳城附近埋下了大量伏兵，只等着唐军进入圈套。

幸运的是，就在封常清头脑发热的时候，在怛罗斯大战中骂过李嗣业的大将段秀实，敏锐地看透了这一切。他急忙劝谏封常清道："贼兵屡败，肯定是诱饵，可以先派人去搜索山林，必有伏兵。"

封常清这才猛然醒悟，立刻派兵去山中搜索，将大勃律军打得狼狈而逃。经此一战，大勃律再也无力反抗，终于在时隔三十年之后，又一次投入了大唐的怀抱。

虽然此战的过程非常简单，规模也不太大，但它产生的影响却很大—— 一举消除了唐军在怛罗斯之战中的负面影响，使大唐的声威又一次震惊中亚，收复了之前的势力范围。

此战也是史书记载封常清在安西打的唯一一仗。不过，大诗人岑参，就是那个写出"忽如一夜春风来，千树万树梨花开"的岑参，当时正好在封常清那里当幕府判官，他在唐诗里还记载了三仗，两次打回纥，一次打吐蕃。

吐蕃之战最为激烈，诗中是这样写的：

蕃军遥见汉家营，满谷连山遍哭声。

万箭千刀一夜杀，平明流血浸空城。

作为边塞诗人，这种血腥的描写肯定有夸大的成分，但也从侧面证明，封常清的作战能力的确不同凡响，被后人称为名将也算实至名归。

如果能够给封常清更长的时间，他应该还会再创造几个比较辉煌的战绩。但是打完吐蕃的时候，已经是754年了，第二年，就发生了我们前面讲过的故事：

他入京述职的时候遇到了安史之乱，李隆基向他问计，他夸下海口表示自己到洛阳招兵买马，不出几日就能将安禄山的脑袋提回长安。但结果却是，他被安禄山打得遍地找牙，短短两三天就丢掉了东都洛阳，和高仙芝一起退守潼关。

退守潼关之后，封常清自知犯了死罪，所以刚刚打退叛军，他就写了一封请罪表文，骑上战马准备亲自交到李隆基的手中。

但是还没等他跑到长安，李隆基的诏书就已经下达了，将他削去了官爵，让他以平民的身份在高仙芝军中将功补过。

高仙芝并没有因为封常清的失败而怀疑他的能力，所以让他成为自己的左膀右臂——巡监左右厢诸军。

就这样，两个人在时隔四年之后，又一次成为亲密的搭档。在他们两人的共同努力之下，唐军终于稳稳守住潼关，原来慌乱不已的军心也慢慢稳定下来。

但是，就在战局开始慢慢好转的时候，却发生了两个意外，要了他们两个人的脑袋。

前面讲过，十几天前，李隆基派到陕郡的五万大军，李琬（太子李亨的弟弟）是元帅，高仙芝是副元帅，太监边令诚是监军。

李琬和边令诚虽然都不会打仗，只是挂名（打仗主要还得听高仙芝的），但只有他们在，李隆基才能对这支军队放心。但偏偏在这个时候，这两人都出了问题。

李琬突然死了，是得病死的还是意外摔死的，或者是被敌人砍死的，我们不知道，史书上只说他死了。但我们可以用排除法，推断一下他是怎么死的。

第一，他大概率不是病死的。

因为李琬是李亨的弟弟，李亨当时只有四十四岁，李琬最多也就四十来岁，平时身体应该很健康，不然李隆基也不会让他带兵出征。另外，他的死实在是太突然了，从出征到死亡也就二十多天，就算得了不治之症，也不可能死得这么快。

第二，他大概率不是被敌人砍死的。

因为他率领的这支军队，和叛军根本没有发生正面冲突，是他们先跑出的陕郡，叛军才追了过来。另外，如果他真是战死的，史书中应该会大书特书，皇子英勇战死，为正义的事业而被敌人残杀等。

第三，他大概率发生了意外，而且死得比较窝囊。

只有发生了意外，才会死得如此之快。只有死得比较窝囊，例如逃跑的时候被石头砸死了，掉到河里淹死了等，只有如此窝囊，史书中才不好意思记载死因。

总之，不管他是怎么死的吧，反正他的死让李隆基受到了很沉重的打击。当然，失去一个儿子，李隆基并不会怎么痛心，主要是李琬一死，少了一个监军，李隆基对这支军队的忠诚度就产生了怀疑。

就在李隆基怀疑的时候，边令诚这边也出现了意外。

原来唐军还在陕郡的时候，边令诚曾经向高仙芝提出过几个建议，但是高仙芝都没有听从，这让边令诚大为恼火，准备报复高仙芝。

于是，他跑回京城，把高仙芝和封常清狼狈逃跑、丢盔弃甲的样子详细汇报给了李隆基，并污蔑高仙芝克扣了士兵的粮食和赏赐。

李隆基一听，大怒不已，根本没有派人去调查一下，便下令斩了高仙芝与封常清。

755年十二月十八日，也就是洛阳被攻陷的第六天，边令诚便带着诏书火急火燎地赶到了潼关。

他先把封常清叫了过去，宣布完诏书，就要行刑。

封常清从失败的那一天起，就知道这一天会来临，所以在临死之前，他大声喊道："常清讨逆无效，死乃甘心。只是我还有一封谢罪表文，还请交于陛下。"说罢，他从容赴死。

表文很长，感人至深，读罢让人唏嘘不已，但是由于篇幅有限，我们只抄录最关键的几句：

臣欲挺身刃下，死节军前，恐长逆胡之威，以挫王师之势（臣本来想战死沙场，但恐怕长了逆贼的威风，挫败了王师的锐气）。

一期陛下斩臣于都市之下，以诚诸将；二期陛下问臣以逆贼之势，将诚诸军；三期陛下知臣非惜死之徒，许臣竭露。

臣死之后，望陛下不轻此贼，无忘臣言……死作圣朝之鬼……必结草军前。生死酬恩，不任感激……

封常清刚刚被斩，高仙芝就从外面回到了军营，边令诚赶紧带着一百名陌刀手，兴高采烈地将高仙芝围起来宣布了诏书。

高仙芝大吃一惊，急忙下马解释道："我退兵有罪，死罪我认。但我绝对没有克扣赏赐和军粮。上有天、下有地，兵将都在这里，您难道不知道吗？"

但是事已至此，边令诚哪里会听高仙芝的解释，他一挥手就让人把高仙芝捆了起来，准备行刑。

高仙芝又急忙回过头去对着将士们大声喊道："我若有罪，你们可以举报；如果没罪，你们就喊冤枉。"

所有人都知道高仙芝根本没有罪，所以他们纷纷大声喊道："冤枉、冤枉、冤枉……"

战士们想用所有的力气，挽救自己的主帅，让他带领着大家打退敌军，还大唐一个太平盛世。但是，任凭他们喊破了喉咙，边令诚也不为所动，让人举起陌刀，向着高仙芝的头砍了过去……

短短一天时间，大唐的两位名将就这样惨死在自己人的刀下。

遥想当年，他们穿越塔里木盆地的万里风沙，跨越帕米尔高原的冰天雪地，驰骋于中亚的沙场之上，杀敌于千里之外，是何等威风。

大唐因为他们的战功而威震四方，中亚因为他们的存在而臣服于大唐的脚下。这样的名将没有战死在沙场之上，没有战死在敌人的刀剑之下，却冤死在了自己人的手中。

痛哉、惜哉，李隆基这种自毁长城的操作岂能令唐军不败。千年以来，无数人读史于此，无不扼腕叹息，大骂李隆基昏庸无道，笔者也是如此。

不过骂完之后，冷静下来，笔者又觉得李隆基杀高仙芝和封常清，也许并不只是昏庸这么简单，分析原因，有以下几条：

第一，封常清死得其实并不冤。

打仗之前，你夸下海口，几天之内你就能将安禄山的脑袋砍了带回京城。如果不是你如此自信，李隆基怎么会让你全权负责洛阳的战事？

打仗之时，明明有虎牢关的天险以及洛阳城的铜墙铁壁可守，可你偏偏选择与叛军死磕到底，结果一败再败，三天之内损失六万大军，丢了东都洛阳。

作为一名军人，战前狂妄、不明敌情，战中失策、失地千里，如此重大的罪责难道不应该被处死吗？

第二，高仙芝死得冤，但是他有前科。

当年夫蒙灵詧一手将高仙芝提拔起来，但他却忘恩负义，越级汇报。

李隆基当时不但没有处罚他，还让他代替了夫蒙灵詧的位置。不是李隆基不注重人品，而是因为高仙芝在安西，人品再差对李隆基也没有多大的威胁，而且他的军事能力突出，李隆基需要他开疆拓土。

但如今情况却不同了，安禄山原来表现得那么忠心耿耿，现在却反了。高仙芝这种有过忘恩负义记录的人，李隆基怎么敢放心重用？

另外，边令诚当年对高仙芝也有恩，是他替高仙芝求情，才让高仙芝当上安西节度使的。如今高仙芝得罪了边令诚，李隆基岂能不怀疑高仙芝的忠诚度？

还有，当年高仙芝为了钱就敢攻打石国，如今长安更加富庶，他会不会为了钱和权力叛变投敌？

当年他打下石国，把那么多金银珠宝都占为己有，李隆基也是知道的。当时，李隆基之所以没有处罚他，是觉得他立了功，贪点钱无所谓。

现在边令诚说高仙芝克扣军饷虽然是诬告，但试想一下，如果我们是李隆基，会去怀疑边令诚吗？最终的原因，还是高仙芝当年太过贪财了。

当然，即便有以上几个原因，李隆基杀高仙芝也太过分了。临阵换帅都会严重影响战局，更别提临阵杀帅了，这让继任的将领怎么想？

所以，总体来说，高仙芝有错，但不应该被杀。

第三，最重要的是李隆基有了备选。

对前任特别无情的人，一般都是有了备选，李隆基生性如此。有了武惠妃，他便厌烦了赵丽妃。有了杨贵妃，他便厌烦了整个后宫。有了一个新宰相，他便厌烦了旧宰相。

除了高仙芝和封常清之外，李隆基的手里其实还有一个撒手锏，此人就是大名鼎鼎的哥舒翰。

论政治立场，哥舒翰和安禄山一直都不对付，两个人当年还当着李隆基的面大吵了一架，所以哥舒翰绝对不会投降叛变（当然这是李隆基自己的想法）。

论忠心，哥舒翰可谓忠心耿耿。当年，他的老上司兼恩人王忠嗣因罪入狱，差点被杀的时候，是他跑到京城跪在李隆基的面前，声泪俱下、慷慨激昂地表示愿意用自己的官位，来换王忠嗣的无罪，这才救了王忠嗣一命。

反观高仙芝的忘恩负义，两个人谁忠心？该用谁？高下立判！

论军功，哥舒翰打过的仗、领过的兵、立过的军功都要超过高仙芝和封常清（他到底立过哪些军功，后面会讲的）。

所以，无论从哪个方面看，哥舒翰完全可以替代高仙芝和封常清，既有亮，何必再要瑜呢？

综上所述，李隆基之所以杀了高仙芝和封常清，其实并不能算是完全昏庸的决策，他有自己的考量，而且这些考量也都有理有据，不能过多指责。

那么，既然李隆基并没有犯太大的错误，潼关为何最后会失守？安史之乱为何会长达八年之久呢？

一百四十　哥舒翰带病出征，郭子仪所向披靡

　　杀掉高仙芝和封常清后，李隆基便立刻命令哥舒翰为先锋兵马元帅、同中书门下平章事（宰相），带领八万人马火速赶赴潼关，抵御叛军。

　　哥舒翰，704年出生，突厥人，他爹叫哥舒道元，曾任大唐安西副都护，家里特别有钱。

　　哥舒翰在官商勾结的家风影响之下，从小就沾染了不良风气，酷爱结交豪杰、喝酒赌博，基本不干正事。

　　等混到三十五岁的时候，他才稍微收敛了一点，不是他良心发现，或者玩够了，而是他爹死了。按照当时的规矩，他得到长安为他爹守孝三年。由于长安权贵太多，加上没有太多的狐朋狗友，他这才不得不有所收敛。

　　但是，没过多久，哥舒翰便凭借他独特的流氓气质，和京城的少爷们鬼混到一起，又开始干一些伤天害理的事情了。

　　有一次，他不知道又干了什么坏事，被长安县的县尉逮了个正着。

　　哥舒翰很生气，根本没把县尉放在眼里，在他看来，长安一条街，自己才

是爹，县尉大人不仅不能治他的罪，还得低三下四拍他的马屁。

但就在他趾高气扬、得意洋洋的时候，县尉却狠狠地将他骂了一通：年近四十，一事无成还胡作非为，这叫不义；为父守孝，不恪尽职守却到处惹事，这叫不孝……

从来没有被人鄙视过的哥舒翰一听这话，当时就蒙了。想不到一个小官敢这么对自己说话，更想不到，这人骂得还如此有道理，让自己无法反驳。

从此以后，心灵很不纯洁的哥舒翰竟然开始洗心革面、痛改前非了。文的方面，他钻研起《左传》和《汉书》；武的方面，他开始苦练骑马、射箭。

742年，守孝期满后，脱胎换骨的哥舒翰便跑到河西，当了一名小军官。

由于他治军有方、号令严明，当然，最主要的是因为他爹的关系，很快他就得到了大名将王忠嗣的赏识，被提拔为牙将。此后他的人生便进入坐着火箭往上蹿的阶段。

有一次，吐蕃入侵边境，王忠嗣派他去抵御敌军。他看到敌军兵分三路从山上冲下来之后，竟然兴奋地哇哇大叫，手持长枪，骑着战马就冲到了敌营之中，一通乱战下来，这三支吐蕃军竟然全部被他打得大败而逃。

747年，哥舒翰因功被提拔为右武卫将军，充当陇右节度副使。

不久之后，吐蕃又派了五千名骑兵前来抢粮，哥舒翰利用伏兵，将吐蕃骑兵打得全军覆没，连一匹马都没有跑回去。

748年，王忠嗣因为太子李亨的事情被贬之后，哥舒翰就接替他的位置，担任了河西节度使，而此时距离他从军仅仅六年时间。

转过年，在李隆基的逼迫和支持下，哥舒翰又率领河西、陇右等地的六万多兵马，对我们之前讲过很多次的石堡城发起了强攻。

唐军在死伤数万人之后，终于又一次拿下了该城。因此，李隆基大为高兴，将哥舒翰升为特进、御史大夫，并赐庄园一座。

　　接下来的几年，哥舒翰又立下了很多军功，连续三次大败吐蕃，攻占九曲之地，开拓疆域数百里，使得唐军在河西的战场上占据了绝对优势。

　　753年，也就是安禄山被封为东平郡王的那一年，为了牵制安禄山，哥舒翰也被封为西平郡王，他的人生因此走上了巅峰。

　　但是，功成名就的哥舒翰很快就犯了两个毛病：一个是嗜酒如命，天天喝得不省人事；另一个是酷爱打仗，白天骑在马上打仗，晚上骑在人身上打仗。

　　烈酒伤人身，美色耗精血，就算年轻人也搁不住这两样东西的折腾，更别提五十岁的哥舒翰了。

　　所以两年之后的755年二月，在回朝做述职报告的路上，哥舒翰便因为身体空虚，洗澡的时候中风了，昏迷了好长时间才被抢救过来，但仍然留下一些后遗症。

　　从此之后，这位善于使枪弄棒的大名将，便老老实实地待在长安的家中养病。直到十个月后，高仙芝和封常清被杀，他才被李隆基赶鸭子上架，再次成为决定大唐帝国命运的守门大将。

　　在李隆基看来，哥舒翰的领军水平和打仗水平，都要远超于高仙芝和封常清。

　　哥舒翰曾经节制河西、陇右诸军，总兵力将近十五万，高仙芝和封常清在西域统领的唐军总数不到五万。

　　哥舒翰能把吐蕃按在地上连续摩擦，而高仙芝和封常清只是把吐蕃的手下败将，即中亚的几个小国按在地上摩擦。

　　哥舒翰此前无一败绩，而高仙芝兵败怛罗斯，封常清在安史之乱中连败五仗。

　　所以，李隆基坚信，只要哥舒翰到达潼关，要不了多久，安禄山必然会被打得大败而逃。

但是，李隆基忽略了一个最大的问题，就是哥舒翰的身体状况。他到达潼关之后，还没有上几天班，就因为身体过于虚弱，把军政要务全部交给了行军司马田良丘。

田良丘是一个没有什么才能的庸人，既不能也不敢专行独断，所以，他又把大权分给了两个人：马军指挥王思礼和步兵指挥李承光。

王思礼，高句丽人，出生于将门世家，是哥舒翰的老部下，以前两人一起打过石堡城，收复过九曲，军事能力突出，深得哥舒翰的信任。

李承光能力也不弱，也是哥舒翰的老部下，以前当过河西兵马使，跟着哥舒翰打过不少仗。

按说有这俩牛人的助力，唐军的战斗力肯定会越来越强，但偏偏这两位谁也不服谁，经常发生争执，从不好好配合，最后竟然到了军中号令不一的地步。

哥舒翰知道后，也没有精力加以制止，再加上他又不体恤士兵，这就导致唐军的士气越来越低，还不如全是新兵蛋子的时候。

唯一值得庆幸的是，哥舒翰采用了正确的战略，他让二十万大军全部躲到潼关里面坚守不出，以等待敌军后方出乱，再出关迎战，痛打落水狗。

而这个战略很快便收到了成效，因为与此同时郭子仪、李光弼、颜真卿、张巡等人，已分别在如今的山西、河北、河南等地对安禄山的叛军进行了规模浩大的反击。

郭子仪，华州郑县（今陕西渭南）人，697年出生于官宦世家（老爹是刺史）。与哥舒翰那种不学无术的富二代不同，他年纪轻轻就参加了武举考试，并凭借优异的成绩当上了左卫长史。

因为他身高七尺左右，长得很帅，武艺高强，关系又很硬，所以在随后的几十年里便一路高升，当上了左卫大将军（正三品）。

到754年的时候，五十八岁的他担任了九原郡太守、朔方兵马使。但是，没过多久，他老妈就去世了，他不得不回到老家，准备守孝三年。

可是他刚回到老家，755年十一月，安史之乱就爆发了。

当时的朔方节度使叫安思顺，是安禄山的族兄。虽然安思顺对大唐忠心耿耿，以前还向李隆基举报过安禄山可能造反，但是李隆基对安思顺仍然不放心。

所以，李隆基便把正在守孝的郭子仪"夺情"了，让他火速赶往朔州（今宁夏灵武）担任朔方节度使，领军收复今天的山西北部。

几天之后，李隆基又让他推荐收复河北、河东的人才，郭子仪便顺道举荐了另一位赫赫名将李光弼。

李光弼，契丹人，708年出生于营州柳城（今辽宁朝阳）。他爹叫李楷洛，当年曾跟着李尽忠造反，武则天将李尽忠镇压之后，李楷洛就投降了唐朝，后来被封为左羽林大将军。

由于父亲的缘故，李光弼从小就在军营中长大。和哥舒翰一样，他也善于骑射，喜欢读《汉书》，并且治军极严。但与哥舒翰不同的是，他从小就为人沉稳，很有谋略，在为老爹守孝的时候，他更没有胡作非为，而是严遵礼法，被人奉为榜样。

746年，王忠嗣在担任河西、陇右节度使的时候，发现李光弼是个人才，就把他提拔为兵马使，并竖起大拇指夸他："光弼必居我位。"（王忠嗣真是慧眼识珠，哥舒翰、李光弼都是他提拔的）。

后来，李光弼又因为大败吐蕃和吐谷浑，被升为河西节度副使、蓟郡公。

但是754年，一生平顺且步步高升的李光弼，却因为不愿意多娶一个老婆而丢掉了一切官职。

当时的朔方节度使安思顺觉得李光弼是个人才，就奏请李隆基把他从河西调到了朔方担任节度副使，还要把自己的女儿嫁给他。

在一般人看来，这是连娶媳妇带过年的美事，高兴还来不及呢。但在李光弼看来，这哪里是娶老婆，分明是娶阎王。

安禄山要造反，大家都知道，更何况李光弼是契丹人，老家就在安禄山的大本营，就更知道安禄山的心思了。而安思顺是安禄山的族兄，谁敢和他攀亲戚？另外，自己已经四十八岁了，再娶一个老婆也折腾不起啊。

所以，他干脆一不做二不休，刚到朔方没多久，便直接假托生病，辞职不干了。

幸运的是，哥舒翰一直都看不惯安思顺，听说这件事之后，便想拉拢一下李光弼，于是，他便奏请李隆基，把李光弼召回了长安。

更幸运的是，李光弼在朔方待的那一段时间里，恰好又认识了郭子仪，这才有了郭子仪推荐他率军攻打河东与河北叛军的故事。

福兮祸所伏，祸兮福所倚。李光弼用短短两年时间，便以实际行动证明了这句话的正确性。

随后的一个多月，郭子仪便率领朔方军的主力，一路向东，获得了一次又一次重大的胜利，斩杀了叛将周万顷，打退了叛将高秀岩，收复了静边军（今山西右玉县）、云中（今山西大同）、马邑（今山西朔县）等军事重镇。

而李光弼也带领一万朔方军，以及三千弓弩手，于756年二月十五日抵达常山，拉开了唐军收复河北之战的序幕。

一百四十一　除了书法，颜真卿还有什么厉害的地方

李光弼率领唐军攻打常山之前，常山其实还进行过一次自我抢救，负责抢救工作的人正是常山太守颜杲（gǎo）卿，以及大名鼎鼎的书法家、平原郡（今山东德州）太守颜真卿。

仅看名字就知道，他们两个人是兄弟，只不过他们不是亲兄弟而是族兄弟，前者六十五岁，后者四十八岁，都出身于琅琊颜氏。

颜杲卿的一生过得比较平稳，因为家里世代为官，年轻的时候他便通过老爹的关系直接当了官。受《颜氏家训》的影响，当官之后，他没有像很多官二代那样自甘堕落，而是为人刚直，还非常有才。

755年年初，准备造反的安禄山也意识到了人才的重要性，所以，他请求李隆基把颜杲卿升为代理常山太守。

在安禄山看来，颜杲卿是自己提拔的，一定会对自己感恩戴德。但很明显，他没有好好研究一下被誉为古今家训之祖的《颜氏家训》，才作出这种剃头挑子一头热的决定。

与堂兄相比，颜真卿的前半生比较坎坷。虽然他们家也是世代为官，但是他父亲最高只做到了薛王友。这个官职级别不小，属于从五品，但是没有多少实权，基本上靠俸禄维系一家人的生活。

最可悲的是，在三岁那年，他的父亲就突然去世了。他的母亲殷夫人是一位非常要强的女人，在唐朝那个改嫁风气较重的朝代，她没有选择改嫁，而是一个人默默承受了所有（李世民曾经规定，女人死了老公三年之后，政府有义务"令其好合"）。

当时，一个女人的老公一旦走了，儿子就会成为支撑她活下去的唯一希望。

为了保证儿子能够成才，殷夫人耗尽了所有的心血，在接下来的十年之中，她既当爹又当妈，还当起了老师，独自承担起抚养颜真卿的重任。

当颜真卿十二岁的时候，殷夫人突然发现，自己已经承担不起了，因为颜真卿的才华已经超过了自己，必须另请名师了。于是，她只好带着颜真卿回到了苏州娘家，在这里，他们又待了整整十二年。

苦难对于弱者是一个万丈深渊，对于勇者却是一块垫脚石，毫无疑问，颜真卿就是勇者。

幼年丧父的凄凉，寄人篱下的委屈，让他变得格外懂事，学习也格外认真。长期坚持不懈的努力，让他在二十多岁时就成为学问渊博、文采斐然、书法超群的大才子。

二十四岁的颜真卿第一次参加科举考试，便一举考中了进士甲科，从此走上仕途。在随后的几十年里，他走遍了长安、河东、朔方、临川、陇州等地，每到一个地方，他都勤勤恳恳地工作，打击盗匪、平反冤狱，得到了老百姓的普遍赞扬。

由于工作业绩突出，752年，四十三岁的他终于被升为兵部的员外郎。但是还没有干几天，杨国忠就成了宰相。由于不愿和杨国忠沆瀣一气，他便被贬出京城，担任了平原郡（今山东德州）太守。

平原郡当时正好是安禄山的地盘，所以刚到那里，颜真卿就敏锐地发现，安禄山已经在紧锣密鼓地准备造反了。

如果是普通人，遇到这种情况肯定会吓得立刻辞职，回老家避祸，或者立刻举报安禄山，以求立功。

但是颜真卿的良心，以及摆在他面前的《颜氏家训》告诉他，越是危急的时刻，越不能退："入帷幄之中，参庙堂之上，不能为主尽规以谋社稷，君子所耻也！"

可由于当时的李隆基已经变成了一个糊涂蛋，谁举报安禄山造反，他就会把谁关进大牢，所以颜真卿不能举报。

于是，他只好和当年的母亲一样，选择了一个人承担所有。在接下来的几年里，他表面上装糊涂，天天与一群文人雅士饮酒作乐，私下里却以防备黄河泛滥为由（当时黄河流经平原郡），募壮丁、广积粮、高筑墙，以随时防备安禄山的反叛。

755年十一月九日，安禄山造反之后，由于平原郡不是安禄山主力南下的必经之地，加上这几年的苦心经营，颜真卿成功打破了叛军不可战胜的神话，并派人从小路把河北的情况汇报给了李隆基。

随后，颜真卿又招募一万士卒，在平原城的西边举行了盛大的劳军仪式。在仪式上，他一边泪水直流，一边慷慨激昂地问候了安禄山的十八辈祖宗，并发表了誓死卫国的抵抗宣言，让全军战士感动不已。

很快，颜真卿这一感人的举动就传遍了周围各郡，饶阳太守卢全诚、济南太守李随、清河长史王怀忠、景城司马李暐、邺郡太守王焘、北海太守贺兰进明等人，全都领军前来归附他。

就在颜真卿这边的抵抗事业发展得如火如荼的时候，他的堂兄颜杲卿那边却遇到了不小的麻烦。

由于常山是范阳到洛阳的必经之地，加上颜杲卿根本没有防备，十一月十九日，当安禄山大军路过常山的时候，颜杲卿只好和常山长史袁履谦打开城门投降了叛军。

安禄山对他们这种识时务的表现大为赞叹，给他们每人赏赐了一身名贵的官袍，让他们官职依旧。

另外，安禄山又让干儿子李钦凑率领七千叛军驻守在常山西边的土门关（井陉东边的重要关口），一来防止唐军从山西打河北，二来防止颜杲卿等人反水阴自己。

颜杲卿本来想的是，暂时投降安禄山，等安禄山的大军远走之后，他便举城起义，切断叛军的归路。但没想到，安禄山竟然留了后手，搞得他只好玩起了读书人最擅长的智商游戏。

有一天，他偷偷地指着身上的新官袍对长史袁履谦说道："我们两个人怎么能穿这个东西呢？"袁履谦一听就明白了其中的意思，幸运的是，他也是一位心向大唐的忠臣。

于是当天晚上，这两个人就搞了一次碰头会，经过并不激烈的讨论，他们便制定了两个缜密的计划：

第一个，在常山内部建立一个严密的杀手组织，设计除掉安禄山的干儿子李钦凑，然后起义以截断叛军的退路。

第二个，派人向西联络太原尹王承业，向东联络平原郡的颜真卿，让他们派军及时支援自己，以防备叛军的反扑。

由于他们两个在常山深耕多年，所以，很快就召集了一大批爱唐人士，随时准备动手除掉李钦凑。

但是第二个计划却出现了问题，只有颜真卿积极响应了他们的计划，而太原尹王承业却是一个胆小鬼，只想保住太原，根本不愿派军支援常山。

无奈之下，颜杲卿只好推迟了起义的计划，准备在组织更多的人马之后再举行起义。可是时间不等人，十二月十二日安禄山就攻入东都洛阳，向长安杀了过去。

颜杲卿听说之后，大吃一惊。他意识到不能再等了，即便起义的条件还不充分，即便起义成功之后他们无力抵挡叛军的反扑，那也不能再等了，因为他们必须想方设法拖住叛军的后腿，为身在长安的皇帝争取宝贵的时间。

十二月二十二日傍晚，颜杲卿假传安禄山的命令，说是要犒劳三军，让李钦凑以及他的几个死党到常山受赏。李钦凑一听要犒劳自己，立刻两眼放光，脑子也没有转一下，就屁颠屁颠跑了过来。

为了让李钦凑放松警惕，颜杲卿很贴心地摆了几桌丰盛的断头饭，叫来了一批浓妆艳抹的妓女，让这一群送死鬼好好享受了一番。

酒过三巡之后，李钦凑一群人已经醉得、累得不省人事了。于是，颜杲卿一声令下就把这群人的脑袋全部砍了下来。

看到大事初成，这两个连死都不怕的人竟然抱头痛哭起来，让人感动不已。天亮之后，他们擦干眼泪，又做了两个极为正确的决定：

一是招兵买马、深沟高垒，随时准备抵御安禄山军的反扑；二是派出四路使者联络各郡，一同对付叛军。

一路向北，策反当时的范阳节度留后贾循。

一路带着李钦凑的人头向西，经过太原向长安报捷，另外继续向太原求救。

一路向东，让颜真卿火速出兵支援自己。

一路由几百兵骑兵拍马向南，马的后面再拖上大量树枝，扬尘造势，对外宣称朝廷的二十万大军已经打到土门关，马上将要收复河北。

多么好的计划啊，如果能够全部实现，安史之乱估计再过几个月就可以结束了。可惜，再好的计划，也挡不住一群猪队友扯后腿。

北路的使者到达范阳之后，一通大义凛然的话说完，便打动了贾循。可是临到行动的时候，贾循却又犹豫了。当断不断，必受其乱。这件事很快就被人揭发出来，安禄山便派人把贾循的脑袋砍了。

西路的使者到达太原之后，太原尹王承业不仅没有出兵相救，还干了件更加恶心的事情。他扣下了颜杲卿的奏疏，写了一份假奏疏，把功劳安到了自己头上。李隆基哪里会想到他竟然不干人事，于是就把王承业提拔为大将军。

颜真卿这边倒很积极，但由于全是新兵蛋子，也没有起多大的作用。

唯一让人感到欣慰的是，南路的骑兵宣传起到了巨大的作用。赵郡、钜鹿、广平、河间等郡，斩杀了安禄山任命的那些伪刺史，把他们的脑袋送到了常山。乐安、博陵、上谷等郡，士气高昂，打退了叛军的进攻以等待唐军主力的到来。

总之，河北二十三郡中的十七个，全都举起大唐的旗帜，星星之火，已呈燎原之势。

此时安禄山正准备亲自带兵攻打潼关，听说河北被人捅了十七刀之后吓得脸色苍白，急忙回到洛阳，命令史思明率领三千铁骑从范阳出发，大将蔡希德率领一万精锐从河内出发，南北夹击常山。

内无精兵、外无援军的颜杲卿和长史袁履谦面对敌军的猛烈进攻，自知守城无望，但他们仍然选择了坚持。

不过，在绝对的实力面前，再强大的精神也是徒劳。仅仅六天之后（756年一月八日），城中为数不多的箭便射完了，少得可怜的粮食也吃完了。

弹尽粮绝的他们，只能眼睁睁地看着敌军攻进了城池，烧杀抢掠了他们的子民，俘虏了他们的家人，也包括他们自己。而这时，距离他们起义仅仅过去十六天而已。

史思明想劝他们投降，但他们却谩骂不止。史思明大怒不已，便把颜杲卿的小儿子颜季明拉了出来，威胁他道："现在投降，就饶你儿子一命。"

满脸鲜血的颜杲卿默默地看了儿子一眼，便扭过头，闭上了眼睛。良久之后，只听咔嚓一声，一股火热的鲜血，溅到了颜杲卿的脸上。

史思明见他们两人仍然不肯屈服，就将他们装进囚笼，送到了洛阳。

安禄山一看到颜杲卿就气不打一处来，大骂他是一个叛徒。但颜杲卿也大骂道："你一个营州的放羊羯奴，承蒙皇帝厚恩，才有今天。天子有何事负你，你却反叛朝廷。我家世代为唐臣，信守忠义，恨不能斩了你以谢天下，怎么可能和你狼狈为奸？"

安禄山最恨的就是被人骂作羯奴，听完这话之后，气得火冒三丈，三百多斤的肥肉颤了几颤。

他让人把颜杲卿绑到洛阳天津桥的柱子上，从脚部开始，将他一块一块地肢解，并干了一件更加恶心的事，他把从颜杲卿身上砍下来的肉，塞到了自己的嘴里。

鲜血直流的颜杲卿忍受着剧烈的疼痛，依旧大骂不止，安禄山又让人用铁钩钩断了他的舌头，但他仍然不屈不挠地含糊谩骂着，直至死去。

常山长史袁履谦则先被砍断手脚，后被碎尸万段。袁履谦临死之前，也表现得极为勇敢，他咬断了自己的舌头，对着敌人脸上喷出了最后的鲜血。

和他们一起被杀的，还有颜家的三十余口。

两年之后，唐肃宗李亨追赠颜杲卿为太子太保，定谥号为忠节。颜真卿派人寻找堂兄的尸首，但只找到了一只残缺不全的脚（因为先砍的是脚，这只脚和袁履谦埋在一起）。颜真卿又派人到河北寻找侄子颜季明的尸骨，但只找到了被砍掉的脑袋。

悲痛欲绝的颜真卿忍受着撕心裂肺的剧痛，将其埋到祖坟里，并写下了我国历史上最为著名也最有价值的三大行书之一《祭侄文稿》。

　　此稿虽然有大量涂抹，排版也毫无章法，但是它的字里行间，甚至每一笔都充满了肝肠寸断的悲痛之情和舍生取义的家国之情，它早已超越了一幅书法的意义，而升华为中华民族的精神内核——忠、孝、礼、义。

一百四十二　暴捶史思明，郭子仪、李光弼六战六捷

颜杲卿死后，史思明便开始马不停蹄地攻打其他郡县。

不到一个月的时间，原来跟着颜杲卿起义的十个郡，就纷纷投降了叛军。河北二十三郡里，忠于大唐的仅剩下平原、饶阳、河间、景城等七郡。

756年一月中旬，意气风发的史思明又将矛头指向了常山以东两百里的饶阳郡（今河北衡水市饶阳县）。

饶阳郡的太守叫卢全诚，在史书上他只是一个小人物，一共就出现了两次。

一次是一个月前，安禄山派手下大将张献诚（张守珪之子）围攻饶阳，他挺身而出，打退了敌军的进攻。

另一次就是此时史思明亲自率军攻城，他坚守了整整二十九天，使叛军无法向前一步。

关于他是怎么守城的，史书上并没有记载，但考虑到常山六天便被史思明攻破，其他十郡一个月内就投降了叛军，这二十九天他一定守得极为艰辛。身先士卒、浴血奋战、视死如归，这些形容英雄的词语用在他的身上绝不为过。

他两次阻挡住敌人进攻的步伐，使其他六郡免遭敌军的毁灭，给河北各郡以信心和希望。

他凭一城之力吸引了河北叛军的主力，严重打击了叛军嚣张的气焰，为李光弼东出井陉争取了宝贵的时间。

这样的人物，虽然在史书上只出现了两次，生卒年不详，其他事迹不详，但我们还是需要记住他的名字——卢全诚。

因为他大无畏的精神已经远超大部分王侯将相（他的手下将领张兴也非常勇猛无畏，我们在后面会讲的）。

756年二月十五日，李光弼趁史思明攻打饶阳之际，率领一万三千多步骑兵顺利地抵达常山城下。

由于一个多月以前，颜杲卿率领军民拼死抵抗的英勇事迹，常山百姓参与过；颜杲卿的儿子颜季明惨死于常山城下，常山百姓看到过；颜杲卿一家三十多口被残忍虐杀，常山百姓听说过。

所以，常山百姓的爱国精神非常深厚，唐军还没有攻城，他们便在城中举行了起义，杀掉了胡兵，打开了城门，并把叛将安思义绑送到了李光弼面前。

李光弼和安思义是老相识，知道他是一员猛将，便准备给他一个改过自新的机会："你可知道，你罪该万死？"

这句话表面是怒斥，但读过史书的人都知道，这不过是试探对方值不值得劝降的密码。

如果对方跪地连连求饶，那就证明他不上道，，还是一个尿货，留着也没用，可以直接砍了，为国家省粮食。

如果对方上道，大喊"死则死尔，十八年后还是一条好汉"，或者默不作声，那就证明对方有文化，而且有勇气，值得劝降。

安思义也是读过史书的人，自然知道里面的逻辑，所以，他选择了默不作声。

李光弼看到劝降有戏，就接着问道："你看我的部下，可以打败史思明吗？如果你有妙计退敌，我就饶你一命。"

安思义早就等着这句话了，急忙给出了最佳计策。

"将军长途跋涉，士兵疲惫，恐怕难以抵挡胡人骑兵。不如把军队带入城中，早做防备，等胡军疲惫，再出城迎战。饶阳距此两百里，昨晚我已送去了加急文书，明天早上他们的前锋肯定到来，将军不可不严加防备。"

一转眼，就把原来的老板骂成了"胡骑"，李光弼对安思义这种"朝秦暮楚"的精神大为欣赏，立刻亲自为他松绑，并按照他的计划排兵布阵。

第二天一大早，果如安思义所说，史思明率领两万多骑兵，火急火燎地赶到了常山城下。

还没等这群人喘口气，早有准备的李光弼就给他们送来了第一份礼物，一千五百名弓弩手，站在城墙之上对着这群人就是一顿狂射。

累得大汗淋漓的史思明瞬间感到脊背一阵发凉，只好下令赶紧撤退。

趁此机会，李光弼又派出五百名士兵冲出城，准备在后面袭击史军。

但史思明也不是吃素的，他早就料到了这一手，所以，时刻提防着后方。看到唐军冲了出来，他立刻调转马头又向唐军扑了回去。

哪知道，李光弼早就预判了史思明的预判，这五千人中隐藏了大量的弓弩手，等史思明的骑兵快要冲到眼前的时候，他们立刻分成了四个梯队，对着史军就是一阵狂射。

眼看着一波又一波的箭雨袭来，史思明想紧急刹车，但已经来不及了，片刻之间，两万多名骑兵竟然被射伤、射死了将近一半。

还没吃上一顿早饭，就被连续射了两次，郁闷无比的史思明只好带着残兵败将又一次退了回去，准备休息几个时辰，等到后面的五千名步兵到了之后再组织攻城。

但是李光弼根本没有给他这个机会，因为史思明的五千步兵距离常山还有三十里的时候，就已经有村民把消息报告上来了。

李光弼大喜过望，又派出两千骑兵和两千步兵，顺着滹沱河向五千史军冲了过去。

说来也巧，当唐军遇到这支史军的时候，这五千史军正在狼吞虎咽地吃早饭，铠甲、武器全都丢在一边。

唐军见状，顿时两眼发光，这哪里是打仗，分明就是打劫嘛。随着老大的一声令下，四千唐军就像饿虎扑食一般，冲到了史军的"食堂"之中，如入无人之境，一顿乱砍乱杀。片刻之后，这群人就被杀了个全军覆没。

史思明大惊失色，这才意识到大势已去，只好带人退回不远处的九门县城。

连吃两次败仗的史思明，终于知道了李光弼的厉害，再也不敢出城和唐军当面硬碰。但是，作为一名优秀的叛将，他也没有闲着。

他把手下的骑兵分成无数支小分队，利用快速、机动的优势，不断骚扰常山城的粮道。

这一招十分有效，没过多久，常山城内的粮草就出现了严重的短缺，战马只能啃床上铺的干草充饥。

面对这种像苍蝇一样的侵扰，李光弼大怒不已，准备一举拿下九门县城，将史思明打到跪地求饶。但由于他手下只有一万多人，硬攻城池损失太大，所以，李光弼只好忍了下来，而这一忍就是四十多天。

756年四月九日，郭子仪收复云中（今山西大同），彻底平定山西的叛军之后，便带着朔方军、蕃兵近十万人，浩浩荡荡地到达常山。

十一日，打满鸡血的唐军对九门县发起了总攻。十万捶一万，那还不是怎么打怎么胜。

当天，史思明再一次被打得大败亏输，向南狂奔一百多里，跑到了赵郡（今赵县）。

李光弼、郭子仪趁此大胜连收九门、藁城等十余县，并紧随其后将赵郡团团围了起来。

十七日，唐军又对赵郡发起了总攻，不到一天时间，赵郡守军便打开城门，投降了唐军。史思明只好又一次弃城逃窜，向北狂奔两百里，跑到了博陵（今博野县）。

郭子仪和李光弼充分发挥了痛打落水狗的精神，又在后面一通猛砍，斩杀了赵郡的伪太守，活捉了四千多名叛军，并将博陵城团团围了起来。

但由于博陵城高墙厚，再加上唐军连续作战半个月，已经精疲力尽，粮草不足，所以围攻博陵十天之后，郭子仪和李光弼又不得不撤回常山。

如果是一般的叛军将领，被打败四次之后，肯定蜷缩在城中不敢再出来了。

但是，史思明不愧为大名鼎鼎的叛将，他的性格极为倔强，连败这么多场，战斗力依旧强劲。看到唐军后撤，他竟然主动带着兵又冲了出来，准备狠狠地咬唐军一口。

幸好郭子仪早有准备，挑选了几批精锐骑兵轮流断后。

双方就这样走走打打，又连续打了三天，史思明看见占不到任何便宜，这才很不情愿地准备率军返回博陵。

但是郭子仪怎么会便宜对方，打完我还想跑？他又挑选了一批精锐骑兵，亲自带队杀了回去。

正在撤退的史思明哪里会料到郭子仪如此精神焕发，所以根本没有准备，又被郭子仪在沙河附近痛扁了一顿。

安禄山听说史思明被打得如此之惨，大吃一惊，急忙从洛阳和范阳调集了五万兵马前去支援史思明。

看到这五万人，史思明就像输急眼了的赌徒一样，也不想想自己是不是唐军的对手，带着全部人马，浩浩荡荡地向常山杀了过去。

他以为唐军这一次会和他第一次攻打常山时一样，不停地用箭射。所以，在行军的路上，他专门让士兵们准备了大量盾牌，预防唐军这一手。

但是等他到达了常山之后才发现，郭子仪不是李光弼，人家根本不玩这一招了。唐军这次是深挖沟、高筑墙，白天坚守不出，晚上派人偷袭，你来攻城，我就在上面拍砖；你往后退，我就派人去追击，反正就是一句话，绝对不和你正面硬碰，怎么气人怎么来。

攻又攻不下，打又打不着，连睡觉都既得防蚊子，还得防唐军，无论是谁也受不了啊。没过几天，史思明就被郭子仪折腾得精疲力尽，想骂娘了。

但是，他又不敢轻易后退，因为在前几次后退时，他已经被唐军打怕了。于是，他只好加紧防备，顶着大太阳，在常山附近驻扎了整整一个月。

五月二十九日，史思明率军前去挑衅，而唐军依然坚守不出。等到中午时分，吃饱喝足的郭子仪和李光弼站在城墙之上，看着城外被晒得萎靡不振的史军，两人相视一笑，觉得机会来了。

只见他们大手一挥，十几万唐军犹如一枝枝离弦之箭，向着史军冲了过去。

被晒蔫了的史军，这时候连跑路的力气都没有了，哪里还有力气反抗。唐军冲入敌阵之后，左一刀，右一刀，刀刀不离后脑勺，犹如砍瓜切菜一般，不到半天时间就斩杀了四万名叛军，并活捉了一千名俘虏。

只有史思明狼狈不堪地逃出了战场，但由于跑得太匆忙，不小心从马上摔了下来，只好光着脚丫子，拄着一支断枪，一拐一瘸地逃回了军营。随后，他又趁着夜色的掩护，连夜跑回了博陵。

但是，他前脚刚到博陵，李光弼就率领大军追了过去，又一次将博陵围了起来。

史思明这一次彻底绝望了，从二月打到五月，整整九十天的时间，自己就没有赢过一仗。每次郭子仪和李光弼都能预判他的预判，他根本没有丝毫的还手之力，这仗还怎么打？

　　绝望之余，史思明不得不向安禄山发出了求救信。但是安禄山此时已经派不出援军了，因为颜真卿已经派军攻占了信都郡（今河北冀州）、魏郡（今河北临漳），切断了洛阳与博陵之间的道路。

　　那么，"文弱"的书生颜真卿，是如何拿下信都郡和魏郡的呢？

一百四十三　安史之乱，八个月真的能平定吗

就在郭子仪、李光弼把史思明按在地上反复摩擦的时候，平原郡的颜真卿带着他手下的几个县令也搞起了反攻，而且还是四面出击。

安史之乱爆发之后，颜真卿利用原来的三千名老兵，以及刚刚招募的一万名新兵，打退了叛军的第一轮进攻，守住了平原郡。

随即，颜真卿的威名就火速传遍了整个河北，依然忠于大唐的饶阳、清河、济南、北海等郡县纷纷前来投奔或者寻求联合，其中清河郡的使者李萼最先见到了颜真卿，并给其提供了一个三步走战略：

第一步，联合清河郡，向南拿下魏郡（河北临漳）。

第二步，向西打开太行八陉中的滏口陉，与驻扎在上党的唐朝大将程千里汇合。

第三步，通过河内南下孟津，兵临洛阳城下，坚守一个月，等待时机与安禄山决战。

颜真卿一听，认为该计划的可行性极高，立刻从一万新兵蛋子中调拨了六千

多人去攻打魏郡。

魏郡伪太守袁知泰，是一个脾气大而能力小的小人。他看见几千新兵就敢来攻城，觉得自尊心受到了严重的侮辱。所以，他没有选择据险固守，而是派出两万人出城迎战。

哪知道唐军初生牛犊不怕虎，双方在野外互砍了整整一天，叛军被杀了一万多人，被俘了一千多人，当天晚上，魏郡就被收复了。三步走的第一步，轻松搞定。

更让人激动的是，这时候北海太守（潍坊）贺兰进明，带着五千步骑兵行军五百里，赶到了平原郡。

看到友军前来，颜真卿感动得老泪纵横，为了表示自己的诚意，他不仅把军权基本交给了贺兰进明，还把攻打魏郡的功劳也全部让给了对方。在颜真卿的全力配合之下，贺兰进明顺利拿下了信都郡。

与此同时，安禄山的老窝平卢（今朝阳）也传来了好消息。平卢游奕刘客奴、先锋使董秦等人，也准备起义了。他们派使者渡过渤海，与颜真卿取得了联系，希望起义成功之后，颜真卿能够派兵共同夹击范阳。

颜真卿大喜过望，为了表示自己的诚意，他把自己唯一的儿子、年仅十多岁的颜颇派到平卢当人质。

在颜真卿的鼓舞之下，刘客奴、董秦等人很快起义，杀死了安禄山委派的节度使吕知诲，并率军一路南下，连续攻破了榆关（今秦皇岛抚宁区）、渔阳（今天津蓟州）等镇，兵锋直指范阳。

短短几十天的时间里，颜真卿让兵权，让军功，在颜家死了三十多口的情况下，还让仅有的儿子去当人质，这种毫不利己、一心为国的精神，感动了他手下的每一个人。他连下魏郡、信都郡的军威，也使敌军闻风丧胆。

于是，颜真卿被周围六郡推为了盟主。数万大军开始在他的带领之下，积极向西挺进，准备完成第二步战略——打开滏口陉，联合程千里。

756 年六月八日以前，河北战局的全部状况到此就结束了。为了以后故事的推进，我们必须先暂停讲述颜真卿这边的情况，把视线转到南方，看一下那里的战况如何。

756 年一月，安禄山在洛阳称帝，建立伪燕之后，在攻打潼关的同时，还派出两路大军，试图切断江南与长安之间的联系。

第一路，以张通晤为将，攻打曹州（今菏泽）、宋州（今商丘）、谯郡（今亳州），再打凤阳、寿春、合肥等地。

第二路，以毕思琛为将（此人我们前面讲过，李隆基让他到洛阳招兵买马，他却投降了叛军），通过汝河攻打叶县，然后再打南阳、襄阳、荆州等地。

我们先讲一下第一路的战斗情况。

张通晤带着叛军很快拿下了曹州和宋州，兵锋直指谯郡。

谯郡太守杨万石是一个二五仔，还没有看到叛军的影子，就举城投降了。为了拍叛军的马屁，他还逼迫一个县令带着大量的酒肉到半路上迎接。但他没想到的是，正是这位县令，改变了历史的进程。

该县令的名字叫张巡，当年四十九岁。虽然官职很小，但他从小就博览群书，精通兵法。当同龄人还在和小伙伴们一起玩泥巴的时候，他已经树立了远大的理想，只愿意跟在大人物的屁股后面探讨学问。

开元末年，他如愿考中了进士，被分配到清河县担任县令。在任期间，他政简刑轻，节用爱民，再加上非常注重义气，但凡遇到困难户，都积极扶贫或倾囊相助，所以深得当地百姓的敬重。

由于政绩优秀，任满之后，他便被调到中央。可惜当时正值杨国忠当权，由于不愿依附杨国忠，他又被赶出京城，到真源县（今河南鹿邑）当县令。

当时真源县有很多土豪劣绅，肆意欺压百姓。张巡到任不久，便使用霹雳手段杀了最大的土豪以儆效尤，从此之后，真源县的百姓终于过了几天安稳的日子。

再之后便爆发了安史之乱，谯郡太守让他箪食壶浆迎接叛军。

对于顶头上司这种投敌行为，张巡大怒不已，立刻召集一千多人，在玄元皇帝（老子被李治封的官）的庙里大哭了一场，之后就举起义旗，起兵平叛。

张巡把打击的第一个目标定在了两百里外的雍丘（今河南杞县），该城位于真源县的上游，是遏制叛军南下的交通要道。

当时雍丘的伪县令叫作令狐潮，也是唐朝投降过去的二五仔。在张巡率军抵达之前，他刚打了一次胜仗，还俘虏了一百多名官军。

为了邀功，令狐潮打完胜仗，就跑到了几十里外的叛军大营，准备领完赏赐之后，再回雍丘收拾这些俘虏。

但没想到的是，他刚出城不久，这一百多名官军就上演了一出《监狱风云》，他们顺利杀掉了守卫，冲出了监狱，向着城门杀了过去。

更加神奇的是，张巡恰好在此刻赶到了雍丘城下，看到城中大乱，便谎称自己是吴王李祗的先锋使（当时李祗为河南都知兵马使，全权负责河南的平叛事务），唐军主力马上就到，此刻投降既往不咎，否则格杀勿论。

守城的叛军一听，还以为中了里应外合之计，顿时就没了士气。张巡趁机攻占了雍丘城，并杀掉了令狐潮的老婆。

令狐潮听说老窝被端以后大吃一惊，急忙率领一万五千名叛军杀了回来。此时，雍丘城内的军队不过三千多人，面对五倍于己的敌军，最好的办法肯定是坚守不出。

但是，张巡却没有办法坚守，因为他刚入城不久，人生地不熟，僵持下去必然凶多吉少。他必须打几个胜仗，让城中士兵和百姓相信自己的实力，愿意听从自己的命令。

于是，张巡趁敌军立足未稳之际，身披战甲，带着一千多名骑兵就冲了出去。双方在城外大战了几个来回，张巡身先士卒，拼命厮杀，终于打退叛军的第一波进攻，稳定了军心。

在随后的一个多月里，张巡又击退了叛军的多次冲锋，以牺牲一千多人的代价，杀伤叛军近万人。令狐潮见久攻不下，不得不回去叫援军。

当年三月，令狐潮伙同其他叛军合计四万多人，又一次杀了回来。

此时雍丘城内只剩下了两千多名官军，敌我兵力更为悬殊，城中官民惊恐不已。

为了稳定军心，张巡故伎重施，对众位将士说道："敌知我城中虚实，有轻我之心。今若出其不意，必能大胜。"大家一听，又是这一招，万一敌人有所准备怎么办？

怎么办？还能怎么办，死马当活马医啊。

于是，张巡亲率一千名士卒杀了出去，不过与上次不同，他将这群人分成了几个小分队，让敌军不知兵力虚实，更不知从哪里防守。

叛军果然如张巡所料，看到唐军从四面八方杀了出来，以为中了埋伏，顿时大乱不已，急忙向后撤去。张巡乘胜追击，杀了数百敌军，才又返回城中。

备受打击的令狐潮终于学聪明了，他也不直接攻城，而是找来上百架投石机，对着雍丘开始疯狂轰炸。

由于雍丘只是一个小小的县城，城墙不高，也不结实，所以，不到半天时间，城墙上的女墙（城墙上面呈凹凸形的小墙）就被全部轰塌了。

叛军见状，以为攻城的最佳时机到了，又一次发起了总攻，纷纷扛着云梯朝着城墙爬了上去。

刚开始时一切都很顺利，城墙上虽然时不时地掉下来一些石头、滚木，但是密度明显不够。叛军一个个激动不已，爬得更加卖力了，都想"先登"。

但是爬到一半的时候，他们突然发现周围的空气开始燥热起来，起初他们还以为是自己身体虚弱所致，但等他们抬头一看，才发现原来唐军士兵正一手拿着沾了油的稻草火把，一面露着满口白牙对着他们呵呵冷笑。

不知道谁喊起了"火、火、火……"，雍丘城下转眼之间就变成了大型烧烤现场，刚刚还一身冷汗的叛军已被烧得滋滋冒油，惨不忍睹。

令狐潮急忙鸣金收兵，再次向后退去。张巡根本不给他从容撤退的机会，又带着一队骑兵冲了出来，杀死了数百敌军。

当天晚上，张巡精神焕发，再接再厉，又派出一队骑兵去偷袭敌营。叛军哪里会想到，白天已经挨了两记闷棍，晚上还有一记，所以再次被闷杀了几百人。

双方就这样你攻我守，你退我追，一直互砍了六十多天，历经大小三百余战。令狐潮使出了浑身解数也打不进雍丘城内，只好率军撤了回去。

哪知道，张巡得知叛军要撤，又率军在后面用刀剑送他们一程。与前几次相比，张巡这一次打得格外生猛，不仅杀死了几千叛军，还顺道俘虏了两千多人，差一点就活捉了令狐潮。

死里逃生的令狐潮彻底地被打怒了。不带这么打人的，我可有四万人啊，你起码得给我点脸面吧。

于是，退到半路的令狐潮竟不退了，转过身又回到雍丘城下，这一次，他是王八吃秤砣铁了心，一定要拿下雍丘城。

要脸归要脸，可令狐潮还是有一点自知之明的。通过前几次的对决，他知道自己根本不是张巡的对手，所以，他改变了战法，准备诱降张巡。

由于他们两个人之前就认识，还有一定的交情，所以，令狐潮单枪匹马跑到雍丘城下，以老朋友的身份和张巡聊起了家长里短。

张巡自然知道对方的意图，为了拖延时间，他也就陪着令狐潮聊了起来。两个人从相遇聊到了相识，又聊到了张巡把令狐潮的老婆杀了，聊得不亦乐乎。

令狐潮见感情已经到位，就趁机劝道："天下已亡，足下何必坚守危城？"

张巡哈哈大笑回了一句："足下平生以忠义自许，今日之举，忠义何在？"

令狐潮听罢，心中暗骂，老子啥时候以忠义自许过，你竟然给我戴了顶这么大的高帽子。得，我走还不行嘛。

令狐潮退回之后，便在雍丘周围驻扎下来，啥事也不干，专门劫雍丘的粮食，直到756年六月八日之前，双方没有再发生过激烈的战斗。

现在，我们再来看第二路叛军的情况。

当时驻守叶县的唐军将领叫作鲁炅，曾在陇右跟着哥舒翰攻下过吐蕃的石堡城以及河曲等地，深受哥舒翰的信赖与赏识。

当年颜真卿出使陇右的时候，曾问过哥舒翰："您从郎将升到节度使，有没有发现过像您这样的人才？"哥舒翰就指着鲁炅说："这人将任节度使。"

安史之乱爆发之后，鲁炅正好也在京城，李隆基便让他担任御史大夫、南阳节度使，率领五万大军驻扎在叶县北面，以防备安禄山。

鲁炅上任之后，没有躲在城里固守，而是将军队拉到了叶县以北的滍水（今沙河）南岸修筑营寨，准备御敌于叶县之外。

一到滍水，鲁炅就命令士兵四面挖沟，能挖多深就挖多深，将军营修得如铜墙铁壁一般。挖沟的效果很明显，双方一直在河边对骂了两三个月，叛军也没有渡过滍水。

当年五月，唐军其他将领见叛军的士气已弱，便纷纷请战，准备偷袭敌军一把，但是鲁炅觉得时机还不成熟，就没有同意出击。

正当唐军犹豫不决之际，毕思琛却带人悄悄地绕到了唐军的右侧，趁着东风放了一把大火。火借风势，风助火威，一时间烟雾弥漫，火光冲天，唐军营中顿时乱成了一团。

鲁炅急忙组织唐军抵抗，但为时已晚，士兵们根本不听劝阻，纷纷往军营外面逃了出去。

叛军等待的就是这个时机，他们对着逃跑的唐军万箭齐发，一时之间，惨叫震天、横尸遍野，五万人全军覆没。只有鲁炅狂逃三百里，跑到了下一个军事重镇南阳。

李隆基听闻南阳丢失，大惊失色，因为南阳一丢，后面就是襄阳和荆州，叛军如果打到南方，整个唐朝的财政就会土崩瓦解。所以，李隆基急忙令驻守在颍川（今禹州）的大将来瑱，担任南阳太守，以阻止叛军南下。

来瑱出生于将门世家，老爹来曜曾担任过安西副都护，在西域名声很大。受父亲的影响，来瑱从小就智谋超群，精通骑射，善于用兵。

安史之乱爆发时，他和郭子仪一样正在家里守孝。听到朝廷的调令，他立刻赶往颍川，担任颍川太守。

他前脚刚到颍川，叛军后脚就杀到了城下。见惯了大世面的来瑱非常淡定，不慌不忙地站在城头，拿起弯弓就朝着叛军的领头羊射了过去，一箭、两箭、三箭……叛军一个个应弦而倒，不敢再攻城。

后来，安禄山又派毕思琛前去劝降，但是来瑱根本不为所动，只要看见叛军，他就是一通海扁。几个月内，他把周围的叛军打得一个个哭爹喊娘，因此赢得了一个"来嚼铁"的外号。

让来瑱去镇守南阳，李隆基的意思很明确，就是颍川不要了，只要守住南阳，不让叛军南下就行。

但就在来瑱准备动身之时，南阳那边又传来了一条好消息。

鲁炅虽然丢失了五万大军，但他不愧为哥舒翰所器重的将领，到达南阳之后，他竟然凭借几千守军，连续打退了叛军的多次进攻，将南阳牢牢握在自己的手中，已经不需要来瑱接任了。

于是，来瑱又留在了颍川，而鲁炅则官复原职，依然坚守在南阳。

以上情况，就是756年六月八日之前，整个大唐的战争局势。我们再来回顾一下，大概可以分为三路进攻，三路防守：

进攻一：刘客奴、董秦等人搞定了安禄山的大后方平卢，并率军直逼安禄山的老巢范阳。

进攻二：郭子仪、李光弼等人将史思明牢牢地围困在博陵，史思明没有任何翻盘的可能。

进攻三：颜真卿已经拿下魏州，正准备进攻太行山滏口陉，与驻扎在上党的唐朝大将程千里会合。

防守一：哥舒翰率二十万大军守在潼关，保卫长安。

防守二：张巡率领两千多人守在雍丘，阻止叛军南下淮河流域。

防守三：鲁炅率领几千人守在南阳，阻止叛军南下襄阳、荆州。

以上六路，前面三路越打越猛，大有燎原之势，乐观估计，再过两三个月时间，他们就能收复整个河北。

后面三路，雍丘和南阳守得最为艰难，但后来的事实证明，张巡和鲁炅都是一等一的猛将，面对数倍于己的敌军，他们打得虽极为惨烈，但是全都守了一年有余。

只有潼关这一路，守得最为轻松，不仅有二十万大军，还占尽了天时、地利。随便放一个将领上去，只要坚守不出，叛军就不可能攻破潼关。

所有人都是这么想的，连安禄山也是如此。看到全国战局急转直下，安禄山惊恐不已，把几个心腹召集起来大声骂道："多年以来，你们一直怂恿我造反，认为万无一失，可如今，西边潼关紧闭，北方道路断绝，南下走投无路，我们只能困守洛阳，哪里来的万无一失？从今以后，你们不要再来见我！"

几天之后，郁闷至极的安禄山又把心腹召集起来，准备拟定丢弃洛阳、退回范阳的计划。

但就在唐军即将胜利的前夕，就在数十万将士在前线浴血奋战的时候，固若金汤的潼关偏偏发生了意外，最高层的那群领导，竟然开启了内斗模式。

一百四十四　潼关失守，李隆基和哥舒翰谁的责任最大

潼关的政治内斗是哥舒翰首先发起的，他上任之后，由于身体原因，把军事机要全部交给了骑兵主管王思礼和步兵主管李承光。但是，他却用省下的力气挑起了政治斗争。

当时的朔方节度使安思顺，因为大义灭亲，提前举报过族兄安禄山会造反，所以并没有被李隆基杀掉，只是被调到京城担任户部尚书。

哥舒翰因为一向讨厌安思顺、安禄山兄弟，所以，他决定利用大权在握之机除掉安思顺（知重兵在己，有所论请，天子重违）。

他让人伪造了一封安禄山写给安思顺的信，说是在潼关截获的，还上书列举了安思顺的七条大罪，要求李隆基杀了安思顺。

这时候李隆基的疑心本来就大，再加上哥舒翰手握重兵，又需要稳定军心。所以，李隆基就顺水推舟，把安思顺及其弟弟安元贞全杀了，并把他们的家人流放边疆。

但是接下来的历史记载又出现了分歧：

《旧唐书》说，这时候又有人劝说哥舒翰："禄山阻兵，以诛杨国忠为名，公若留兵三万守关，悉以精锐回诛国忠，此汉挫七国之计也，公以为何如？"哥舒翰"心许之，未发"。

如果按《旧唐书》所说，哥舒翰这时候其实已经有了反心。

要理解这个，我们得先看一下什么是"汉挫七国之计"？

当年晁错劝说汉景帝削藩，吴楚七国就以"诛晁错，清君侧"的名义发动了叛乱。窦皇后的侄子窦婴、大臣袁盎、丞相陶青等人全都要求汉景帝诛杀晁错，以便早日平息叛乱。

汉景帝为了让七国失去反叛的借口，当然，最重要的是为了内部的团结（周亚夫、窦婴等军功集团的代表都和晁错不和），便下诏将晁错腰斩于市。但是，七国军队并没有因此退兵，最后还是被周亚夫平定了。

不知道大家看出来没有，这里的"汉挫七国之计"有两个要点：

第一点，汉臣们是用和平的方式，劝说汉景帝杀了晁错，而不是兵临城下逼着汉景帝杀的晁错。

第二点，杀了晁错，对叛军的士气没有丝毫影响，最大的受益者是以窦婴、周亚夫为首的军功集团。因为西汉的丞相一般由军功集团成员担任，而晁错不属于军功集团，却当上了御史大夫，如果不出意外，接下来他就要担任丞相，这是军功集团绝不希望看到的。

人家汉臣是进谏，你却想着兵谏，性质能一样？

杀晁错受益最大的是当时的军功集团，杀杨国忠受益最大的又是谁呢？

所以，他们所说的"汉挫七国之计"只是为哥舒翰造反找的一个借口罢了。古往今来，哪一个打着"清君侧"旗号出兵的人，是真的为了清君侧？

一个也没有啊！

哥舒翰听了这个建议竟然"心许之"，只不过"未发"而已，这不是有了反心，还是什么？

在《新唐书》里，哥舒翰的形象则好了一点。

有人劝说哥舒翰："禄山本以诛国忠故称兵，今若留卒三万守关，悉精锐渡浐水诛君侧，此汉挫七国计也。"王思礼也来劝他这么做，但哥舒翰"犹豫未发"。至于有没有"心许之"，作者并没有提及。

在《资治通鉴》里，哥舒翰的形象就变得高大上起来，不仅没有允许这么做，还明确地反驳了这种想法：

王思礼密说哥舒翰，让他诛杀杨国忠，但是"翰不应"。王思礼又请求派三十个骑兵回去，把杨国忠劫持到潼关，然后再杀了杨国忠。哥舒翰也不同意，并说："如此，乃翰反，非禄山也。"

这三种记载，我个人以为《旧唐书》更靠谱一些，《资治通鉴》最不靠谱。不是因为我不相信哥舒翰的人品，而是因为我不相信王思礼会那么傻，请求派三十个骑兵回去劫持杨国忠。

三十个骑兵咋劫持？那可是帝国的首都长安啊，别说三十个骑兵，就是出动三百个骑兵，你也劫持不了宰相。退一万步讲，即便劫持成功了，这些骑兵怎么带着人质逃出长安城？

所以，这个方案必然要失败，只要王思礼的脑子没生锈，他就不会这么做。

不管大家相信哪一种说法吧，反正最后的结果就是，"清君侧"的密谋很快就泄露了。

杨国忠知道以后吓出了一身冷汗，急忙劝说李隆基先招募了三千精兵，在京城日夜训练，又招募了一万新军屯驻灞上，由心腹杜乾运统率，名义上是为了抵御叛军，实际上是在防备哥舒翰。

哥舒翰听说之后，害怕杨国忠在背后捅自己一刀，就上表李隆基将灞上军队的指挥权夺了过去。

756 年六月一日，哥舒翰又把杜乾运叫到潼关，随便找一个理由杀了。

杨国忠因此极为恐惧。李隆基具体什么反应，我们不得而知，但他肯定也非常恐惧。

你已经掌握军权五个月了，在这段时间里，你完全可以训练出一支精兵，但你不管军务，把一切机要都交给了手下，以至于军心涣散。好在你守住了潼关，所以我可以忍。

你依仗兵权在手，诬陷安思顺谋反，捏造人家七宗罪，鉴于安定军心的需要，我也可以忍。

有人密谋"清君侧"，你态度暧昧，而且没有告发，这就是欺君之罪，放在平时，绝对要灭三族。但是你没有行动，我依然可以忍。

杨国忠为了防备你，招募了一万士兵屯驻灞上，你以为这只是杨国忠的想法吗？"清君侧"啊，我不能防备一下吗？

你为了自身的安全考虑，让我将灞上的军权交到你的手中，为了大局的考虑，我又忍了。

但是，你怎么可以不经过我的同意杀掉杜乾运？今天你敢杀掉杜乾运，明天你就敢杀掉杨国忠，我的担忧你怎么不考虑一下呢？

所以，笔者以为，从这一刻开始，李隆基就不敢再相信哥舒翰了。如果再让哥舒翰带着二十万大军把守潼关，搞不好他的野心就会越来越大，真的上演"清君侧"的悲剧。

就在这个时候，恰好有探子来报，安禄山的手下大将崔乾祐（就是他打败封常清，夺取了洛阳城），仅带了四千老弱病残守卫在陕郡。

于是，李隆基就开始不断派人催促哥舒翰出关作战，以收复陕郡甚至洛阳。

有人可能要问了，李隆基既然怀疑哥舒翰的忠心，为什么不换掉他或者直接杀了他，非要让他出关作战呢？

其原因应该有三点：

第一点，李隆基可以杀哥舒翰，但是承担不起杀掉哥舒翰的后果。

因为李隆基已经杀了高仙芝和封常清，再除掉哥舒翰的话，肯定没有人敢再担任统帅了。或者说，即便有人敢继任，鉴于前两任的悲惨结局，第三任肯定会造反。

第二点，李隆基可以换了哥舒翰，但是哥舒翰肯定不会放权。

且不说"清君侧"的事情，就能要了哥舒翰的命，就是杨国忠也不会放过哥舒翰。他们的矛盾已经公开化，哥舒翰只要丢掉军权，以后绝对不会善终。所以，李隆基如果敢罢免他，他绝对不会放权，结果很有可能就是兵变。

第三点，逼迫哥舒翰出关作战，对李隆基最有利。

事实证明，叛军还是可以战胜的。郭子仪、李光弼、颜真卿、张巡、来瑱，这些战绩远不如哥舒翰的人，都能打败叛军，按道理讲，哥舒翰应该也具备这种实力。

更何况，潼关有二十万大军，虽说这些士兵不都是精锐，但至少有七八万精锐，如河西、陇右的十五万边防军，安西的四万多边防军，已有相当多的一部分赶到了潼关。

另外，颜真卿、张巡、来瑱手下的士兵哪一个是精锐？尤其是张巡，手下全是临时拼凑的乌合之众，照样打退了叛军的进攻。

而陕郡（今三门峡）只有四千叛军，就算是四万，以哥舒翰的能力，带十万人或者十五万人也够了，潼关至少得留五万兵马吧。等哥舒翰出关之后，李隆基就可以派人接管潼关（后来李隆基派李福德带领监牧军去了潼关）。

如果哥舒翰在前线打了胜仗，一来证明了他的忠心，二来中间隔着潼关，李隆基也会觉得安全些。

如果哥舒翰打了败仗，潼关也不至于失守，留守的五万人，加上灞上的一万人坚守潼关也够了，依然能保证长安的安全。更何况，当时还有一些军队，正在赶往潼关的路上。

综上所述，李隆基逼迫哥舒翰出战，不能完全算昏庸，如果我们是李隆基，估计也不会比他做得更好。

哥舒翰一方面看透了李隆基的心思，另一方面根据战况拒绝了出关的命令，他上奏道：

"安禄山善于用兵，现在刚开始造反，怎么可能没有防备？陕郡的弱兵必然是引诱我出战，如果真的派兵攻打，势必中计。逆贼远来，利在速战。我军占据险要位置，利在坚守。叛贼暴虐，不得民心，过段时间军势必然衰微，爆发内乱，到时出兵，一战可擒。况且向全国各地征调的军队，还有很多没到潼关。还望等一段时间再出关作战。"

但是事情已经到了这个地步，哪里还容得哥舒翰拒绝。李隆基并没有搭理他，而是派出了更多的使者（相背相望）催促哥舒翰出战。

六月四日，也就是哥舒翰擅自杀掉杜乾运的第三天。被逼无奈的哥舒翰只好拍着胸脯痛哭一场，率领大军向着陕郡杀了过去。

但让李隆基没有想到的是，哥舒翰竟然把二十万大军几乎全部带走了。他为什么没有留下四五万人驻守潼关，以防万一，史书中也没有记载。

不过通过以上分析，笔者以为可能性大概有两个：

第一个，哥舒翰认为多多益善，带兵越多，越有利于攻下陕郡。

第二个，哥舒翰害怕李隆基派人到潼关夺了他的兵权，要死大家一起死。

大家愿意相信哪个，就相信哪个吧，这里就不作判断了。

六月七日，唐军终于在灵宝西原遇到了崔乾祐所率的叛军。

灵宝西原在秦汉之际（就是函谷关的所在地），北临黄河，南临高山，中间只有一条七十里的狭长地带可以通过，可以说是一夫当关，万夫莫开。崔乾祐得知唐军出关之后，早就占据有利地形，并在原上藏好了伏兵，只等唐军来攻。

六月八日一早，哥舒翰坐着船到黄河中间视察敌情，看到崔乾祐的士兵三三两两的散布在原上，最多只有一万人，他一下子就忘了几天之前自己给李隆基上书时说过的话："陕郡的弱兵必然是引诱我出战，如果真的派兵攻打，势必中计。"

立功心切的哥舒翰，立刻让王思礼带了五万精兵在前方开路，庞忠带了十万大军在后面接应，自己则带了三万人，跑到了黄河北岸的山丘上，一面击鼓助威，一面指挥对面的十五万人作战。

两军交战之后，崔乾祐再次派出老弱病残当作前锋，还没有打几下，便佯装失败跑进了峡谷之中。

唐军再次上当，跟着就冲了进去。结果刚冲到半路，山上伏兵四起，滚木、石头如同暴雨一般，朝着唐军的头上砸了过去。

由于道路狭隘，士兵众多，唐军根本没有回旋余地，只能等着挨揍。

哥舒翰见状，急忙组织一批士兵推着战车，试图火速通过峡谷。但是，崔乾祐早有准备，他立刻点燃几十辆装满干草的战车，堵在了唐军前面。更不幸的是，这时候天公不作美，又刮起了东风。

风借火势，火助风威，整个峡谷之内顿时烟雾弥漫，唐军根本看不清叛军位于何方。情急之下，唐军赶紧集合了所有的弓弩手，向着前方的烟雾疯狂射箭。

一直到傍晚时分，浓烟才全部消散，但唐军的箭也已经射完了。这时候他们才发现，烟雾之中根本没有一个叛军。相反，他们的身后出现了大批的叛军。原来就在他们疯狂射箭的时候，叛军早已绕到了后方。

崔乾祐一声令下，叛军两面夹击。唐军如同风箱里的老鼠，前后不能相顾，左右不能相援，只好跳进黄河向对岸游了过去，但黄河岂是一般人能游得过去的？十五万大军，就这样或被杀、或被淹，几乎全军覆没。

站在北岸擂鼓加油的三万唐军见状，一下子就慌了阵脚，还没有等敌军打过来，就开始向着潼关疯狂逃窜。

以前为了防备叛军，潼关的前面挖有三道又深又长的壕沟，这些士兵由于逃得匆忙，又有一大部分人掉了进去，他们的尸体很快就填满了整个壕沟。

哥舒翰见大势已去，也迅速加入了逃窜的大军，他带着几百名骑兵，狼狈不堪地逃回了潼关。清点完人马，二十万大军，仅仅剩下了八千人。

第二天一大早，崔乾祐带着叛军主力攻下了潼关。

哥舒翰又急忙跑到关西驿，贴出榜文准备召集残兵败将，再和叛军一战。但就在这个时候，一个名叫火拔归仁的唐朝胡将，带着一百多名骑兵，将哥舒翰绑了起来，向东投降了叛军。

哥舒翰被带到洛阳之后，安禄山大喜过望，以极为傲慢的态度问道："你以前一直都看不起我，今天又当如何？"

所有人都以为哥舒翰会反抗一下，但他却立刻跪了下去答道："臣肉眼凡胎，不认识圣人。如今天下还没有平定，李光弼、鲁炅以前都是臣的部下，陛下不要杀臣，臣可以写信招降他们。"

安禄山一听，顿时两眼放光，没想到啊，眼前这个浓眉大眼的赫赫名将，竟然就这么轻而易举投降了。他立刻把哥舒翰任命为司空、同平章事，并以"不忠"的罪名，杀掉了把哥舒翰绑过来投降的胡将火拔归仁。

哪知道李光弼、鲁炅等人收到招降书之后，纷纷回信大骂哥舒翰不忠不义，老而不死。安禄山听说以后，大为失望，便把哥舒翰软禁了起来。一年之后，当唐军收复洛阳的时候，哥舒翰终于被安禄山的儿子安庆绪所杀，终年五十四岁。

纵观哥舒翰驻守潼关以后所犯下的种种错误，笔者认为潼关失守，李隆基固然有错，但哥舒翰的责任也得占一半以上。

掌握兵权后，他不专心治军，却搞起了内斗，冤死了安顺思。

他本来和杨国忠的关系很好，却把内斗的矛头指向了杨国忠，密谋"清君侧"。虽然没有付诸行动，但由于他擅自杀了杜乾运，引起了李隆基和杨国忠的恐慌。

领军出征时，他将二十万大军全部带出潼关，没有留下预备队，这是兵家之大忌。当时他到底是怎么想的，非常值得商榷。

两军对垒时，他又轻视敌军，贸然前进，让二十万大军死伤殆尽。别说那二十万大军里有很多新兵，就算全部都是精锐，按他那种打法，也得全部报销。被称为"纸上谈兵"的赵括，面对战神白起都没有败得这么迅速。

潼关失守后，他又投降叛军，卑躬屈膝，跪地求饶，还主动招降旧部，毫无血性之气，更无忠义可言。

强梁者不得其死，他以内斗整人，又因内斗而死，说实话，这样的人，愧对名将的称谓，就像李隆基愧对明君的称谓一样，并不值得我们为之扼腕叹息。

一百四十五　杀了杨贵妃，李亨为何还能登基称帝

755年六月九日潼关失守，六月十二日，李隆基下发诏书宣布御驾亲征。

第二天黎明时分，百官正准备上朝，跟随李隆基前去抵御叛军，但是走到宫门口，他们才惊讶地发现，皇帝缺了大德，原来所谓的御驾亲征只不过是上坟烧报纸——糊弄鬼。

李隆基一大早便带着几千名御林军以及个别老婆孩子（注意，是个别，丢下了一大群），偷偷溜出了长安城，向着四川逃窜而去。

由于出逃仓促，加上沿途官吏百姓已经提前跑路，所以李隆基一行跑得极为狼狈。狂飙了一天，贵为皇帝的他只能吃一些陕西特产——开水泡馍，皇子皇孙们则连碗都没有，只能用手捧着一些粗茶淡饭吃，而且吃不饱。至于士兵们，就只能自力更生，一切随缘了。

十四日，经过两天的逃窜，这群饥肠辘辘的高级难民，终于抵达了著名的旅游景点——马嵬坡。

太子李亨不愿意再跑了，因为四川是杨国忠的势力范围（杨国忠兼剑南节度

使），而杨国忠一直都是李亨的死敌。

李亨的好朋友皇甫惟明就是被杨国忠诬告而死的。几个月前，这两人还闹过一场矛盾。安禄山攻破洛阳，李隆基心灰意冷，准备提前把皇位传给李亨，但是杨国忠却联合杨贵妃阻止了这场本来可以改变历史的禅让行为。

所以，如果李亨到了四川，杨国忠必然会对他痛下杀手。

另外，四川历来都是自保之域，不是进取之地。如果皇帝、太子全部跑到四川，必将失去北方民心，叛军一旦切断蜀道，再想打出来就难于上青天，大唐将失去半壁江山。相反，如果打着平叛的旗号跑到北方，就能让前线的士兵看到希望，赢取民心，一呼百应。

一边是自寻死路，一边是前途光明，已经四十六岁，当了二十年太子的李亨，就像被饿了几天的孩子看见了奶嘴一样，决定拼了老命也要嘬——继承祖先们的优良传统，发动兵变，放手一搏。

恰好此时禁军龙武大将军陈玄礼，也产生了兵变的想法。

四十多年前，陈玄礼追随李隆基发动了唐隆政变，为李家夺回了皇权。他看着大唐从动乱变得安宁，他看着国家从衰败变得富强，他为当初自己参与了政变而自豪。

但是，在随后的几十年里，国家一步一步地衰亡和沉沦又让他痛心不已。在他看来，这一切都是杨国忠一手造成的，只有杀了杨国忠，才能解天下之恨。

另外，饿了两天的御林军这时候也怨声极大。这群本是吃皇粮、铁饭碗、老婆孩子热炕头的兵哥哥，如今却有家不能回，顿顿都挨饿。不把罪魁祸首杨国忠杀了祭天，再饿两天，他们估计也要跑路或者哗变了。

所以，陈玄礼决定提前下手。他主动找到李亨的贴身太监李辅国，将兵变计划汇报给了李亨。

《资治通鉴》记载，李亨听完之后，一直犹豫不决（太子未决）。但是这种冠冕堂皇的话，大家听听就行了。领导干脏活、累活的时候，哪一个会直接挑明？一个眼神、一个动作就已经足够了。事情干成了，那叫指挥有方，事情搞砸了，那是部下擅自行动。

看到太子的反应，陈玄礼便心领神会地带着一帮人向杨国忠的营帐扑了过去。等见到杨国忠的时候，恰好有二十多个吐蕃的使者正围着他讨要粮食。于是，陈玄礼一边贼喊捉贼，"杨国忠与胡虏谋反"，一边弯弓搭箭，向杨国忠射了过去。

片刻之间，杨国忠以及杨贵妃两个姐姐的脑袋就被砍了下来。杀红了眼的陈玄礼，又带着人顺势把李隆基的驻地围了起来，要求他杀掉杨贵妃。

正在休息的李隆基大吃一惊，拄着拐杖、穿着麻鞋就慌里慌张地奔到门外，对着陈玄礼一阵好言相劝，希望他能带兵退下。

可陈玄礼不是傻子，杨国忠被自己杀了，杨玉环却依然是贵妃，等到了四川，杨贵妃不杀了自己才怪，所以不论李隆基如何劝说，他都坚决不退。

高力士害怕李隆基再犹豫下去，杀红了眼的士兵们把他也剁了，所以，也赶紧上前劝说李隆基舍车保帅。

李隆基一听沉默了，他知道高力士是对的，但他依然舍不得杨贵妃。

这个女人虽然是自己从儿子那里抢来的，听起来很狗血，事实上更狗血。这个女人虽然帮助杨国忠当上了宰相，认安禄山当了干儿子，间接导致国家大乱，但她只是一个依附于自己的女人而已，大乱终究还是自己造成的。她已经陪伴自己将近二十年了，为了自己的性命，抛弃她的性命，于心何忍啊！

不行，自己心爱的女人绝不能惨死于刀下，最起码，要保留个全尸。

沉默良久之后，李隆基终于让高力士把杨贵妃带到后面的佛堂，将其活活勒死。

从杨贵妃的个人经历看，她是一个不幸的女人。

俗话说人生一共有三大悲：幼年丧亲，中年丧偶，老年丧子，而杨玉环基本全中。

幼年丧父，十岁时她便被寄养于三叔家，这是人生第一悲。

年方二八（十六岁），她遇到了和自己一见钟情的寿王李瑁，两个人年龄相仿，情投意合，终成眷属。但是没过几年，五十五岁的老流氓李隆基就不顾公公的身份霸占了自己。这是人生第二悲，虽没丧偶，但比丧偶更加恶心。

幸运的是，李隆基对她一往情深，让她享受到了前所未有的快乐，只是老天让她不孕不育。老年丧子是人生第三悲，可老年丧子的人，起码活到了老年，而且经历过得子的喜悦，而她却没有一个儿子，被勒死的时候年仅三十七岁。

人生之悲惨，不过如此罢了。

但从历史的角度看，她又是一个罪有应得的女人。

她与姐姐韩国夫人、秦国夫人生活浮夸、奢侈无度，"一骑红尘妃子笑，无人知是荔枝来"，多少百姓因她而备受苦难。

她的堂兄杨国忠因她而飞黄腾达，把持朝纲、排除异己、陷害忠良，逼迫安禄山造反却无后续应对手段，最后酿成大祸。

安史之乱不是她的错，可是权力越大，责任越大，她享受了皇后的待遇，却没有尽到皇后的义务，这样的人，似乎也不值得同情。

一代美人杨贵妃就这样走了，高力士让人把她的尸体抬到了院中，陈玄礼也被邀请到院中。在确认杨贵妃死了之后，陈玄礼终于恢复了冷静，带领士兵磕头请罪，山呼万岁，并宣布继续效忠李隆基。

在陈玄礼看来，李隆基是一个好主子，自己已经伺候他四十多年了，是他让自己有了今天，斩杀杨国忠，只是为了回报李隆基的知遇之恩，如今杨贵妃已死，自己就应该继续效忠于李隆基。

也有另一种说法，马嵬兵变背后的主谋就是李隆基。他害怕到了四川被杨国忠控制，也害怕士兵把怨气发泄到自己身上，于是，就指示陈玄礼发动了兵变。不过，笔者不太赞同这种说法。

李隆基直接杀了杨国忠效果似乎更好，有利于团结人心，无论是朝臣还是禁军都会因此感到欣慰，也没有任何危险可言。

而兵变很不好掌控火候，万一陈玄礼起异心怎么办？或者万一禁军中的其他人趁火打劫怎么办？

李隆基此时的猜忌心已经很重了，他能拿全家老小的性命，以及大唐的天下，去赌陈玄礼没有异心吗？恐怕不会。

无论怎么说吧，陈玄礼继续效忠李隆基这个举动，让太子李亨顿时变得非常尴尬。历来太子发动兵变的最终目的肯定是控制皇帝，然后自己登基称帝，至于斩杀奸臣，只是顺便之事。

玄武门之变杀李建成是次要的，控制李渊是主要的。神龙政变杀二张是次要的，控制武则天是主要的。可是，陈玄礼却只杀了杨国忠与杨贵妃，没有控制李隆基、拥戴李亨为帝。

如果继续往四川走，李亨的太子之位恐怕是保不住了。所以，马嵬兵变之后，李亨没有敢去见李隆基，便带了两千多人，准备北上称帝，召集军队，收复两京，平息叛乱。

此时在长安周围，李亨可以依靠的还有三支边防军：陇右（今青海乐都）、河西（今甘肃武威）与朔方（今宁夏灵武）。

该去哪里，是一道要命题，犹豫了整整一天，等到傍晚时分，李亨依然没有作出决定。这时候，他的儿子建宁王李倓（tán）详细地为他分析了当前的天下局势：

"河西、陇右的士兵大都在潼关之战中投降了贼军，我们若去，他们可能会谋反。朔方距离较近，军队强盛，父亲以前当过朔方节度大使，他们每年都会准时提交工作报告，我大概还记得他们的名字。父亲到达朔方之后，可以召回郭子仪、李光弼，和他们一起收复两京、安定天下。"

其实还有一点，李俶没有说。就是朔方节度使郭子仪正率至少五万精锐在河北与史思明鏖战，后方大概只剩下了一万五千名弱兵守卫。李亨去了之后，就可以像当年刘邦夺取韩信的军队一样，直接控制这些人，以及前线五万战士的家属。挟家属以令郭子仪和李光弼，他们就算有异心，也必须回军，不敢造次。

聪明人一点就透，李亨自然也看到了这一点，等儿子说罢，他就快马加鞭，向着朔方的治所灵武狂奔而去。

不过，为了保险起见，到达距离灵武还有七百多里的平凉时，李亨就不再走了。

他先斩杀了两个弃城逃跑的太守，初步树立了自己的威信。又召集了一千多名士兵以及几万匹战马，增强自己的实力。

最重要的是，他在这里撞了两次大运。

第一个大运是遇到了裴冕。

此人出身于河东裴氏，与大唐开国宰相裴寂是同族，家族影响力巨大。当时他正担任河西的二把手——行军司马，算是河西八万边防军的代言人之一。一见到李亨，裴冕就意识到属于自己的机会来了，果断把李亨当成了新的主子。

第二个大运是遇到了朔方军留后杜鸿渐。

此人出身于濮阳杜氏，进士及第，郭子仪带主力出征后，他担任了朔方军留后。

他听说裴冕投靠了李亨，便以为整个河西的军队都已经效忠李亨。于是，他也急忙派一名使者把朔方的士兵、甲胄、军需等一切情况，全部汇报给李亨，并亲自带领百官到平凉附近迎接李亨北上灵武。

看到杜鸿渐前来，李亨悬着的心终于放了下来，河西、朔方都支持自己了，证明自己的帝位已经有了保障。所以，他立刻带着所有士兵于当年七月九日到达了灵武。

三天之后的七月十二日，中国历史上演绎过无数次的谦让游戏又开始了。

李亨按照传统流程，在假模假样地拒绝了五次之后，终于答应了裴冕和杜鸿渐的请求，在灵武登基称帝，改年号为至德，尊李隆基为太上皇，并向全国各地派出六路使者：

第一路，前往四川，向李隆基通报自己已经在灵武登基称帝，父亲您该交权了。

李隆基收到消息后倒也爽快，立刻交出了所有权力，并让韦见素、房琯、崔涣等人拿着传国玉玺到灵武传承皇位。

第二路，前往河西，命令河西节度副使李嗣业率军前来灵武助战。

在李亨看来，河西二把手裴冕都效忠自己了，李嗣业肯定会毫不犹豫地带兵前来。但是河西节度使梁宰与李嗣业此时已经有了一些异心，他们决定观望一下，再做打算。

就在这个决定历史走向的时刻，在怛罗斯之战中大骂李嗣业"率先逃走，是为不勇；弃军保己，是为不仁"的段秀实又一次站出来挽救了大局。

他对着李嗣业大骂道："岂有君父告急，而臣子观望之事，你常自称为大丈夫，如今看来只不过是一个女人罢了。"

和上一次被骂醒一样，李嗣业一听这话，又立刻转变了想法，急忙向梁宰要了五千精兵和段秀实一起赶往灵武。

第三路，前往安西，命令安西行军司马李栖筠派军前来灵武助战。另外，西域其他国家，前来灵武助战者，都可以得到重赏。

李栖筠出身于赵郡李氏，自幼父母双亡，生活艰苦。但他喜爱读书，知识渊博，庄重寡言，后来考中进士，进入了官场。

几个月前，封常清入朝之时，让他担任了监察御史，兼行军司马。他在历史上的名声不大，但他的政治觉悟很高，在收到诏令之后，立刻挑选七千精兵，亲自带队火速赶往了灵武。

另外，拔汗那（今吉尔吉斯斯坦）、大食（阿拉伯帝国）等国，也都派出军队，赶往了灵武。

第四路，前往回纥，以攻占长安之后"土地、士庶归唐，金帛、子女皆归回纥"的条件，换取回纥出兵相助。

面对如此诱人的条件，回纥怀仁可汗立刻让儿子带领四千多名精兵强将赶往大唐。可能是因回纥派军太少，所以，攻下长安之后，当时的太子李豫制止了他们的抢掠行为。不过打下洛阳之后，回纥军却把洛阳的财产抢夺一空（及收东京，回纥遂入府库收财帛，于市井村坊剽掠三日而止。财物不可胜计）。

第五路，前往江南，任命敛财高手第五琦（姓第五）为监察御史、江淮租庸使。

此人也是自幼父母双亡，与哥哥相依为命。可能从小就得赚钱养家，所以学得了一手敛财本领。

到达江南之后，他推行了榷盐法，把全国各地，无论是山区还是沿海的盐井、盐灶，全部收归官有，并只允许官府运送和买卖，从而保证了安史之乱那几年里李亨的所有用度开支。

第六路，前往河北，任命郭子仪为同平章事（宰相）、武部尚书（兵部）、灵武长史带领精锐赶回灵武。

任命李光弼为同平章事（宰相）、户部尚书、北都留守（太原），撤回太原防守。

任命颜真卿为工部尚书兼御史大夫、河北招讨使，全权负责河北的平叛事宜。

　　派出六路使者以后，李亨又开始在原地广揽人才、招兵买马、积极备战。八月，郭子仪的五万朔方军赶回灵武，在随后将近一年的时间里，河西、安西、回纥、大食等地的十五万大军，也相继赶到了朔方。

　　唐军终于又一次恢复元气，为收复二京做好了充足的准备。

　　就让他们先在那里准备着吧，利用这个时间，我们先回顾一下，在潼关失守之后，其他五路的战况发生了哪些改变：

　　第一路，郭子仪、李光弼回军之后，常山郡能否抵挡住史思明的进攻？

　　第二路，率军直逼安禄山老巢的刘客奴与董秦等人，又搞出了什么动静？

　　第三路，正准备进攻太行山滏口陉的颜真卿，能否担当起平定河北的重任？

　　第四路，带领几千人守卫在南阳的鲁炅，是否还能守住南阳？

　　第五路，带着三千多人，打退了数万叛军几个月疯狂进攻的张巡，是否还能继续创造奇迹？

一百四十六　安史之乱，江南为什么没有乱

郭子仪退回灵武、李光弼退回太原之后，被围困在博陵（今河北定州）只剩下最后一口气的史思明，瞬间体会到了"山中无老虎，猴子称大王"的快感。

随后，他乱挥一通王八拳，唐军在河北的全面攻势，开始转变为全面败退。

最先倒霉的是刘客奴与董秦，他们率领唐军连胜一千里，从平卢（今辽宁朝阳）打到安禄山老巢范阳的时候，史思明刚好被从博陵放了出来。他急忙带领叛军，北上营救范阳，刘客奴被打得措手不及，死伤七千多人，扔下老婆孩子，率军返回了平卢。

但是在返回的途中，唐军发生了内讧，一个叫王玄志的人把刘客奴毒杀了。幸运的是，王玄志只是为了夺权，他也效忠朝廷，后来他还多次打退叛军的进攻，守住了平卢。

解救了范阳之后，没有后顾之忧的史思明便将矛头又一次指向了常山。

当时驻守常山的只是一些地方保安队，根本不是史思明的对手。而常山太守王俌又是一个见风使舵的家伙，他刚看到史思明的大军，就准备举手投降。

但他手下的将领们却是一群不愿做亡国奴的勇士，借着打马球的机会，他们直接把王俌踩成了肉泥。

随后，他们坚守城池、英勇杀敌，续写了当年颜杲卿忠君爱国的光辉事迹，让常山这座古老的城市增添了一些传奇。

可惜在绝对实力面前，一切精神的力量都不堪一击。十天之后，常山还是被叛军攻了下来。史思明对他们的反抗大为恼火，为泄私愤，直接斩杀了几千名俘虏。

在随后的几个月里，赵郡、信都、景城、清河、博平、乐安以及坚守了整整一年的平原、饶阳等郡全部被史思明各个击破。

景城太守李暐（wěi）战死；饶阳太守李系投火自杀；饶阳裨将张兴被俘之后宁死不屈，最后被绑在木板上活活锯死。颜真卿见大势已去，只好丢下平原，渡过黄河逃到了凤翔拜见李亨。

至此，河北二十三郡基本落入叛军之手，再无后顾之忧的安禄山便将注意力转向南方，而坚守了一年的南阳和雍丘即将迎来最后的时刻。

潼关失守之后，成为俘虏的哥舒翰认为鲁炅是自己的老部下，便写了一封亲笔信，希望他能够认清大势，投降叛军。但是，鲁炅看到信后，直接把信扔到厕所当厕纸，根本不为所动，依然带着几千名残兵败将坚守在南阳。

安禄山大怒不已，便让手下大将武令珣率领精兵数万前来攻城。叛军连攻了几个月，南阳依旧坚若磐石。

被逼无奈，安禄山只好中途换帅，让田承嗣接替武令珣的职位，接着攻城。

田承嗣，平州卢龙（今河北卢龙）人，为人剽悍，骁勇善战，治军严整，是安禄山手下能打的大将之一。安禄山起兵造反之后，他一直担任前锋，而封常清当年为何败得那么惨，很大一部分原因是拜他所赐。

面对这种猛将，鲁炅依然和之前一样，毫不畏惧，拼死抵抗，几个月下来，叛军仍然不能前进一步。

田承嗣见久攻不下，只好使出了最后的笨方法——围，打不死你，就围死你，等粮食吃完了，看你还不投降。

不久之后，南阳城中的粮食果然耗尽了。米价上涨一万倍，卖到了五万钱一斗，但基本属于有价无市，根本买不到。

可是鲁炅依然坚守如故，不愿弃城逃跑。因为南阳是叛军从洛阳南下荆州的第一个军事重镇。从洛阳到南阳运粮不便，需要先走三百里汝河水路到叶县，再走三百里陆路才能到南阳。而一旦打通了南阳，再到襄阳、武汉则全部都是水路，运粮的效率将会大大提升，叛军的实力也将大大增强。

为了解决口粮问题，鲁炅只好忍着恶心，干了一件听起来非常恶心、做起来更加恶心的事——吃老鼠，厨房、厕所里的那种大黑鼠。

但城里的老鼠也是有限的，在吃了几天之后，老鼠的价格都涨到了四百钱一只，是和平时期一斗小米价格的八十倍。

吃完了老鼠，他们又开始吃弓箭上的牛皮，牛皮吃完了，接着吃城中的树皮和草根，最后连树皮、草根都吃完了，鲁炅只好默许大家做出史上最残忍的事情——吃人（炅在围中一年，救兵不至，昼夜苦战，人相食）。

最后，连人都快死完了，走投无路的鲁炅只好于757年五月十五日晚，带领几千名士兵拼死砍杀了两天两夜，终于突围而出，逃到襄阳。

在这里，他再次书写了坚守南阳的传奇，打退了数万敌军的数月进攻，守住了江南的一片安宁，直到和中央军一起反攻洛阳。

就在鲁炅在南阳苦战的时候，坚守在雍丘（今河南杞县），阻止叛军向东南挺进的张巡则比他更加艰苦。

自从长安沦陷、李隆基外逃之后，已经和张巡打了半年，并且屡战屡败的令狐潮看热闹不嫌事大，急忙写信招降张巡，希望他能够认清大局，早日投降。

由此看来，令狐潮倒是一个心胸挺宽广的人。张巡杀了你的老婆，你不计较；张巡差点把你杀了，你还不计较，一心只想让他投降，这种宽广的胸怀，可惜用错了地方啊。

张巡接到信后，决定把信里的内容全部公开，因为即便自己不公开，长安失守的消息早晚也会传到城中。到时候隐藏在队伍里的投机分子，指不定就会整出什么幺蛾子。与其坐等毒疮自爆，倒不如自己提前挤疮。

将士们听完信中的内容，全都大惊失色，潼关二十万大军毁于一旦，一代名将哥舒翰被俘投降，高高在上的皇帝落荒而逃。连他们都打不过叛军，雍丘只有三千人，再坚守下去还有什么意义呢？

于是，有六位高级将领动摇了，表示大厦将倾、独木难支，皇帝生死不明，不如早降。

张巡看着他们的举动，百感交集。在过去的半年时间里，他们与自己同生共死，浴血奋战，都是难得的勇士啊。如今情势所迫，投降是人之常情，但是，为了国家，为了百姓，对不住兄弟们了。

张巡假装同意了他们的请求，谎称明日召集所有将士之后再商量投降之事。

第二天一大早，张巡在大堂之上挂了一幅李隆基画像，率领将士集体朝拜。这六个人还以为朝拜之后，就要出城投降。但哪知道，张巡突然脸色一变，让人把他们绑了起来，然后痛哭流涕，大骂他们的投降计划。

看到主帅如此悲情，再加上国破家亡的刺激，全军将士顿时跟着痛哭起来，纷纷恨得咬牙切齿，大骂六人的无耻行径，并将他们的脑袋砍下来，扔到了城外。

令狐潮不禁心头一紧，打又打不过，招降又无望，他也只好学起围攻南阳的田承嗣，将雍丘城团团围了起来，不放一粒粮食进去。

这一招虽然很笨，但真的特别管用。不久之后，雍丘和南阳一样也开始出现了粮荒，饥饿难耐的张巡看了看黑色的大耗子，咽了咽口水，准备一咬牙就……

但就在这个时候，他突然发现，城外不远处，刚刚停靠了叛军的几百艘运粮船。

张巡大喜，立刻心生一计。当天晚上，正是月黑杀人夜，风高放火天，张巡把军队全部集中到城南，装作要偷袭叛军。

令狐潮不知是计，急忙跟着把军队调到了城南，准备抵御张巡。就在此时，张巡又悄悄派出一千多名士兵，从城东溜到城外，在夜色的掩护下顺利冲到了河边。

这群饿得两眼直冒金星的唐军，在看到粮食之后，士气大振。随着偷袭大队长的一声令下，杀人的杀人，放火的放火，抢粮的抢粮，一个个分工明确，不一会儿便把叛军的军粮抢走了一千多斛（十几万斤），并把剩下的军粮烧得干干净净。

恼羞成怒的令狐潮拍着桌子大骂不已，第二天黎明时分，他又一次下达了对雍丘城的总攻命令。由于被玩弄得太没面子，所以，令狐潮这一次打得格外卖力，战况也格外激烈，叛军像潮水一般涌向雍丘城，唐军则不断地利用弓箭射杀敌军。

这种状况一直持续了好多天，叛军和往常一样，依旧是寸步难行。但是，好不容易吃饱饭的张巡并不舒服，因为他突然发现城中的弓箭快用完了。

粮没了可以抢，弓箭没有了，总不能也抢吧。一般人遇到这种情况，要么就是突围，要么就是投降。但张巡用实际行动告诉我们，什么才是真正的名将所为。

一天晚上，他命令士兵制作了上千个稻草人，然后又给每个稻草人套上了一件黑色的衣服，搞得大家都以为他要施法念咒、撒豆成兵。

就在大家迷惑不解的时候，他又让士兵们给稻草人绑上绳子，从城墙上慢慢往下放。

城外的令狐潮隐隐约约地看到上千个人影爬下了城墙，大惊失色，以为张巡又要搞夜袭。于是，他急忙命令弓箭手不停地向城头放箭，以期杀死这些"唐军"。

不知不觉间，叛军竟然整整射了一夜，等到黎明时分，累得东倒西歪的叛军这才惊讶地发现，原来射了一夜的全都是稻草人。更可气的是，唐军又把稻草人拉回城中，拔掉了上面的十几万支箭，射向了叛军。

"草人借箭"之后，张巡还觉得不过瘾，在随后的几天里，他故伎重演，天天晚上往城墙下放稻草人。

令狐潮见了，大骂张巡贪得无厌，把自己当猴耍。于是，他命令士兵只箭不发，只当看了一回《曲苑杂坛》。

时间一长，叛军再看到城墙上系人，还真就习以为常，不再作任何防备。

几天之后，张巡见叛军已经彻底懈怠，便精挑细选了五百名勇士，趁着夜色把他们放到城下。

叛军见了根本不为所动，以为还是稻草人。等五百名勇士溜达到他们军营里的时候，他们还在那里吃喝玩乐，说说笑笑跟没事人一样。

此时不打，更待何时。只见勇士们提起砍刀，大喊一声，就冲了进去，一边砍人，一边放火，杀得好不热闹。

叛军被吓了一大跳，谁能想到，"稻草人"也会砍人啊。所以，他们根本没作丝毫抵抗就大乱不已，自相冲撞，被践踏死伤者不计其数。

中军帐中的令狐潮，这几个月来已经练就了一身高超的逃跑本领，一听见动静，他就骑上战马，夹着尾巴一溜烟跑出了十几里。

在确定唐军没有追来之后，他才长长地出了一口气，把残兵败将们聚拢在了一起，像打不死的小强一样，第四次将雍丘城围了起来。

一百四十七　"吃人"三万，他为何还被称为大英雄

第四次把雍丘城（河南杞县）围起来的令狐潮，可能已经被张巡打蒙了，接下来的几个月里，他本就不高的智商又出现了严重的下降。

张巡见雍丘城中的木头快用完了，就对令狐潮说："潮啊，你把我围得好苦，我实在受不了了，准备走了，你只要撤退六十里，我今天就弃城逃跑。"

令狐潮一听，心中暗骂，你这是把我当傻子啊，退六十里哪够你跑的，哥哥我退八十里，你赶紧跑吧。

张巡见遇到这种二货，急忙率领城中的所有军队跑了出去，把三十里范围内的叛军军营全部拆了，将木头运回了城内。

被戏弄的令狐潮大怒不已，人和人之间怎么连一点信任也没有呢？他立刻下令第五次包围了雍丘城。

过了一段时间，张巡又对令狐潮说："潮啊，上次兄弟逃跑可不是有意骗你的，当时我是真的准备跑了，但是我的马饿得不行，才跑了几十里就跑不动了，所以只好返回了城内，至于拆你们的军营，全是兵痞子们见财起意的个人行为。

这样吧，你再给我三十匹战马，我百分之一百逃跑。"

令狐潮见张巡说得如此情真意切，竟然真的又信了，送给他三十匹战马。

张巡得到马以后，眼泪都快笑出来了，他精心挑选了三十名善于骑射的勇士，把马分给他们并命令道："明日，令狐潮肯定会来收城，你们一定要趁其不备，奋力杀敌，每人至少斩杀一名敌将。"

第二天，等了一夜也没有见到张巡逃跑的令狐潮的自尊心受到严重的打击。他气急败坏地率军跑到雍丘城下，大骂张巡两次戏弄自己，不是好人。

张巡拼尽全力憋住了笑声答道："潮啊，我真的想跑，但将士们不让我跑啊，你再等等，我一定跑。"

令狐潮这才意识到，自己又中计了，于是大怒不已，就准备攻城。但还没等叛军摆好阵型，唐军的三十名勇士就骑着战马冲了出来，左砍右杀，如入无人之境，一顿饭的工夫，就斩杀了一百多名敌军并俘虏了十四名叛将，得到了不少兵械牛马。

令狐潮只好又率军退了回去。

过了几天，令狐潮觉得次次都上当，当当不一样，实在太没有面子了，一定要让张巡也上一次当。

绞尽脑汁之后，三脚踹不出来一个屁的他，终于想到了一条毒辣的妙计。有一天，他假装以朋友的身份相约，希望张巡能走上城楼和自己唠唠嗑。

张巡觉得，以后估计还要再骗几次令狐潮，得提前维护一下和谐的关系，便准备应允赴约。

但是张巡的手下大将雷万春却认为令狐潮可能有诈，你都骗人家两次了，即便是一头猪也该学聪明了。所以，他及时挡住张巡，站到了城墙的最外侧。

令狐潮见有人过来，以为计谋已成，大喜不已，急忙让早就准备好的弓箭手朝着雷万春射了过去。一箭、两箭、三箭，连续六箭全部射中了雷万春，可是雷万春连喊一声都没有，依旧岿然不动。

令狐潮大惊失色，明明是一个人啊，怎么连动都不动呢，莫非张巡识破了自己的计谋，整了一个稻草人？他赶紧派兵前去侦查，这才知道，对方确实是一个人。

令狐潮见状长舒一口气，彻底地服了。他远远地对张巡大喊道："刚才看见雷将军如同泰山，才知道您的军令如此森严。可是唐朝大势已去，你逆天而行，又有何用啊？"

张巡哈哈大笑，冷冷地答道："你连人伦都不懂，还来谈论什么天道？"

令狐潮一声叹息，终于意识到自己的才能与勇气和张巡相比，根本不在一个档次。于是，他只好跑到陈留（今河南开封）找来了名叫瞿伯玉、李庭望和王福德的三个帮手，再来攻城。

可是这三个人依然不是张巡的对手。

756年七月，令狐潮和瞿伯玉派了四个假的使者，忽悠张巡说皇帝要诏见他，让他离开雍丘前往关中，但是计谋被张巡识破，令狐潮撤退。

756年八月，令狐潮和李庭望率领二万多叛军袭击宁陵，试图截断张巡的退路。张巡趁着夜色率领三千士兵夜袭叛军，叛军大败，死伤大半。

756年十月，令狐潮与王福德率领步骑兵一万多人攻打雍丘，再次被杀千人，大败而逃。

756年十二月，攻城彻底无望的令狐潮，再次使用围而不打的方法，在雍丘的北面直接建了一座坚城，切断了张巡的粮道。另外，他又派出几路大军，攻破了雍丘周围的几座城池，将雍丘变成了一座孤城。

被逼无奈的张巡在坚守了整整一年之后，只好主动放弃了雍丘，率领三千多人转移到了东边的睢阳。

睢阳位于河南商丘，东汉末年，曹操在此修建了一条睢阳渠，将黄河与淮河连接起来。所以，睢阳的位置极为重要，一旦失守，叛军便可乘船而下直达淮河，南方必将战火连天，百姓流离失所。

当时的睢阳太守叫作许远，是一代奸相许敬宗的玄孙。当年，许敬宗为了前途，主动投靠武则天，陷害忠良，修改史书，被钉在了历史的耻辱柱上。

但是他的这位玄孙却极为正直，曾经担任过河西与剑南的高级领导，但因为得罪了杨国忠的狗腿子，被贬为县尉。安史之乱爆发以后，他临危受命，被派到睢阳。

两人会合以后，清点了一下人马，一共有九千多人，比雍丘多了六千人，看起来还不少。但此时，叛军的势力已经发展到了顶峰，为了尽快打到南方，安庆绪（安禄山儿子）让大将尹子琦带领十几万人前来攻打睢阳，这其中还包含了突厥、奚族的大量精锐。

面对人数是自己军队十几倍的敌军，绝大多数人恐怕早就逃跑或者投降了，但是张巡和许远却作了一个匪夷所思的决定——誓与城池共存亡，因为他们知道半壁江山的安危全部压在他们的头上，退无可退。

757年一月，中国历史上最为惨烈的睢阳保卫战正式打响了。

为了尽快拿下睢阳城，尹子琦刚一上来就发动了疯狂的进攻。仅仅半天时间，双方就鏖战二十多次。为了鼓舞士气张巡和许远全都亲自上阵，和士兵们同甘共苦、荣辱与共，终于打退了敌军的一波又一波进攻。

战场的惨烈程度让许远意识到，自己的才能不及张巡，所以当天下午，许远便主动交出兵权，把张巡推举为主帅。

刚当上主帅，张巡就惊讶地发现，军中出现了一个叫田秀荣的叛徒。此人在战前就和叛军勾结起来，相约以绿帽子为号——他戴着绿帽子出战，叛军便围攻他，双方里应外合，使其部下全军覆没。

能想出这种傻主意的人，智商肯定高不到哪里去。

啥颜色的帽子不好戴，你偏偏戴绿帽子，显眼不？

啥主意不出，让自己全军覆没，就算你没有里通外国，张巡岂能饶了你？

既然没有智商，那么保密工作自然也不会做到位。所以，田秀荣刚戴上绿帽子出城，就被人告发了。

张巡和许远站在城墙上一看，气得火冒三丈。只见叛军对着田秀荣大喊："秀儿，是你吗？"

田秀荣戴着绿帽子直点头，双方一通配合，"秀儿"所带的唐军果然被打得全军覆没。

出卖了战友的"秀儿"回来之后还大言不惭地解释道，自己只是为了引诱敌军而已，如果再给自己一些精锐，一定能打得贼军屁滚尿流。

见过不要脸的人，没见过如此厚颜无耻之人。张巡被气得怒目圆睁，嚼齿穿龈，将田秀荣拉到城头，当着所有士兵问候了一遍他的十八辈祖宗，然后砍下他的脑袋，扔到了城下。

尹子琦看见内应被杀，心里一惊，士气顿时失落了许多。

张巡见状，趁其不备，亲自带着几千名精锐骑兵冲了出去，一通滥砍滥伐，将叛军打得大败而逃，还缴获了一大批车马牛羊，全都分给了将士们，他自己则什么也没要。

捷报传到关中，唐肃宗李亨大喜不已，便将张巡提拔为御史中丞，将许远提拔为侍御史。

双方就这样你来我往，鏖战了整整五个月，叛军也没能前进一步。

不知不觉间，时间已经来到了夏天。城外金黄色的麦田一眼望不到边际，风吹过去，麦浪滚滚，让人心旷神怡。但坐在城内的张巡却心急如焚，因为他们的粮食快吃完了。

睢阳城中本来有六万斛粮（约七百二十万斤），基本够九千多名士兵吃一年时间（平均每人每天两斤多一点）。但是河南节度使李巨却把一半粮食调拨给了濮阳和济阴两地的驻军。更气人的是，济阴驻军得到粮食之后，就投降了叛军。所以，睢阳的粮食再有一个月就要吃完了。

张巡思来想去，决定再用一计，暂时解决一下军粮问题。

在随后的几天里，只要看到叛军在收割小麦，他就集结士兵，擂鼓筛锣，装作要出战的样子。叛军见了，心里慌得不行，立刻停止收小麦，准备迎战。这时，张巡就会下令停止擂鼓，让士兵们继续休息。

反复几次之后，尹子琦就变成了几个月前的令狐潮，再听到擂鼓声便放松了警惕。张巡见时机成熟，便和大将南霁云、郎将雷万春等十几位将领，各自带五十名骑兵，打开城门，朝着尹子琦的将旗冲了过去。

张巡和南霁云等人左右开弓，肆意驰骋，不一会儿工夫就斩杀了五十多名敌将、五千多个贼兵。

杀红了眼的张巡，见敌军被打得如此不堪，便准备擒贼擒王，直接干掉尹子琦。奈何当时没有照片，他根本不知道尹子琦长啥样。如果在军中大喊，谁叫尹子琦，人家肯定不会答应。

为了解决这个难题，张巡灵机一动，想到了一个妙招。他找来几根蒿草，削成了箭的模样，随便乱射。

被射中的贼兵，刚开始心头一惊，以为要向安禄山报到去了（此时安禄山已经死了），但定睛一看原来是一根草而已，不由得心生愉悦，以为张巡的箭已经用完了，赶紧向尹子琦报告这一喜信。

哪知道，他们的喜信正是尹子琦的唢呐，神射手南霁云早就等待这一刻了，只见他弯弓搭箭，嗖的一声，一只利箭便穿越重重阻碍，一下子扎进了尹子琦的左眼之中。

主帅被射瞎了，本来就大乱不已的叛军，犹如无头苍蝇一样开始四散奔逃，尹子琦只好忍着剧痛，撤回了后方。

唐军在奋战五个月之后，终于取得了难得的胜利，暂时保住了睢阳。

但是我们不得不佩服尹子琦的命真大，身体真棒。刚刚过了一个月，他就养好了伤，又带着十几万大军，把睢阳围了起来。

此时，睢阳城中的粮食已经见底了，每个士兵每天只能分到一勺米。实在饿得不行了，大家就开始捉老鼠吃。老鼠吃光了，就吃铠甲和弓箭上的皮子。皮子吃光了，就把纸和树皮、草根搅在一起生吃。

不久之后，城中的九千多名士兵，便饿死了将近八千人，只剩下了一千六百多人，而且这群人中还有相当一部分，瘦弱得连弓箭都拉不开了。

尹子琦得知城中的情况，大喜过望，决定对睢阳城发起总攻。

叛军用云梯爬城，张巡就拖着瘦弱的身体，用钩杆将云梯顶翻，再放火烧掉云梯。

叛军用木驴攻城，张巡就把金属烧成液体，直接泼到木驴上面，让其着火熔化。

叛军使尽了所有方法，依然攻不下睢阳，无奈之下，尹子琦只好又一次学起令狐潮，围着睢阳城挖了好几道战壕，战壕的外面又修筑很多栏杆，准备把张巡等人全部饿死在城中。

八月，唐军又饿死一千名士兵，只剩下了六百人。

张巡和许远把这六百人分成了两部分，张巡守东北，许远守西南，大家没事的时候就坐在城墙之上，尽量减少活动，需要补充体力的时候，就把纸嚼碎了咽进肚里。

有人劝说张巡和许远丢下睢阳，向东逃跑。但是张巡和许远商量很久之后认为，睢阳是江淮的屏障，一旦丢下，贼兵必然乘胜追击，江淮一带就要战火四起，不如坚守睢阳，以等待援军。

随后，张巡让大将南霁云带领三十名骑兵冲出了睢阳，到三百多里之外的彭城（今徐州）求援。

此时，驻守在彭城的是河南都知兵马使许叔冀，此人手握重兵，但没有什么才能，只是被宰相房琯派来制衡新任河南节度使贺兰进明的小丑而已。

接到求救信后，许叔冀觉得自己的主要任务是制衡贺兰进明，其他事与自己无关，所以，他无情地拒绝了南霁云的请求，还非常有心机地要送给南霁云几千匹布。

为啥是送布，而不是送粮食呢？

因为许叔冀知道，睢阳现在最缺的就是粮食，而不是布，送布的话，南霁云肯定不会要，自己就不会落下见死不救的骂名。

南霁云见状大怒不已，骑在马上谩骂不止，要求和许叔冀决一死战，但许叔冀只是站在城墙上低着头，什么话也不说。

南霁云骂了一会儿，知道对方只是一群毫无人性的混蛋，只好调转马头跑到几百里外的临淮，向河南节度使贺兰进明求救。

之前我们在讲颜真卿的时候讲过贺兰进明，当时他只是北海太守，曾率五千名士兵渡过黄河援助颜真卿，并打下了信都郡。

从前面的经历看，他是一位不错的忠臣。但此时，他也不愿意出兵救睢阳。

一来，他害怕出兵之后，宰相房琯会让许叔冀偷袭自己。至于他和房琯到底闹过什么矛盾，房琯又为什么要派人制衡他，我们不得而知。因为从他的生平看，他根本没有造反的打算。

二来，他嫉妒张巡的功劳。自己是河南节度使，手下的张巡如此厉害，如果救了张巡，以后张巡大概率要顶替自己的位置。

所以，见到南霁云之后，贺兰进明以睢阳可能已经沦陷的理由而拒绝出兵。

南霁云一边痛哭，一边祈求道："城也许还没有陷落，如果已经失守，我就以死谢罪。"

贺兰进明见南霁云如此忠勇，便想把他留下来为自己所用。于是便大摆宴席，准备收买他。

南霁云坐在桌前痛哭不已，用撕心裂肺的声音说道："我出城之时，将士们已经一个月没有吃到粮食了。现在您不出兵，还设宴奏乐，我怎么能够独自享用。大人坐拥一方，据有强兵，怎么能见死不救？睢阳一旦失守，下一个就是临淮啊！"

看到贺兰进明依旧无动于衷，南霁云愤慨万分，情急之下，拔出佩刀砍断一根手指大喊道："霁云既然不能完成任务，请留一指以示我不负主将。"

说罢，他起身离席，带着满手的鲜血离开了临淮。临走之前，南霁云越想越悲痛，绝望至极的他，抽出随身的弓箭射向了一边的宝塔，指着城中喊道："我灭贼回来，定要杀掉贺兰进明，此箭就是我的誓言！"

接着，南霁云又跑到真源和宁陵求救，终于得到了三千名士兵和一百多匹战马。

就在南霁云外出求救的这段时间里，睢阳城中的士兵们终于饿到了极点，连纸都被他们吃光了。

被逼无奈的张巡只好作出了一个史上最残酷，也是后世争议最大的决定——吃人。

由于这一段历史过于惨烈，这里就直接贴上原文：

城中粮尽，易子而食……巡（张巡）乃出其妾，对三军杀之，以飨军士。曰："诸公为国家戮力守城，一心无二，经年乏食，忠义不衰。巡不能自割肌肤，以啖将士，岂可惜此妇，坐视危迫。"将士皆泣下，不忍食，巡强令食之……远（许远）亦杀奴僮以哺卒……乃括城中妇人，既尽，以男夫老小继之，所食人口二三万，人心终不离变。

八月中旬，南霁云终于带着三千生力军回到睢阳，但进入城中之时，又被叛军发现了。南霁云经过殊死搏斗终于杀出一条血路，打进了城中，但三千人只剩下了一千。

仅靠着这一千多人，张巡竟然拼命死守了整整两个月，最后只剩下四百名将士。

十月九日，叛军又一次对睢阳发动了进攻，外无援军、内无粮草的张巡、许远、南霁云等人，在射完最后一支箭之后，只好放弃了抵抗，向西一边叩拜，一边哭着说道："臣力竭矣，生不能报答陛下，死当为厉鬼以杀贼。"

张巡被俘之后，尹子琦用不可思议的眼光上下打量着眼前这位骨瘦如柴，却值得任何人尊敬的对手，问道："听说张君督战之时，总是嚼齿穿龈，何至于如此啊？"

张巡愤怒地答道："我立志灭贼，只是力不从心而已。"

尹子琦见他已为俘虏还如此嘴硬，大怒不已，用佩刀撬开他的嘴巴。但尹子琦惊讶地发现，原来张巡只剩下三四颗牙齿了。

"嚼齿穿龈"这个被后世人觉得夸张的成语，谁能想到，它就是张巡人生的真实写照啊。

尹子琦见张巡如此忠义无双，便想胁迫张巡投降，但他根本不为所动。

尹子琦又想逼迫南霁云投降，南霁云还没有应声，张巡就大声喊道："南八（南霁云小名），男儿一死而已，不可向不义之人投降！"

南霁云仰天大笑回道："公知我也，怎敢不死！"

于是，张巡、南霁云、雷万春等三十六人一同遇害。张巡时年四十九岁。许远被俘之后，被押送到洛阳，后因不愿投降，也被杀害。

睢阳被攻破三天之后，唐朝宰相张镐率领大军终于赶到了睢阳，并用木棒打死了另一位不愿营救睢阳的濠州刺史闾丘晓。

十天之后，广平王李俶、郭子仪、仆固怀恩等人出兵收复了东都洛阳。

唐肃宗李亨听说了张巡的事迹，倍受感动，将其追赠为扬州大都督、邓国公，画像收入凌烟阁。许远被追赠为荆州大都督，画像收入凌烟阁。南霁云被封为开府仪同三司，追赠扬州大都督。

后来，唐代宗李豫又在睢阳（今商丘）为张巡和许远立了一座双忠庙，这座庙至今仍在，门口悬挂着一副楹联：

国士无双双国士，忠臣不二二忠臣！

一百三十多年前，隋朝最后的忠臣尧君素独守河东城时也曾易子而食，笔者对他的评价是：

一座河东城，无数忠臣骨，悲壮，亦悲凉！

明知没有希望，但为了心中的信念而坚守的人；明知大厦将倾，还要把血肉之躯化为擎天之柱的人，无愧于英雄的称号。

虽然他们要匡扶的是一个腐朽的王朝，但他们挑起的却是整个中华民族的脊梁。

生者苟活，死者永青！

很多人并不赞同这种观点，有人说："毫不感动，甚至有点反胃，不就是拿工资办事的人吗，什么深受皇恩，皇帝知道你是谁吗，甚至拿的钱都是隋朝克扣百姓弄来的，然后去干阻碍统一进程加深百姓痛苦的事，有啥可悲壮的！”

还有人说："一个人唱的忠君爱国大戏，只能得一纸空文和几个达贵的眼泪，但需要一城百姓拿命来和戏，百姓何罪需要易子而食才能活命？这种人，真是死晚了。"

但笔者依旧坚持自己的观点，因为我们不能以现代人的标准去衡量古人的道德。尧君素是一位英雄，而张巡更是一位英雄。

笔者反对他吃人的行为，但同时也敬佩他宁死不屈的精神，以及他为天下统一作出的杰出贡献。如果没有他以弱敌强，坚守雍丘、睢阳二十二个月，叛军如果打到江南，不知要毁掉多少家庭，死掉多少百姓。

可能很多人会说，生命都是平等的，我们不能为了挽救一群人的生命，而牺牲另一群人，哪怕是一个人的生命。

可是，这些话只存在于理论之中，现实往往都是残酷的啊。

张巡饱读诗书，难道不知道吃人是不道德的吗？

他当然知道，可他没得选啊，外无援军、内无粮草，他能怎么办呢？难道要放弃睢阳，逃往南方，然后死伤更多的黎民百姓？

退一步就是山河破碎、国破家亡，如果我们是张巡，扪心自问，我们能退吗？

不能啊，战死沙场也罢，因为吃人遭世人唾弃也罢，就是不能退啊。所有的压力都让我一个人扛吧，所有的罪过都让我一个人担吧。

我相信再过千年，辱骂我的言论依旧不会停止，但我只愿用我一己之力，保求未来的山河无恙，国泰民安。

我不敢奢求大家夸赞我，我只想大家在看待我的时候，能够将我一分为二，功是功，过是过，说我功大于过，我的牙齿就没有白碎，我的命就没有白丢，如此而已。

身上若无千斤担，谁愿拿命赌明天。我肩上的责任又岂止千斤、万斤！

守一城，捍天下，以千百就尽之卒，战百万日滋之师，蔽遮江淮，沮遏其势。天下之不亡，其谁之功也？

一百四十八　李璘、李白为何要起兵造反

　　张巡死后，南方的敌我战争基本就结束了。叛军没能再向南挺进一步，因为唐军在北方的反攻已经大规模地开始了。

　　不过，在正式反攻之前，唐朝的中央和地方，分别出现了一个不大不小，但又令人非常恶心的内斗。

　　我们在前面讲过，756年七月十二日，李亨在灵武称帝之后，向全国各地派出了六路使者，让地方军队到朔方勤王。八月，郭子仪的五万朔方军率先从河北赶回了灵武，在接下来将近一年的时间里，河西、安西、回纥、大食等地的十五万大军，也相继赶到了朔方。

　　一时之间，朔方兵强马壮，粮草充沛，拥有了和叛军主力抗衡的实力。

　　可是，就在这一切慢慢好转的时候，当年十月，突然发生了一件极为奇怪的事情。

　　宰相房琯主动请缨，希望能亲率五万人马收复长安和洛阳，而李亨竟然同意了。

　　为什么说这件事奇怪？因为房琯虽然在当时非常有名，但他这辈子当的都是文官，而且已经五十九岁了，别说领军打仗，就是穿盔甲都费劲。

　　按照正常的逻辑，只要房琯有一点自知之明，他就不会主动申请去领兵打仗。他已是一人之下万人之上的宰相，不打仗还能保住相位，万一打输了，可能会被治罪，这种费力不讨好的事情，作为一个官场老油条，想必他是不会干的。

　　退一万步讲，即便房琯没有自知之明，李亨只要不傻，也不会同意他领兵打仗。名将封常清、高仙芝、哥舒翰都打不过的叛军，让房琯去打，岂不是耗子给猫当伴娘——活得不耐烦了？

　　事出反常必有妖，这两人为什么这么做，史书上并没有记载，据猜测应该有以下三种可能：

　　第一种可能，这君臣俩，同时得了病——严重的轻敌症。

　　叛军攻下长安以后，在城中大肆抢劫了三天，然后便准备在后面踹李隆基与李亨一脚。但是叛军刚一伸脚，就被一个叫薛景仙的县令卡在了扶风，没能成功。

　　房琯这个人非常自负，他被李亨任命为宰相之后，便感觉自己牛上了天，但凡军国大事，都要一通瞎比画（琯亦自负其才，以天下为己任。时行在机务，多决之于琯，凡有大事，诸将无敢预言）。

　　越是接近权力的人，越误以为自己拥有了权力。于是，房琯觉得一个小小的县令都能打退敌军，自己凭啥不能。

　　而扶风的抵抗，也让李亨看到了希望，所以被房琯一通忽悠，就真的让他带兵出征了。

　　第二种可能，李亨派出的是一支不听话的军队，就是让房琯当"炮灰"的。

　　李亨刚在灵武称帝的时候，朝中文武官员不到三十人，导致一些军人"狗眼看人低"，非常没规矩。例如，大将管崇嗣上朝的时候，就背对着宫殿，谈笑自如，根本不把皇帝放在眼里。

这些军人杀又不能杀，人家手握重兵，搞不好就要发生兵变，不如让他们去攻打敌军。打赢了，是好事，收复了故土；打输了，也不是什么坏事，消除了眼前的威胁。反正，笑到最后的肯定是自己。

第三种可能，为了牵制郭子仪。

李亨此人，疑心非常大，一直不太相信郭子仪。在之后的战争中，由于他的疑心，唐军大败过一次，导致安史之乱又延长了几年。

此时，郭子仪拥兵五万，灵武还是他的地盘。李亨自然不敢让郭子仪一家独大，所以便想冒险一试，希望房琯能够旗开得胜，以牵制郭子仪的势力。

不知道大家还记得吗？619年，宋金刚入侵太原，李元吉连夜狂逃数百里，导致整个山西岌岌可危。

当时没有领过兵打过仗的宰相裴寂也是主动请缨，率领几万人马前去抵抗，结果被宋金刚按在地上揍得全军覆没。

后来宋金刚一直打到河东，马上就要进入关中了，在李世民的强烈要求下，李渊才让他率领几万唐军杀向了河东，挽狂澜于既倒，扶大厦于将倾。

李渊为什么没有一开始就用李世民而用裴寂？

一个很大的原因就是李渊要杀了刘文静，压制李世民的势力。所以，裴寂兵败之后，李渊仍然对他宠信如初。

不论是出于哪一种可能吧，李亨和房琯的这个决定，都注定了是一个亲者痛、仇者快的错误决定。

飞鸟尽、良弓藏，现在飞鸟都快把你家粮食叨光了，你竟然还想着藏良弓，可见，这样的朝廷已经烂到了什么程度。此后大唐的一蹶不振，尤其是中央内部越来越激烈的钩心斗角，恐怕在此刻已经埋下了伏笔。

房琯领军出征之后，又找来两个人当帮手，一个叫李揖，一个叫刘秩。这两个人都非常有水平，只不过全在写文章方面，都没领兵打过仗，只会坐在家里纸上谈兵，当"键盘侠"。

三头羊带着一群狮子去打仗，结局要能好，就是苍天无眼了。

十月四日，五万唐军雄赳赳地从灵武出发，二十一日在咸阳与叛军狭路相逢。

房琯从古书中找到一个自认为特别厉害的阵型——牛气冲天阵。

简单来说，就是把骑兵和步兵夹杂在两千辆牛车中间，直接往对方的阵地冲。在房琯看来，牛气冲天、牛气冲天，天都能冲破，冲一群贼兵岂不是小意思。但他显然没种过地，不知道牛是一种非常容易受惊的牲畜啊。

叛军看到唐军这种造型冲了过来，捂着肚子快笑掉了大牙。他们不慌不忙地敲响了战鼓，点燃了火把。

唐军的两千头牛还没冲到叛军军营，就受到了惊吓，调转牛头向唐军自家阵地冲了回去。更不幸的是，这时候唐军还处在逆风的位置，叛军的火把往牛车上一扔，那画面简直不要太辣眼睛。

火借风势，火助风威，叛军基本没有追杀，唐军就被自家的火牛车搞死、搞残了四万多人。

房琯这时候倒表现出较为优秀的领导能力，他没有丢下大军自顾跑路，而是把剩下的几千人组织起来，又和叛军干了一场。可惜一切都已经太晚了，唐军又被打得大败亏输。

这是李亨称帝之后，唐中央军和叛军的第一场大战，结果竟然搞得如此狼狈不堪。将房琯贬官几级，甚至拉下去砍头也不为过，可李亨却没有对他作出任何惩罚，还是像以前一样宠信不疑。

时隔一百三十多年，一个李渊，一个李亨，一个裴寂，一个房琯，历史竟然如此相似。回顾上面的三种假设，最接近真相的恐怕大概率是最后一种了。

中央这边的内斗刚刚结束，一个月后，本来安定的南方，也出了差点要了大唐命根的内乱。

756年七月十五日，李隆基在逃往四川的时候，曾下达过一条诏令，把几个儿子分配到全国各地，统率各个节度使。

其中他的第十六子，时年三十五岁的李璘，被封为山南东路、岭南、黔中、江南西路四道节度使，江陵郡大都督等职，坐镇江陵（今荆州）。

其统辖范围横跨几千里，大概相当于现在的重庆、贵州、广西、广东、湖南、江西、湖北大部、河南西南部、越南北部等地。

756年九月，李璘到达江陵之后，便招募几万精兵，任命了一大批官员（其中就包括著名的大诗人李白），将几乎整个江南都变成了自己的势力范围。

不过，此时的他尽管权力极大，但还没有谋反的心思。因为他从小没娘，是李亨一手把他带大的，李亨对他又极好，经常把他抱在怀里一起睡觉。

所以，李亨在灵武擅自称帝之后，他认李亨这个皇帝。李亨需要江南的税收，他也如期如数把税收运到了北方。

如果李亨在北方的平叛事业一直很顺利，李璘大概率不会有什么异心。可是，房琯的失败，让李璘不由得怀疑起哥哥的能力。

而这时，李璘的儿子李玚、谋士薛镠等人纷纷跳了出来，撺掇他学习当年东晋的开国皇帝司马睿割据南方。

李璘心动了，是啊，怎么可能不心动呢。身怀利器，杀心自起。更何况他身怀的是数万雄兵、千里江土，要夺取的是万圣之基、帝王之业。

但是他们这边八字还没有一撇，消息就传到了李亨那里。李亨非常震惊，自己一心提防的郭子仪没有反心，而自己一手带大的弟弟却要在背后捅刀。

难怪说世界上最可怕的不是鬼神，而是人心，居心不良的朋友，远比近在眼前的敌人可怕得多。

为了挽回弟弟，李亨并没有责怪李璘，只是下了一道诏令，让他赶往四川，伺候父亲李隆基。

但是，李璘不但拒绝了李亨的诏令，还于当年十二月，率领大军沿江而下，袭击了吴郡（今苏州姑苏）和广陵（今扬州），并斩杀了丹徒太守阎敬之。

李白还为其写下了十一首慷慨激昂的七绝诗《永王东巡歌》，其中有一首是这么写的：

帝宠贤王入楚关，扫清江汉始应还。

初从云梦开朱邸，更取金陵作小山。

李亨得知以后，大吃一惊，急忙命原颍川太守来瑱（以前讲过的"来嚼铁"）为淮南西道节度使，命另一位著名的边塞诗人高适为淮南节度使，共同率兵讨伐李璘。

757年二月，朝廷的平叛大军在当途（今马鞍山）截住了东进的李璘，还没等双方正式交战，李璘手下的几位大将就纷纷起义，投降了官军。

因为这次造反本身就是一场闹剧，四川那边是你的父亲，朔方那边是像父亲一样抚养你长大的兄长，河北那边是烧杀抢掠、亡你国家的贼军。你作为一方诸侯，不北上平叛，却要自相残杀，这种无君无父、弃国弃家的行为，怎么会得民心？

看见大势已去，李璘急忙带着子女和一些部下逃往岭南，但是跑到大庾岭的时候，被江西采访使皇甫侁所杀。

李璘死后，皇甫侁把他的老婆孩子送到了四川。李隆基哀伤不已。李亨则因为他是自己抚养长大的，并没有公布他的罪行，并对左右表示："皇甫侁拘捕我弟，不送往蜀地而擅自杀掉，是何道理？"随后免了皇甫侁的官职。

不过，以上只是正史里的记载。关于李璘造反一事，后世其实还有另一种说法：李璘是被李亨诬陷的。

因为762年，李亨的儿子李豫登基一个月后，就给李璘平反了（棣王琰、永王璘并与昭雪）。

而且被削官免职的李白，也被授予了左拾遗的职位（代宗立，以左拾遗召），只是很可惜，李白刚好在这个时候死了。

如果李璘是被诬陷的，那么李亨为什么要这样诬陷弟弟呢？

恐怕只有一种可能，李亨要和李隆基争权。其证据有三：

第一，时间上有猫腻。

七月十二日，李亨在灵武登基称帝。七月十五日，李隆基在汉中任命李璘为四道节度使、江陵郡大都督。

从灵武到汉中有一千五百多里，唐朝的驿站每天能跑五百里左右（安禄山从范阳起兵，六天之后，远在三千里外的李隆基就收到了战报），按照时间算，七月十五日，李隆基应该就知道了李亨称帝的事情。

他之所以在这一天让李璘统辖江南四道节度使，恐怕是要做好最坏的准备。万一李亨平叛失败，李璘还能控制江南，保住半壁江山。

第二，李隆基禅让皇位之后，其实手中还有很大的权力。

例如《明皇令肃宗即位诏》中有这么几句话："其四海军郡，先奏取皇帝进止，仍奏朕知……去皇帝路远，奏报难通之处，朕且以诰旨随事处置，仍令所司奏报皇帝。待克复上京已后，朕将凝神静虑……"

翻译过来就是，天下的事情，先汇报给皇帝，但我也得知道。另外，距离皇帝李亨较远的地方，还是我说了算，等到李亨收复了长安，我才会彻底放弃权力。

哪里距离李亨远？毫无疑问就是江南。

第三，李亨任命房琯为相，负责平叛之后，李隆基对身边人说过这样一句话："此（房琯）非破贼才也。若姚元崇在，贼不足灭！"

既然李隆基知道房琯不是破贼之才，那么作为太上皇，肯定就不能坐以待毙了。所以，他便把希望寄托在李璘的身上。若李亨能够力挽狂澜，李璘就从海上袭击安禄山的后方，若李亨就此兵败，李璘可割据江南。

十月房琯战败，十一月李璘不听李亨诏令，在十二月率军顺流东下，一切都合情合理。只是，李隆基没有想到的是，已经没有人愿意再效忠他这个将国家搞得支离破碎的太上皇了。

李亨没有公布李璘的罪行，恐怕他的心里也知道，李璘的所作所为完全是奉李隆基旨意的合法行为，是被自己冤枉死的。

不管怎么说吧，经过这两场内斗，李亨终于掌握了所有大权，也认识到了自身存在的一部分问题。

在随后的一年多时间里，他开始在一位大隐士的辅佐之下，制定了几个相当正确的战略，对叛军发动了一次又一次的绝地反击。

一百四十九　洒脱超李白，智谋比张良，道士李泌有多牛

中央五万大军首征，几乎全军覆没；弟弟在江南造反，差点另立中央；接连不断的噩耗，让刚刚登基称帝的李亨倍受打击。如果中央军再败一次，他的威望也许就要像他老爹一样降至冰点，天下易主估计就在所难免了。

巨大无比的压力，让李亨每一天都焦躁不安。此时，一个长相清秀，羽衣蹁跹，似有仙风道骨的青年人说了一番话，一下子就改变了这种被动的局面，给了李亨巨大的勇气。

此人就是洒脱程度超越李白，智谋水平堪比张良，被后人称为"功成拂袖还归去，高节依稀汉子房"的大隐士李泌。

我们先看一下他的履历，至于他说了什么，文章最后我们再详细列出。

李泌，字长源，722年出生，是北周八柱国之一李弼的六世孙。生在世宦家、长在富贵里的他，从小便酷爱读书，年仅七岁（虚岁）就能下笔成章，被誉为神童。

728年，李隆基心血来潮，搞了一场"全唐人才辩论赛"，广召天下精通

儒、释、道的人才前往宫中辩论。李泌的表哥员俶（chù），也自告奋勇地参加了这场辩论赛。

员俶是一个极为著名的小人物。小，是因为参加辩论时他年仅九岁；著名，是因为他在辩论场上语出惊人，波澜老成，让在座的满朝文武都惊讶不已，这其中，自然也包括了活动的主办者李隆基。

比赛结束之后，李隆基便特意把员俶叫到跟前，问了一下他全家的情况，并且不经意地问了一个在几十年后足以改变大唐命运的问题："少年之中，还有像你这样的人才吗？"

员俶急忙跪下答道："臣舅舅之子，李泌就是一个。"

小小年纪，就这么懂规矩，知道跪下回答，还知道自称"臣"，这让李隆基满心欢喜。于是，他立即派人把年仅七岁的李泌叫到了宫中。

李泌到的时候，李隆基正和开元四贤相之一的张说激战正酣，不要误会，两人不是互殴，而是在下棋。李隆基便让张说试一试李泌的才能。

张说想了一下，给李泌出了一个命题作文：以"方圆动静"为题作一篇短赋。

李泌一听，并没有着急回答，因为张说没有给出具体的要求，是限时四十分钟，不超过八百字？还是题材不限，字数不限，尽情发挥？所以，他问了一句："我想知道有什么要求吗？"

张说以为难住了李泌，就笑呵呵地给他举了一个例子："方若棋局，圆若棋子，动若棋生，静若棋死。"

哪知道，李泌刚刚听完，便立即答道："方若行义，圆若用智，动若骋材（施展才能），静若得意（静如心领神会）。"

李隆基和张说一听，暗自称奇，小小年纪，竟然有如此之才。李隆基当即便赐给他五匹锦缎，并给他的家人下旨："一定好好培养这个孩子。"

开元四贤相中的另一个贤相张九龄听说之后，也主动找到了李泌。两人进行一番交谈后，张九龄顿时产生了一种"欲栽大木柱长天"的强烈欲望。

于是，在随后的岁月里，张九龄便经常把李泌带到自己的内室，开小灶培养他。不过，不久之后，小小的李泌倒给张九龄好好上了一课。

当时张九龄和严挺之、萧诚的关系都比较好，但是严挺之和萧诚的关系却很差。因为严挺之为人刚直，萧诚为人圆滑。严挺之就劝张九龄，以后不要再和萧诚一起玩耍了。

严挺之这样一搞，让张九龄很是左右为难。两个人都是自己的朋友，得罪哪一个都不舍得。

郁闷无比的张九龄就自言自语地说了一句："严挺之为人过于急躁，萧诚却待人温和，让人喜欢啊。"（看来以刚直著称的张九龄，也不喜欢被人怼啊）

而这时，李泌恰好就在张九龄的身边，他不加思索地反问道："明公出身平民，靠耿直正派成为宰相，为何却喜欢柔顺献媚之人？"

张九龄一听，恍然大悟，马上改变了态度，向李泌承认了错误，并将这个小自己整整四十九岁，可以当孙子的李泌称为"小友"。

按道理讲，有这两位贤相以及皇帝的背书，长大以后飞黄腾达对于李泌来说，肯定不在话下。

但是，李泌长着长着就有点偏了。

他研究完《易经》之后，便彻底喜欢上了神仙之术，经常到嵩山、华山、终南山溜达，这个月闭关修炼、修身养性，下个月寻找道友，谈论一些看起来不着边际，但实际上却包含着大智慧、大能量的天道。

一直到三十岁，他都是如此，远离政治，不问是非。如果开元盛世继续维持下去，这位天降奇才恐怕就要泯然于众，王安石的《伤仲永》估计也要改成《伤李泌》了。

但在751年，隐居了几十年的李泌，终于顿悟到了道家思想的精髓。

道家虽然讲求出世的无为："天地无人推而自行，日月无人燃而自明，星辰无人列而自序，禽兽无人造而自生，此乃自然为之也，何劳人为乎？"

但是，道家也讲求入世的"有为"，只不过是以"无为"为手段，达到"有为"的境界罢了，正如《道德经》所说："我无为，而民自化；我好静，而民自正；我无事，而民自富；我无欲，而民自朴。"

简单来说，就是统治者要用无为的手段，让天下人化、正、富、朴。

反过来就是说，一旦天下人不化，不正，不富，不朴，那我就得入世帮忙了。

而751年正好就是天下由化、正、富、朴变为混乱不堪的重要转折点。

这一年，自私自利、手段毒辣，但能力卓越，并能压得住安禄山的李林甫病危，而品行不端、心狠手辣、能力低下的三差宰相杨国忠上台了。

眼看天下即将大乱，再"躲进小楼成一统，管他冬夏与春秋"恐怕就不是《老子》所期望的了。

于是，李泌就主动出山，给李隆基写了一篇文章，讨论天下大事。李隆基看罢，顿时想起了他七岁那年的聪明才智，便把他安排到翰林院，还让他辅佐太子李亨。两人在此期间结下了深厚的友情，为以后的合作打下了良好的基础。

不过，没过多久，李泌就因为写诗讽刺杨国忠和安禄山，被贬到了蕲春（今湖北蕲春）。出师未捷就被贬的他，只好又跑到颍阳的一座山中，继续过上了无为的隐士生活。一直到李亨在灵武称帝，他才被重新起用。

久别相逢一知己，携手共进展宏图。李亨对李泌的出山格外感激，两人出则联辔，寝则对榻，堪比当年的刘备和诸葛亮。

李亨准备任命李泌为右相，也就是第一宰相，但李泌无意为官，只想帮助李亨平定叛乱，然后继续隐居山林。

无奈之下，李亨只好给他降了几级，让其担任侍谋军国、元帅府行军长史（相当于三国中的军师）。可是李泌依旧不同意，只愿以平民的身份辅佐李亨。

两人你来我往几次以后，李亨只好用几乎哀求的声音说道："朕不敢让您做我的臣子，只想请您救难而已。等到平定了叛乱，任您去留。"有了这份承诺，李泌这才接受了任命。

随后，李泌便以独到的见解和卓越的眼光，给李亨连续提供了三次建议。

第一次是在李亨想让他的第三个儿子建宁王李倓担任大元帅，率领主力讨伐叛军的时候。

因为李倓此人，很有当年李世民的风格，英明果决，智谋超群，还善于骑射。

几个月前，马嵬驿兵变发生的时候，是李倓分析了天下局势，让李亨北上灵武称帝的。在前往灵武的途中，多次遇到强盗叛贼，又是李倓当了一路前锋，历经数次血战，保护了李亨的平安。所以，无论从威望还是从能力上看，李倓都是天下兵马大元帅的不二人选。

但是，李泌一眼就看出了这个任命背后的巨大隐患。

广平王李俶是老大，李倓只是老三，让老大在后方调拨粮草，让老三在前方冲锋陷阵，这剧情是不是很熟悉？

当年德艺双馨的艺术家李世民和宠弟狂魔李建成可是演过一遍的啊。万一立了功，老三会怎么想？他手下的那群骄兵悍将会怎么想？

李亨一听，吓得一身冷汗，自己可不想当李渊啊。于是，他急忙收回成命，让老大李俶担任天下兵马大元帅。

当然，关于李泌提出的这个建议，不少人也有异议。如果真让李倓当了天下兵马大元帅，指不定他就能重演当年李世民的传奇，让大唐重新伟大起来，而不是藩镇割据，遗毒于后。

不过，历史不能假设。且不说李世民是千年一遇的奇才，李倓大概率不会有李世民那么高的水平。单就稳定朝局而言，李泌的这个建议绝对很有远见，毕竟老李家拥有内斗的传统。

后面我们还会讲到，安史之乱还没有平定，统治阶级内部就已经斗得你死我活了。

第二次是在宰相房琯率领五万大军攻打长安的时候，李亨心血来潮，想下令各将，待收复长安以后，挖了李林甫的坟墓，将其挫骨扬灰。

李泌急忙制止了这个行为，原因很简单："陛下正欲收复天下，为什么要怨恨死人？将李林甫挫骨扬灰，他又感受不到痛苦，只让能天下人觉得陛下不够宽宏大量罢了。现在依附叛军的都是陛下之前的仇人，他们要是听说了陛下的这个命令，即便想投降恐怕也不敢投降了啊。"

对于这条如此有道理的建议，已经被仇恨冲昏头脑的李亨根本不愿意听从。自己的老婆韦妃、杜良娣，就是因为李林甫的诬陷而被休的。自己的好朋友皇甫惟明、韦坚也是被李林甫诬陷而死的。甚至连自己也差一点因为李林甫而被废，休妻之恨、杀友之仇怎能不报？

于是李亨怒斥道："此贼以前千方百计害朕，让朕天天提心吊胆，朝不保夕，如果不是上天保佑，朕恐怕都活不到现在。李林甫也恨卿，只是还没有来得及害卿就已经死了，你怎么还要替他说话？"

见李亨已经怒火中烧，一般的道理根本劝不回来，李泌只好搬出了必杀之技："太上皇年事已高，如今在蜀地水土不服。如果太上皇听说陛下此举会怎么想？他一定会惭愧不已啊，万一太上皇再因此而忧愤成疾，天下人该如何看待陛下……"

得，他搬出了老爹，李亨再大的火气也得硬生生地憋回去，不然就是不孝。所以，没等李泌说完，李亨不知道是因为担心老爹生病，还是因为痛恨不能将李林甫挫骨扬灰，反正是抱着李泌的脖子号啕痛哭起来。

第三次就是本文开头的时候，李泌即将给李亨说的那一番话。

房琯几乎全军覆没，弟弟差点造反，心灰意冷的李亨便问李泌："贼军如此强盛，何时才能平定啊？"

李泌鞭辟入里地分析了当前的局势："贼兵每攻一城，便劫掠百姓，抢夺珠宝送到范阳。只有贪欲、没有大志之人，怎么可能统治全国？为他效力的汉人，只有少数几个而已，其他全是被威逼胁迫的宵小之辈，不足挂齿。"

接着，他为李亨献上了一个三步走战略：

第一步，安禄山手下骁将，不过史思明、安守忠、田乾真、张忠志、阿史那承庆等五人而已。

陛下如果让李光弼自太原出井陉逼近常山，则史思明、张忠志不敢离开范阳和常山。

郭子仪自冯翊进入河东，安守忠和田乾真则不敢离开长安，我军用两军之力，便可拴住他四员大将，跟随安禄山的便只剩下阿史那承庆一人而已。

第二步，郭子仪占领冯翊之后，不要让他着急攻打潼关，应该保证长安和洛阳之间交通顺畅。

然后陛下再率领主力，驻扎于扶风，与郭子仪、李光弼等人，不定时攻击贼军的首尾。贼军如果救首部，我军则攻击尾部；如果救尾部，我军则攻击首部。要使贼军首尾不能相顾，疲于奔命。

第三步，等到明年春天，陛下可命建宁王李倓为范阳节度使，从塞北出发，与李光弼南北夹击范阳。贼军退无所归，必然军心大乱，到那时，陛下再率大军合而攻之，不过两年，必能擒贼。

这个战略和当年韩信对刘邦所说的"北举燕、赵，东击齐，南绝楚之粮道，西与大王会于荥阳"有异曲同工之妙。

当年，刘邦按照韩信所言，只用四年，便打败了不可一世的西楚霸王项羽。

如今，唐军的强盛远超当年的汉军，如果真按李泌所说，在两年之内，绝对能够平定叛乱。

另外，韩信当年攻下齐地之后，差点割据一方。而李泌让建宁王李倓协助李光弼攻打范阳，就能防止李光弼学习韩信。如果范阳被攻克以后，让李倓坐镇河朔三镇，也不会出现后来那么严重的藩镇割据局面。

所以，无论站在哪个角度看，该战略都是一个不可多得的天才战略。只是很可惜，该战略最后只是成了唐朝版的隆中对——差一点就成功了。

一百五十　一个杀父，一个杀子，安史之乱咋就这么乱

李泌三步走战略中的第一步，很快就见了成效。

转过年的757年年初，李亨率领陇右、河西、安西、西域等地的十几万兵马，顺利挺进到距离长安仅二百里的扶风郡，李亨随即将扶风改名为凤翔。

郭子仪则率领朔方的五万雄兵，以洛交（今陕西富县）为根据地一路向南，轻轻松松地打败了当年让哥舒翰二十万大军全军覆没的叛将崔乾祐，并顺利收复了河东、冯翊等地。

只有在太原的李光弼打得比较艰难，不是他的能力不如人，而是巧妇难为无米之炊。

唐军从河北撤到太原的时候，郭子仪把朔方的主力全部带到了灵武，只留给李光弼不到一万团练兵，也就是地方保安部队。

这群人平常抓捕小蟊贼，平定小土匪，倒挺有心得，但是让他们和战斗力极强的叛军对练，无异于屎壳郎拱山——不自量力。

史思明见李光弼如此寒碜，顿时就精神焕发了。几个月前，你把老子打成了

缩头乌龟，现在老子就让你也尝尝当王八的滋味。于是，他带着十万大军火急火燎地从常山杀向了太原。

面对这个曾经的手下败将，李光弼并没有大意。他亲自带领士兵在太原城的周围挖了几条壕沟。另外，挖出来的土，他也没有浪费，让人做成了十几万块板砖，运到了城墙的上面。注意，不是要拿板砖砸人，而是砌墙用。

两军交战之后，史思明在哪个地方攻城，李光弼就在哪个地方砌墙，搞得敌军攻城的云梯瞬间成了废物。

史思明见爬墙不行，就开始用"炮"轰（抛石机）、用刀砍。但叛军好不容易把城墙砍出了一个缺口，李光弼的建筑队马上就到了，三下五除二便又把缺口堵上了。

就这样，两人一个当"拆迁队长"，另一个当"包工头"，硬是杠了一个月，也没有分出胜负。

史思明见强拆不是办法，就灵机一动，又玩起了智谋。

他精心挑选了一批骁勇善战的精兵作为流动部队，要求他们和自己反着来。自己到北边拆迁，这批人就溜到南边寻找机会，自己到南边拆迁，这批人就跑到北边寻找机会。

不得不说，这是一个调虎离山的好方法，如果遇到一般的"包工头"，太原城估计就要被拆没了。

但李光弼显然是一个非常严苛的老板，他就一个要求，不管史思明到哪里拆迁，所有员工，全都得二十四小时保持一级警戒，哪怕没有看见"拆迁队"，也得睁大了眼睛去巡逻。

所以，不管史思明如何溜达，硬是没有找到任何突破的机会。

又过了一个月，精疲力尽的史思明终于消停下来。可李光弼这个"包工头"这时候却精神焕发了。他找来了三个善于挖地道的高人，指挥部下从太原城中向外挖了无数条地道。

史思明派人到太原城下辱骂唐军，李光弼就派人钻进地道，把辱骂自己的叛军从地道里薅到城中，拉到城墙下砍了，杀鸡儆猴。

史思明把原来的云梯加长再去攻城，李光弼还挖地道，把这些云梯掀翻了。

被地道折腾了几番之后，史思明心里也发毛了，生怕哪一天李光弼把地道挖到营帐里，再把自己薅到城里去。所以，他只好率军向后撤退了几十米，再做攻城的打算。

即便如此，史思明还是没能逃脱李光弼的地道飞刀。这三个挖洞高手，紧跟着又把地道挖到了史思明的军营周围，为了防止地道坍塌，他们还用木头加固了一下。

然后，李光弼就"戏精"上身，开始搞忽悠大法了。他一面装病，一面派了一名使者去忽悠史思明，说自己最近腰酸头痛腿抽筋，脚软耳聋眼流泪，总之身体快不行了，不想再打仗了，准备投降啦。

前两天还是超级猛男，吭哧吭哧拍砖头，现在却变成了躺在担架上的糟老头？前两天还对人家横眉冷对出拳头，现在却要交枪投降，叫人家小甜甜？

这种骗三岁小孩的把戏，史思明当然不会相信，他当即就大怒不已，要把唐军使者拉下去砍了。

但是，就在这个时候，叛军在城中的密探却来了一波神助攻，他们发来消息，表示李光弼真的病入膏肓了。

史思明一听，还真以为天上掉了馅饼，顿时转怒为喜，赶紧把使者当成小甜甜，并和小甜甜谈好了投降的步骤，以及受降的日期。

几天之后，李光弼果然如约定所言，派了几千名士兵举着白旗，走出城门，准备向叛军投降。

没想到，小甜甜真的来了，史思明笑得脸成了一朵花，亲自带着人准备上前迎接。就在此时，唐军突然把地道中的木头砍断了，只听轰的一声，叛军军营中出现了一个大坑，一千多名叛军当场掉了进去，摔成了肉泥。

史思明这才意识到上当了。于是，他急忙调转马头就往回窜。李光弼趁此机会，亲自带着骑兵冲了出去，左一刀，右一刀，刀刀不离后脑勺，石火光阴之间，叛军就被斩杀了一万多人。

好不容易逃得一命的史思明，自尊心受到了严重的伤害。他收拢残兵败将，便准备回过头来报仇雪恨。

但就在此时，一条惊人的消息传到了前线——安禄山死了，安庆绪在洛阳登基称帝，要求他退守范阳。

第二次被李光弼打成了乌龟的史思明，只好快马加鞭退回河北，让手下大将蔡希德等人继续围攻太原。

但这群人哪里是李光弼的对手，没过几天，李光弼就亲自率领主力冲出太原城，把蔡希德打得屁滚尿流，斩杀了七万多名叛军，彻底解除了太原之围。

那么，安禄山又是怎么死的呢？

756年一月，五十四岁的安禄山在洛阳称帝之后，因为过于肥胖，得了高血压（大概率），进而像当年的李治一样，视力逐渐下降。到757年一月的时候，他的双眼就基本失明了。

更悲摧的是，同样因为肥胖，安禄山的身上又长了很多毒疮，在古代那种医疗条件下，一旦谁的身上长了毒疮，基本就意味着可以去和黑白无常斗地主了。

项羽他二爹范增是因为这个死的，三国的益州老大刘焉以及曹操的千里驹曹休也都是因为这个死的。当年李世民打完高句丽，也差点因为这个崩了。

安禄山自然明白自己离死不远了，所以，身体上的疼痛加上精神上的折磨，让他性情大变。只要稍微有点不如意，他就会拿起皮鞭，猛抽手下的官员，或者拿起砍刀直接砍了他们。

搞到最后，安禄山竟然还把自己的两个心腹严庄和李猪儿也打了。

严庄是安禄山的首席大臣，安禄山称帝之后，基本不出皇宫，一切军国大事都由严庄转报。可一旦他转报的事情有瑕疵，安禄山就会把他痛揍一顿。

李猪儿，契丹人，十几岁时就当了安禄山的亲兵，为人聪明伶俐，勤劳能干，非常得安禄山的欢心。按照当时的传统，这种能干的小伙子，一般都会被将军们认作干儿子，当年安禄山就是因此成了名将张守珪的干儿子。

可是安禄山一点也不按套路出牌，为了让李猪儿永远伺候自己，竟然拿起砍刀，直接就把他的命根子剁了。

由于安禄山根本没有学过阉割术，加上又是第一次上手。所以，这一刀砍下去，场面相当血腥，史书记载"血流数升，欲死"。

安禄山见状，这才意识到大事不妙，赶紧去找了一些烧柴灰抹到李猪儿的伤口上，竟然把他救活了。

虽有割"宝"之仇，李猪儿倒也没敢记恨安禄山，此后竟然还像往常一样伺候着他。

后来，安禄山越长越胖，每次给他系腰带的时候，李猪儿都得先用头把他的肚子顶起来，再给他系腰带。

再后来，安禄山眼睛瞎了，经常睡不着觉，只有李猪儿伺候他的时候，才能安心睡一会儿。

就这么一个对自己忠心耿耿，埋头献宝、抬头顶肚的老仆人，安禄山竟然也打，而且还经常打。

狗急跳墙，兔急咬人，更何况是大老爷们。这两个人被抽得多了，自然就起了反心，想把安禄山整死。

这时候，安禄山的儿子安庆绪也想杀了他老爹。

安禄山有一个爱妾段氏，生了一个儿子叫安庆恩。安禄山称帝之后，段氏就想让自己的儿子当太子，于是，经常在安禄山面前说安庆绪的坏话，搞得安庆绪天天提心吊胆，想着杀父保命。

三个人都是安禄山的心腹，自然而然地联合了起来。

757年一月五日晚，月黑杀人夜，风高放火天。这三个被虐待的苦命儿，手持一米长的大砍刀，就冲进了安禄山的卧室。

只见李猪儿举起砍刀，朝着安禄山鼓起的大肚皮就是一砍，地板上顿时流淌着许多鲜血和肥肠。

安禄山临死之前倒还勇敢了一把，他忍着剧痛，赶紧摸身边的大刀，准备来一场正当防卫。可是他的刀早就被李猪儿拿跑了。

安禄山这才知道大势已去，大喊一声："这一定是家贼所为。"然后口吐鲜血，崩了。

安庆绪、严庄等人，赶紧在安禄山的床下挖了一个大坑，把他埋了进去，并命令宫中人不得把消息外泄。

第二天早上，严庄向外宣布安禄山病重，立安庆绪为太子。不久之后，安庆绪正式称帝，尊安禄山为太上皇，然后才将其正式下葬。

纵观安禄山的一生，生得糊涂，死得荒唐，应该是对他最好的总结。他爹是谁，不得而知，这叫生得糊涂。背信弃义，起兵造反，胸无大志，鼠目寸光，不知治理天下，只知抢掠百姓，最后被儿子所杀，这叫死得荒唐。

这样的一个人，只能说死得太晚了。

安庆绪当上伪燕的第二代领导人之后，由于性格懦弱，说话语无伦次，严庄恐怕众人不服，就把他丢在宫中，没有让他出来见人。

安庆绪的心倒也挺大，把严庄当成了异父异母的亲哥，任命严庄为御史大夫、冯翊王，大小事情都由严庄决定。他自己则一头扎进后宫，天天饮酒作乐，和美女们畅谈人生，好不快活。

叛军中央出现了如此大的内乱，按道理讲，正是唐军趁其病、要其命的最佳时机。如果此时唐军能一鼓作气，继续施行李泌的三步走战略，两年之内，灭了叛军基本不在话下。

但就在天下人满心欢喜，期待李亨接着出招的时候，李亨这边却搞了一场自废武功的表演秀——他把最能打的亲儿子李俶杀了。

我们前面讲过，李俶十分像当年的李世民，排行老三，英明果决，智谋超群，善于骑射。

马嵬驿兵变时，是李俶分析了天下局势，让李亨北上灵武称帝。前往灵武的途中，多次遇到强盗叛贼，又是李俶当了一路前锋，历经数次血战，守护了李亨的平安。

如此不可多得的儿子，李亨称帝不到半年，却把他杀了，原因何在？

原来李亨有个爱妾张良娣（良娣是太子妾的称号），随李亨从马嵬驿北上灵武，每次睡觉时，她都躺在李亨的前面。

李亨问她原因，她嗲声嗲气地说："卫兵不多，恐怕有变，我挡在前面，如果真遇到了事情，殿下可以从后面逃走啊。"

到了灵武之后，张良娣生下了一个儿子。刚刚坐月子三天，她就从床上起来，要给战士们缝衣服。李亨不让她干，她又争辩说："现在还不是妾顾及自身的时候，需要先考虑殿下的事情啊。"

如此会说话、如此会做人的老婆，哪个男人见了，不得感叹一句：娶妻如此，夫复何求？

但问题是，张良娣只是一个古代版的绿茶妹，她所做的一切都只是表象而已。从后来发生的事情看，她应该是把当年李显的老婆韦后当成了榜样。

李亨在灵武称帝之后，张良娣就露出了本来面目。

当时，李隆基给张良娣赐了一个镶有七种宝物的马鞍，李泌见了就劝李亨：

"如今天下动乱，应该向天下人宣示简朴，良娣不应该骑这种宝贵的马鞍。您应该把宝物摘下来，赏赐给有战功的人。"

李亨觉得很有道理，便听从了李泌的建议。

这时候，李俶刚好也在不远处，听到李泌和李亨的谈话之后，他不由自主地哭了起来。李亨问他为什么哭，他回答说："臣一直担心患乱难平，见父皇善于听从建议，相信用不了多久，就能接太上皇回宫了，因此臣太过高兴，没能忍住就哭了起来。"

如此为国为民、父慈子孝、令人感动的场面，张良娣听说之后，却立刻把那句"现在还不是妾顾及自身的时候，需要先考虑殿下的事情啊"抛在了脑后，把李泌与李俶视为眼中钉、肉中刺。

没过多久，李亨的心腹太监李辅国便察觉到了张良娣的心思，于是，这两人勾结起来，天天在李亨面前说李俶的坏话。

在前文中，我们讲到，李亨原来想让李俶当天下兵马大元帅，但是李泌害怕当年李世民与李建成的悲剧重演，就劝说李亨，让大儿子李俶担任了天下兵马大元帅。

李俶听说哥哥当了帅，非常高兴，因为他根本没想过当李世民第二，所以，他立刻找到李泌表示了谢意。

可是张良娣与李辅国这两人却诬告李俶，说他对此非常不满，并想杀了李俶。

这件事其实非常容易澄清，只要找到李俶和李泌一问便知。但是，李亨这人有一个很大的毛病，性格急躁、疑心很重，一般的大臣见了他都不敢完全表露心迹。

为了把他这个毛病的危害性降到最低，在李泌的要求下，皇宫之中还设立了一个元帅府，所有军国大事，先报给元帅府的李俶和李泌，他们商量完之后，再汇报给李亨。大家可以体会一下，李亨的脾气得有多坏。

所以，李亨听完张良娣与李辅国的汇报之后，当场就怒火中烧，根本没有找李泌、李俶调查一下，就把李倓赐死了。

李泌和李俶听说以后，全都大吃一惊。为了自救，李俶赶紧找到李泌，要求他和自己联起手，一起想办法杀了张良娣。

一百五十一　唐肃宗战略失误，郭子仪兵败长安

听完李俶要杀张良娣的计划，李泌不由得倒吸了一口凉气。

李俶是天下兵马大元帅，自己是元帅府长史，所有的军国大事，全部需要经过他们再转达给李亨。如果他们联合起来，此时杀掉张良娣肯定不是问题。但是杀了张良娣之后呢？

如果不夺李亨的权力，李亨会不会杀了李俶？毕竟李亨刚杀了一个儿子，再杀一个儿子，估计也不会有多少心理负担。

如果夺了李亨的权力，肯定要将其软禁起来。四川有一个太上皇李隆基，如今再软禁一个皇帝李亨，朝中大臣会怎么想？在前线浴血奋战的将士们会怎么想？天下不大乱才怪。

所以，李泌赶紧制止了这种自相残杀的行为，对惶恐不安的李俶说道：

"张良娣只是一个妇人，你只管尽儿子的孝心就行了，如果你能事事委曲求全，处处顺从她的意思，她也拿你没有什么办法。至于我自己嘛，我与皇上有约，等到收复京师，我就会返回山中继续隐居，张良娣也害不了我。"

李俶一听，很不高兴，你可以往山里跑，我还能往哪里跑啊？另外，如果顺从能够感化敌人，那要拳头干啥，你忘了俺弟弟李倓是咋死的？

所以，李俶根本没有听从李泌的建议，依然在私下里准备杀了张良娣。只不过因为李泌的阻挡，他不得不推迟了计划而已。

唐中央内部的危机，因为李泌的大公无私，以天下为重，终于消停了一段时间。

而早已整装待发的三路大军，终于可以继续执行李泌三步走战略中的第二步和第三步了。

李亨在扶风，郭子仪在河东，李光弼在太原，分别对叛军进行骚扰，使其首尾不能相顾，然后再从扶风抽调一些兵马北上，和李光弼一起袭击叛军的老巢范阳，使叛军进退不得，继而军心大乱，围而歼之。

但是，在"三步走战略"上已经盖过章、签过字的李亨，这时候却突然变卦了。他觉得位于扶风的二十万唐军，应该首先攻取长安。

表面上的理由是，敌军就在眼皮底下，不能舍近求远。但大家都知道，他私底下其实还有一个理由：攻占长安，有利于稳固自己的皇位。因为李隆基曾经在禅让诏书中说过，等李亨攻克了京师，他就交出所有大权（待克复上京已后，朕将凝神静虑）。

一向知人识人的李泌，自然知道李亨的这个小心思，不过为了更加长远的利益，他不得不据理力争道："现在让大军攻取两京，一定能够收复，但是叛军必然会东山再起，这不是长久之计啊。"

李亨不解地问道："你凭什么这样说？"

李泌接着分析说："我们的主力是西北各军镇的边防军以及西域各国的胡兵，他们喜寒但不耐热，如今他们士气正旺，打任何叛军，一定能够取胜。

如果现在去攻打两京，等打到洛阳的时候，就快到夏天了。到时候关东炎热，我军肯定不愿意打仗，叛军就有了喘息之机，一定会卷土重来。

但如果现在拿下范阳，叛军就没有了老巢，没有了民众基础，到时候便能一举平定。"

如此精辟的分析，从后来发生的事情看，这哪里是事前的预测，分明就是事后的总结嘛，老神仙算卦也不过如此。

可是，李亨依旧没有听从这个无比正确的建议。敌军东山再起还可以再打，但自己的皇位却不能一日不稳啊。

757年二月，在李亨固执的坚持下，唐军收复长安的战役便正式打响了。

李亨的初步战略是关门打狗，先让郭子仪拿下潼关，再把长安的叛军摁在地上使劲摩擦。

于是，二月中旬，郭子仪就派出了四员大将：儿子郭旰、左武锋使仆固怀恩、兵马使李韶光、大将王祚，率军三万前去攻打潼关。

这四个人中，必须介绍一下仆固怀恩。他属于少数民族铁勒人，646年李勣北灭薛延陀的时候，他们家投降了唐朝。在之后的一百多年里，他们家一直世袭金微都督，为大唐戍边。

受家族尚武之风的影响，仆固怀恩从小就非常好斗，长大以后更是骁勇善战，受到了原朔方节度使王忠嗣、安思顺等人的青睐。

安史之乱爆发之后，他就跟着新任朔方节度使郭子仪，一直从山西打到了河北，基本上每次打仗，他都是作为先锋，在前面猛打猛杀，至今未败过一仗（常为先锋，坚敌大阵，必经其战，勇冠三军）。

在一次战役中，他的儿子兵败被俘，假装投降了敌军，但不久之后，又逃了回来。这本来是一个很正常的行为，当年李勣投降窦建德，后来又跑回了唐朝，也没有影响人家成为一代名将。

但是仆固怀恩却不允许家里人有任何投敌行为，他大声将儿子当众辱骂了一顿，然后便拉下去砍了。

其他士兵见老板比敌人还狠，全都大吃一惊，吓得肾上腺素往上飙升，赶紧拼命杀敌，终于大破敌军。仆固怀恩的威名，也因此响彻三军。

后来，唐朝向回纥借兵，为了交好回纥，仆固怀恩又主动申请把自己的两个女儿嫁了过去。

让自己的儿子，以及这么一位既勇猛又忠心的大将去攻打潼关，可见郭子仪势在必得。

二月二十二日，郭旰、仆固怀恩等人率领唐军渡过黄河，杀向了一夫当关、万夫莫开的潼关。

由于敌军大意，仅仅打了半天，唐军就顺利拿下潼关。

但是，还没有等唐军站稳脚跟，叛军大将安守忠和李归仁就带着援军从长安杀了回来。

双方在潼关之下激战了整整两天两夜。结果出人意料，唐军竟然被打得大败而逃，死伤了一万多人。郭旰、李韶光、王祚三员大将全部战死。

只有仆固怀恩不负名将称谓，运用叫花子打狗——边打边走的战术，从潼关退到了渭水。

但是安守忠和李归仁不依不饶，在后面一直穷追猛打，最后将仆固怀恩打得骑着战马跳到渭河里面。幸运的是，这匹战马的游泳技术还挺高超，竟然把仆固怀恩又带回了河东。

准备收复长安的第一战，就打成了这副鬼样，李亨只好放弃了关门打狗的战略，任命郭子仪为司空、天下兵马副元帅，让他率军赶赴凤翔，从西面直接攻打长安。

从河东到凤翔，需要经过长安北部的三原县。刚刚打了胜仗的安守忠和李归仁，在得知郭子仪的动向之后，顿时精神焕发，觉得可以在三原县打一场漂亮的伏击战。于是，李归仁亲自率领五千精兵，埋伏在了郭子仪的必经之路上。

但是，他们显然低估了郭子仪的能力。经过敌占区，注意行军安全的常识，他还是知道的。

所以，在经过三原县之前，郭子仪就已经料到叛军会来袭击自己，他一早便让仆固怀恩率领几千精兵埋伏起来，专等叛军前来送死。

四月十三日晚，月明星稀，阴风阵阵，李归仁带着五千人，马衔枚、人衔草，很顺利地溜到了唐军的军营之前。

只见他骑上战马，大喊一声，就准备率军偷袭。但是，他的喊声还没有消散，仆固怀恩就兴冲冲地从他的侧翼杀了过去。

要偷袭别人，却被别人偷袭了，李归仁马上被吓成了李龟孙，调转马头就往回狂奔。仆固怀恩怎么可能轻易放过他，潼关之战自己被打成了落汤鸡，这一次无论如何也要让对方尝尝当鸡的滋味。

所以，仆固怀恩带着满腔的怒火，朝着李归仁就是一顿猛攻。片刻之后，叛军的阵营就一片血肉模糊，几乎全军覆没。李归仁见状，只好学习起几天前的仆固怀恩，跳到了旁边的白渠之中，当了一次鸡，侥幸逃得一命。

四月底，郭子仪终于顺利到达了凤翔。

随后，在李亨的命令下，郭子仪和另一位大将王思礼又马不停蹄地率领几万大军逼近长安，驻扎在渭水河岸。

叛军大将安守忠和李归仁，由于在长安城中大肆抢掠过几天，极其不得民心。他们自知守在城中等待唐军攻城，只能是等死。于是，他们便主动放弃了坚固的城池，率军驻扎在长安城的西面，准备和唐军来一场硬碰硬的较量。

经过前两次的互砍，双方都知道，对方的实力不容小觑。所以，在对垒的前七天，大家都大眼瞪小眼，谁也没有主动发起进攻。

五月六日，安守忠、李归仁见唐军还不准备进攻，就灵机一动，想了一条简单的计策，主动撤退，诱敌深入。

没承想，一向英明无比的郭子仪，和当年的哥舒翰一样，竟然轻易相信了。他带着所有的大军就向叛军冲了过去。

安守忠、李归仁大喜过望，立刻命令左右两翼的九千名骑兵，包抄到了唐军的后方，将唐军团团围了起来。一时之间，方圆几公里的战场之上，飞沙走石、昏天暗地，喊杀声、惨叫声响成了一片，犹如地狱之门开启的前奏。

不一会儿工夫，唐军就死伤大半，判官韩液、监军孙知古被俘，所有军用物资全部被缴。

郭子仪见大势已去，只好率领残兵败将，退回长安西边的武功。

这是自安史之乱以来，郭子仪亲自指挥战争时的第一场大败，而且败得毫无脾气，这让他彻底认识到了叛军的厉害。

于是，他开始不断地反省自己，招兵买马、训练士卒，总结经验与教训，为下一次大战做充足的准备。

李亨得知战败的消息，虽然很不满郭子仪这种"怡香院生龙活虎，到家里靠药来补"的行为，但也没有过分责怪他，只是将他从司空贬为左仆射，至于天下兵马副元帅一职，仍然保留。

为了安抚其他将士，提振士气，李亨又向当年的李渊学习，开始对将士们大肆封赏。

不知道大家还记得否，李渊当年起兵争天下的时候，有人劝他不要大肆封官，他是这么说的：

"雁门解围和援助东都的功臣，杨广都不舍得封赏，所以导致隋军将士毫无斗志，天下分崩离析。当年刘邦不吝惜封赏，最后才得到天下。天下之利，义无独享，我现在大肆封官，最后才能得到天下，你们懂啥。"

几百年后，西方的马基雅维利在《君主论》里也有过类似的描述：

"如果你正在夺取王权，那么，被人誉为慷慨是十分有利的……对于那些既不是你的东西，也不是你的老百姓的东西，你尽可以做一个很阔绰的施主……你慷他人之慨，只会为你增添名声，而不会对你的名声造成损毁。"

如今李亨说的是：

"钱我虽然没有，但是什么开府、特进、大将军等虚职，可以给你们委任状，自己看着填。"

搞到最后，有些官员的仆人，都能身着原来三品以上大员才能穿的金紫色袍服。唐朝封官赏爵之滥，至此达到了极点。

但这一招，和当年一样，对于提升士气依旧非常管用。四个月之后，唐军的士气便完全恢复过来，准备对长安发起第二次进攻。

一百五十二　收复两京，为什么说郭子仪赢得很侥幸

757年九月二十五日，唐肃宗李亨终于不愿意再等了。这两年来，他经历了太多磨难。

潼关失守，让他从太子变成了难民，仓皇而逃。

马嵬兵变，让他从幕后走向了台前，流亡北疆。

灵武称帝，他虽然成了九五至尊，但是放眼天下，山河破碎，民不聊生，兵微将寡，甚至连一个名不见经传的武将都敢在朝堂之上公然蔑视自己。

等到勤王之师从四面八方涌进灵武，他这才第一次体会到了作为皇帝的喜悦，可是随之而来的又是一连串的败报。

收复的河北十七郡再一次沦亡失陷；坚守一年的军事重镇南阳落入敌手；宰相房琯率五万大军兵败长安，自己的权威又一次遭到了亲人们的质疑。

父亲在四川点评自己不会用人："房琯非破贼之才。"弟弟在江南率领大军沿江东下，袭击广陵，不听召唤。强敌在侧，自己人却在窝里内斗。什么叫国破家亡，什么叫内忧外患？不过如此罢了。

幸运的是，萧墙之祸及时被灭。天下大部分军民依然效忠于大唐。随后，他秣马厉兵，积极备战，让大唐最能打的，曾经收复山西、连克河北，把叛军第二号人物史思明按在地上摩擦的名将郭子仪关门打狗。

可不曾想，叛军的战斗力竟然那么强悍，即便郭子仪也败得狼狈不堪。

敌人实在太强大了，如果有得选，他真的想当一个普通人，日出而作，日入而息，逍遥于天地之间，而心意自得。

可他没得选，他是大唐的天子，他身体里流淌着祖宗们驰骋沙场的血脉，他必须再赌一把，押上所有的赌注，即凤翔周围的二十万唐军，以及所有能拿得出手的将领：天下兵马大元帅李俶、副元帅郭子仪、神通大将李嗣业、名将仆固怀恩、大将王思礼等。

他要和叛军来一次真正的较量，既决胜负，也定生死。胜则收复京师，败则失去项上人头以及万里江山。

大军出发之前，李亨专门宴请了所有将领，在宴会之上，他无心观看美女们动人的舞蹈，也无心享受桌上丰盛的美食，他只是盯着郭子仪，深沉地说了一句："成败在此一举了！"

郭子仪看着李亨殷切的期望，也是百感交集。此战不仅关系到大唐的存亡，也关系到自己的身家性命。他只能胜不能败，而且还只能是速胜。高仙芝、封常清、哥舒翰的教训还历历在目啊。

"此行不捷，臣必死之。"郭子仪指天为誓。

757年九月二十七日，经过两天的行军，郭子仪率领二十万大军，又一次抵达了长安城西。

放眼这个往日繁华无比的国际大都市，郭子仪的心里没有一点激动。因为几个月前，就是在这里，他生平第一次尝到了失败的滋味，而且还是大败亏输。

不远处战友们的尸体，还横七竖八地躺在那里，在秋风瑟瑟的天地间，显得格外悲凉。

来吧，报仇的时候到了！

叛将安守忠、李归仁虽然只有十万叛军，处于人数上的绝对劣势。但由于四个月前，轻松打败了郭子仪，所以，这一次他们依旧选择了出城迎战，而且还主动发起了进攻——李归仁亲率数千精兵，二话不说，就朝唐军冲了过去。

看到敌军冲来，郭子仪立刻命令打仗向来勇猛的神通大将李嗣业，率领前锋部队，跨上战马，提起陌刀，和敌军展开了对冲。

电光火石之间，双方混战成一团。不到一顿饭的工夫，李归仁就在李嗣业的疯狂砍杀之下，开始向后撤去。

李嗣业见状，急忙挥动令旗，命令所有士兵立刻追击，准备痛打落水狗。但是，当唐军追到叛军阵前的时候，他们才惊讶地发现，又中计了。

原来李归仁只是佯败，后面的十万叛军早已磨刀霍霍，等待着唐军的到来。只见李归仁调转马头，大喊一声："兄弟们，冲啊！"这群人便像疯子一样哇哇直叫，向唐军反扑了过来。

正追得起劲的唐军就跟看见棺材里的老头活过来一样，吓得惊慌失措，丢下了武器以及所有军用物资，开始往回狂奔。

眼看唐军又要大败，情急之下，李嗣业大喊一声："今日若不拼死抵抗，我军就要全军覆没！"

紧接着，他便做了一件令所有人目瞪口呆的事情：脱掉上衣，手执陌刀，立于阵前，一边呼喊，一边奋勇杀敌，连将数十名敌人斩于马下。

正在逃跑的唐军士兵，看到主帅竟然如此勇猛，顿时备受鼓舞，又恢复了士气，逐渐稳住了阵脚。

随后，李嗣业亲率两千多名和自己一样不要命的陌刀手，排成了几排，挥舞着长刀，像墙一样不断向前推进。

受李嗣业的影响，都知兵马使王难得也表现得极为勇猛，为了救手下，他一不小心被叛军射中了眼角。而眼上垂下来的肉皮，正好又遮住了他的眼睛。

受此重伤，如果是一般人，要么赶紧撤离战场，要么倒在地上痛得打滚。但是他却坚决不下战场，忍着剧痛，亲手拔掉了箭头，扯掉了盖在眼上的肉皮，以至于血流满面，惨不忍睹。可他依旧挥舞着战刀，奋勇杀敌，堪比《三国演义》中的夏侯惇。

李嗣业和王难得这么一拼命，把叛军全都吓蒙了。

打了两年仗，从来没见过这么不要命的对手，更没见过中了计还能反打过来的敌人。

一年多以前，哥舒翰中计，唐朝二十万大军全军覆没。几个月前，郭子仪中计，被打得丢盔弃甲。今天，李嗣业中计，竟然稳住了阵脚，还要来一波反推，这仗还怎么打？

于是，叛军的心理受到了严重的暴击，纷纷开始败退下来。

不过，安守忠和李归仁毕竟是镇守一方的猛将，面对如此不利的局面，他们竟然又想到了一条妙计。在混乱不堪的战场上，他们调集几千精兵，埋伏到了阵地的东侧，准备狠狠给乘胜追击的李嗣业一记闷棍。

可惜啊，魔高一尺，道高一丈。坐镇中军的郭子仪一看到叛军的人马变动，就敏锐地察觉到了东侧的伏兵，他急忙命令名将仆固怀恩亲自率领回纥骑兵，把叛军的伏兵一锅端了。

这一下，安守忠和李归仁算是彻底没了脾气，除了拼命抵抗以外，再也没有别的办法。

郭子仪看到时机成熟，一声令下，终于对叛军发动了总攻。

一瞬间，三十万杀红了眼的热血男儿，在长安西边的大地上搅成了一团。在此之前，他们素不相识，他们无冤无仇，甚至他们的身体里，还可能流着共同祖先的血液，可在这一刻，他们却成了不共戴天的仇敌。

命运如此捉弄人，让他们犹如棋盘上的棋子，一切生杀大权，都掌握在棋手的手中。可是他们现在还来不及感叹，眼前最重要的事情，毫无疑问是先砍了对方再说。

在一片厮杀声、惨叫声中，他们一直从上午十一点，砍到了下午六点，整整七个小时。地上血流成河，天上残阳如血，人间地狱不过如此。唐军终于凭借杀敌六万余人、俘虏两万余人的战绩，赢得了此战的最终胜利。

安守忠、李归仁带领残兵败将逃回长安，仆固怀恩准备乘胜追击，请求带领两百名骑兵，活捉安守忠等人。但是，李俶害怕城中有诈，好不容易取得的胜利毁于一旦，所以，他坚决拒绝了仆固怀恩的建议，要求第二天再作打算。

仆固怀恩据理力争道："安守忠、李归仁都是叛军中骁勇善战的大将，如今被我们打败，实乃天赐良机，怎么能够放虎归山？如果让他们收拾残兵，再来与我们作战，那时后悔就来不及了！再说兵贵神速，为何要等到明天？"

但是李俶依旧固执己见，让仆固怀恩返回营中。当晚，仆固怀恩又连续请求了四五次，可李俶铁了心不让仆固怀恩追击。安守忠、李归仁因此得以连夜弃城逃跑，这就为后来唐军的邺城之败埋下了伏笔。

第二天一早，沦陷了一年多的长安，终于回到了大唐的怀抱。

随后，李俶、郭子仪马不停蹄地向着东都洛阳杀了过去。十月三日，唐军连续攻克华阴、弘农二郡，兵锋直指洛阳。

为了阻止唐军东进，伪燕皇帝安庆绪命令他的第一谋士严庄率领洛阳城内的十五万大军，全部开到了陕郡（今三门峡），与大将张通儒汇合，准备和唐军再来一次生死对决。

十月十五日，郭子仪率领前锋部队在新店（今三门峡西南）遭遇了叛军，双方随即展开了激战。

这一次，叛军学聪明了，他们没有主动发起进攻，而是依山布阵，首先占领了高地，只等唐军去攻。

郭子仪再次令李嗣业为前锋，冒着枪林弹雨，朝着敌军的阵地冲了过去。不一会儿的工夫，唐军就冲到了半山腰。

可是，武功再高，也怕菜刀啊。由于敌军占尽了地利的优势，可以居高临下随意朝唐军拍砖，所以，搞到最后，唐军竟然开始节节败退，被赶到了山下。

张通儒大喜过望，准备对唐军发动全面反扑，以报长安兵败之仇。可就在这千钧一发之际，叛军身后突然烟尘滚滚，杀声震天。

原来，早在两军决战之前，郭子仪就让回纥骑兵绕到了山后，去搜寻叛军的伏兵。没承想，伏兵没找到，正好遇到了唐军在山前的败退。于是，回纥骑兵犹如神兵天降，在叛军的背后发动了突然袭击。

叛军回头一看，大吃一惊，一面大喊："回纥兵来了！"一面四散而逃。郭子仪、李嗣业立刻回师，与回纥兵前后夹击，将叛军打得尸横遍野，惨不忍睹，十五万大军所剩无几。

严庄、张通儒见大势已去，只好带着残兵败将逃回了洛阳。安庆绪听完他俩的汇报，吓得脸色苍白，当天夜晚便带领着手下火速逃往了邺郡（今河南安阳）。

而严庄则弃暗投明，投降了大唐。唐朝为了显示以人为本的宽大胸怀，还让这位安史之乱始作俑者的谋士当了司农卿（从三品）。

唐军乘胜追击，于十八日成功收复洛阳。随后一周，郭子仪先后解放了河内、陈留（今开封）等郡，黄河以南的土地，基本回到了大唐的怀抱。

十月二十三日，唐肃宗李亨率领文武百官，正式回到了阔别已久的长安。站在城墙之上，眺望着如画般的山河，他知道自己成功了，大唐的江山又回来了，皇位也稳了。

但是，转过头，李亨便又看到最不愿意看到的一幕——供奉列祖列宗的太庙被叛军烧了。

李亨悲从中来，号啕大哭。此仇不报，如何对得起列祖列宗，安庆绪，朕一定要将你碎尸万段！

一百五十三　防老子、防儿子、防大将，李亨终成李隆基

收复两京之后，李亨急忙把李泌叫到宫中商讨下一步战略计划。

两人刚一见面，李亨就"戏精"上身，开启了表演模式："朕已经上表，请求太皇上回京了，到时候朕会让出帝位，继续到东宫当太子。"

聪明人都懂，这完全是一道送分题。你可以随便找一个理由反驳皇帝，皇帝都会很高兴。例如公鸡下蛋了，火星撞地球了，奥特曼被小怪兽打死了等，总之一句话，李亨就是天选之子，皇位不能让。

李泌作为常年修行的老道，瞎扯的理论功夫自然是高深莫测。不过，这一次，他并没有神神道道，而是选择了以德服人。

"上表还能够追回吗？"

"已经走远了。"

"太上皇不会回来。"

"为什么？"李亨吃惊地问道。

"太上皇收到上表，肯定会认为，陛下是在试探他想不想再当皇帝。所以，

太上皇肯定不会回来了啊。"

李亨一听，赶紧用洋葱抹眼睛，挤出了两行眼泪，一边哭，一边问："朕是真心想把帝位复归太上皇。现在听了先生的话，才知道这是失策啊。那该怎么办呢？"

李泌答道："现在可以用群臣的名义，再上一篇贺表，就说陛下在灵武称帝是群臣的意思，而陛下一直思念着太上皇，想请太上皇立刻返回京城，使陛下能够尽孝心就可以了。"

这个回答的高明之处就在于，把责任全都推到了群臣的身上，李亨想让皇位，但是群臣不允许。李隆基是个聪明人，看到儿子众望所归，即便不想回京，也得回了。

李亨大喜不已，按照谁出主意谁干活的原则，当即就让李泌写了一封表书送往四川。

演完这出不大不小的样板戏，已经到了傍晚。导演兼男主角李亨就把李泌留在宫中，两人饮酒作乐，同床而卧。

在李亨看来，好兄弟就得是一起扛过枪，一起同过床。可在李泌看来，天下即将太平，他已经到了该走的时候了。

水满则溢，月盈则亏，古往今来和皇帝一起睡的大臣，几个有好下场？更何况出山之前，自己就许诺过收复京师以后重归山林的。

"现在我已经报答了陛下的知遇之恩，该重新做回隐士了！"李泌趁李亨高兴，如此说道。

李亨大吃一惊，急忙问道："朕与先生多少年来共经患难，如今正是共享富贵之时，先生为何离我而去呢？"

"我有五条理由不能留下，希望陛下能答应我离去，让我免于一死。"

"你说这话是什么意思？"

"我与陛下相遇太早，陛下任用我太重，宠爱我太深，我的功劳太大，事迹太奇，以上五条，就是我不能留在朝中的原因。"

"先睡觉吧，以后再说这件事。"

可李泌不依不饶继续说道："陛下现在与我同床而睡，都不答应，以后在朝堂之上，还会答应吗？陛下不答应我离开，实际上就是在杀我啊。"

"没有想到你对朕的疑心如此之重，朕怎么可能杀你呢？朕不是越王勾践，不会做出杀功臣文种的事情！"李亨愤怒地答道。

"正因为陛下不会杀我，所以我才会要求离去；如果陛下真要杀我，我还怎么敢说离开呢！再说了，要杀我的不是陛下，而是那五条理由啊。以前陛下待我如此之好，我有时候还不敢直言进谏，何况现在天下已定，我还敢直言吗？"

李亨长叹一声，想了一会儿又问道："你是因为朕没有听从你北伐的计谋，才要离开的吗？"

"不是北伐，而是建宁王李倓的事情。"

李亨心头一惊，急忙解释说："李倓是朕的爱子，为人英勇果断，在危难之际立下大功，朕怎么能不知道！但是他受小人教唆，想要谋害他的哥哥广平王李俶，图谋太子之位，朕这才不得已除掉他，你又怎么知道我的苦衷啊？"

"建宁王如果有谋害太子之意，太子应该怨恨他才对。但是太子每次对我言及此事，都痛哭不止，称建宁王冤枉。我现在已经决定离陛下而去，所以才敢于说这件事啊。"

"建宁王曾经在晚上到李俶的门前，想要害死李俶，你不知道？"

"这些都是谗言而已，建宁王孝顺、聪明，怎么会做这种事情？再说了，以前陛下想让建宁王当天下兵马大元帅，我请求任用广平王李俶。如果建宁王想要杀害哥哥，自己当太子，他肯定要恨我才对。然而他却认为我忠心耿耿，与我更加亲善，通过此事，陛下就可看出建宁王是多么好的一个人啊。"

听完李泌所言，李亨这才幡然悔悟："先生所言极是，请不要再说了！"

"我之所以谈起此事，并不是要陛下承认错误，而是想让陛下以史为鉴啊。以前武后有四个儿子，长子是太子李弘，武后图谋皇位，十分讨厌他的聪明才智，就毒杀了他，又立次子雍王李贤为太子。李贤心怀忧惧，就作了《黄台瓜辞》，希望武后能够念及母子之情，饶他一命，可武后不听，李贤最后还是死在了黔中。他所作的《黄台瓜辞》是这样说的：'种瓜黄台下，瓜熟子离离。一摘使瓜好，再摘使瓜稀，三摘犹为可，四摘抱蔓归！'现在陛下已经一摘瓜了，希望您不要再摘了！"

听完这首诗，李亨再也忍不住悲伤，号啕大哭。他现在只怪自己听信谗言，错杀了儿子，可一切都已经晚了，他除了追悔莫及之外，只能将这首诗牢牢记在心里。从此以后，无论张良娣如何诬陷李俶，李亨再也没有动过杀子之心。

李唐皇室内部的激烈斗争，注意，是激烈斗争，而不是非激烈斗争，终于因此消停了几年。

不过，李泌的辞职报告，当晚李亨并没有批准。李泌的清心寡欲让他钦佩，李泌的无私让他震惊，李泌的智慧让他折服。如此一位亦师亦友，数百年不出的奇人，任谁也不舍得放手，更何况，河北还没有收复，他还需要李泌的帮助。

可李泌早已归心似箭，无论李亨如何挽留，他都执意要走。两个人你来我往，一直打了半个月的口水仗，李亨这才迫不得已，允许李泌返回了衡山，并让当地官员为李泌在山中建造房屋，给予他三品官员的待遇。

不过，李泌的传奇人生并没有结束，以后代宗、德宗两朝，他还会复出，大有一番作为，到时候我们再讲。

李泌的归隐对于他自己来说，毫无疑问是明智之举，堪比范蠡和张良，让历史故事中又多了一件美谈。

可对于当时的天下百姓来说，他的离去，无异于让大家经历了一场巨大的浩劫。因为在之后的几年里，没有他辅佐的李亨，又犯下了几个巨大的错误，导致原本最多只需要一年就能平定的安史之乱又延续了整整五年之久。

757年十月底，也就是安史之乱爆发两周年之前，安庆绪率领一千多名残兵败将逃到了邺城，改邺郡为安成府，改年号为天成。

叛将蔡希德、田承嗣、武令珣听说老大跑了以后，也急忙从上党、颍川、南阳等地跑回了邺城。

但是，和安禄山关系最好的史思明见安庆绪大势已去，就在两个月后，阴了大侄子一把，带领手下的八万雄兵，以及十三个郡投降了唐朝。

李亨大喜过望，当即把史思明封为归义王、范阳节度使，并下令让他去剿灭安庆绪。

不过这招借刀杀人的把戏太过明显，史思明这家伙只领赏不干事，待在范阳几个月，就是不去攻打安庆绪。

在李光弼的建议下，李亨只好想方设法，策反了史思明派往京城的使者乌承恩，让他找个机会把史思明剁了。

乌承恩到达范阳之后，活干得还挺麻溜，一边招募家兵，一边搞Cosplay——晚上穿着女人的衣服，跑到其他将领家里策反人家。可惜啊，乌承恩的眼光和唐僧有一拼，认不清谁是妖怪，谁是好人，被他策反的将领转过身就告诉了史思明。

史思明大吃一惊，趁着一次宴会的机会，把乌承恩以及他的小儿子留在了自己家的客房里，并在他俩的床下安了两个人体监控。

这父子俩也是糊涂蛋，这么大的人体监控，竟然没有发现。半夜时分，夜深人静，乌承恩见四下无人，便和他的小儿子商量起如何杀掉史思明。

就在他们聊得激动万分的时候，床下的那两个人体监控"哇"的一声就冲了出来，将这俩倒霉蛋绑了起来。

史思明大怒不已，将乌承恩父子当场活活打死，再次举起了造反的大旗。

此时，时间已经来到了758年九月，距离唐军收复两京，已经过去了整整十一个月。

李亨见计谋败露，只好又改变策略，命几十万大军，兵分十路，对邺城发起了最后的总攻。

这十路大军分别为：朔方节度使郭子仪、河东节度使李光弼、镇西及北庭节度使李嗣业、关内及泽潞节度使王思礼、平卢兵马使董秦、淮西节度使鲁炅、兴平节度使李奂、滑濮节度使许叔冀、郑蔡节度使季广琛以及河南节度使崔光远。

从阵容上看，这些人完全可以称得上天下无敌，打小小的邺郡根本不在话下。

但是，李亨却犯了一个根本性的错误，他没有给这十路大军安排统帅，只派了一个根本不懂军事的太监鱼朝恩为"观军容宣慰处置使"监督诸军。

至于原因嘛，《两唐书》和《资治通鉴》中都说是：帝以子仪、光弼俱是元勋，难相统属，故不立元帅。

可是这个理由骗鬼可以，司马光自己估计都不相信。

郭子仪和李光弼虽然都是元勋，但根本不存在"难相统属"这件事。其原因有两个。

第一，李光弼原来就是郭子仪的手下，李光弼的部下，也有很多是郭子仪原来的部下，郭子仪下达的命令他们怎么敢不听？

第二，这段时间以来，郭子仪收复了两京，李光弼只是打了一个太原保卫战。目前他的功劳和鲁炅守襄阳差不多，怎么能和郭子仪相提并论？让郭子仪当元帅，他会不服？

如果真有不服的人，郭子仪作为当时最优秀的将领，也有办法让他心服口服，何须皇帝操心？

所以，这件事的根本不在于"难相统属"，而只是李亨为了不让郭子仪一家独大而采取的平衡之策而已。

虽说搞平衡这件事不能完全怪李亨。因为无论哪一个皇帝处于他这种境地，都会搞平衡，不然这皇帝迟早会被大臣们搞死。

可是平衡术不是这么搞的啊，平衡的前提是得保证战争的胜利，失去了胜利，平衡又有什么意义？

安史之乱爆发后，让一个不懂军事，甚至都没有上过战场的太监当监军，得到的教训还少吗？高仙芝、封常清不就是被太监边令诚所害吗？

这才过去几年，李亨竟然又犯下了这么重大的错误，和他爹李隆基简直一模一样。

如何既搞平衡，又能保证战争胜利？其实非常简单，可以让李俶为元帅，郭子仪为第一副元帅，李光弼为第二副元帅。

李俶与郭子仪的组合有目共睹，收复了两京就是最好的证明。

作为一个中兴之主，李亨肯定也有过这种想法，但他为什么没有这么做呢？

极大的可能是他还在提防亲儿子李俶。

李俶如果带领大军成功收复了河北，谁能保证他不会成为第二个李世民？

在电视剧《亮剑》的结尾，李云龙曾说过这么一段话：

"一支具有优良传统的部队，往往具有培养英雄的土壤。英雄或是优秀军人的出现，往往是由集体形式出现而不是由个体形式出现。他们受到同样传统的影响，养成了同样性格和气质。

这种传统和性格，是由部队组建时首任军事首长的性格和气质决定的，他给这支部队注入了灵魂。

从此不管岁月流逝，人员更迭，这支部队灵魂永在……"

李世民作为大唐事实上的开国君主，军队实际上的第一任首长，他给大唐的军队注入了勇猛、无畏、敢于亮剑的基因，从此，大唐涌现出一大批所向无敌的猛将，成为史无前例的超级大国。

同时，李世民也给李唐皇室注入了阴谋、兵变的造反基因，让皇室也涌现出一大批阴谋家：李承乾、李祐、武则天、李显、韦后、李重福、李旦、李隆基等。几乎每一任皇帝都造反过或者被造反过。有这些祖宗的"庇佑"，李俶立下大功之后会不会造反，还真不好说。

上防老爹李隆基，中防儿子李俶，下防大将郭子仪，老实说，笔者还真有点心疼李亨，不过，也只能心疼三秒。欲戴王冠，必承其重，毕竟现在还不是防自己人的时候。

敌人未乱，而自己先乱，邺城之战从这一刻开始就已经注定了以悲剧收场。

一百五十四　五万大败六十万，史思明迎来高光时刻

接到李亨进攻邺城的诏令，郭子仪、李嗣业、季广琛、崔光远等人率先渡过黄河，杀敌四千多人，包围了卫州（今河南卫辉）。

卫州距离邺城只有两百里，是邺城的南大门，这里一旦失守，邺城就将直接暴露于唐军的火力之下。

所以，安庆绪得知卫州被围，便亲自率领大将崔乾佑（潼关之战俘虏哥舒翰的那位）、田承嗣（打南阳让鲁炅吃老鼠的那位）以及七万大军，火急火燎地赶往了卫州。

不知道大家还记得不，在之前的战争中，叛军特别喜欢用"佯装败退，再突然袭击"的战法，潼关之战如此，郭子仪第一次打长安时也如此，唐军在这个战法上面没少吃亏。

所以，这一次，郭子仪决定给叛军一个惊喜——走叛军的路，让叛军无路可走。

两军刚一交战，郭子仪就佯装败退，向后狂逃。

安庆绪、崔乾佑以为，只有自己才会这么玩，所以，他们想也没想，就和当年的哥舒翰一样，带着人追了出去。

追了几里之后，早就埋伏好的三千名弓箭手，突然从叛军的侧翼跳了出来，对着叛军就是一顿乱射，一时间箭如雨下，多如牛毛。

安庆绪这才意识到中了埋伏，赶紧撤退，可惜为时已晚。郭子仪立刻调转马头，逮着叛军就是一顿狂薅。不到两个小时，唐军便斩杀四万叛军，缴获数万铠甲，还俘虏了安庆绪的亲弟弟安庆和，又攻下了卫州。

随后，郭子仪率领大军进逼邺城。

安庆绪不甘心失败，召集残部在城外的愁思冈和唐军展开了一次大决战。唐军再次斩杀三万叛军，将安庆绪打成了缩头乌龟，再也不敢出战。

几天之后，其他六路唐军也相继赶到了邺城。此时，唐军的总军兵已经达到了六十万左右，而邺城之中的叛军不过一两万而已。

如果唐军能够抓住机会，全力攻城，哪怕每个人对着城墙砍上一刀，相信用不了多久，邺城也会被攻克。

但是，不可思议的事情开始出现了。六十万唐军围城两个月，竟然没有攻下来。其原因大概有两个：

首先，这十路大军的统帅对监军太监鱼朝恩十分反感。

大家都是从战场里真刀真枪杀出来的中兴之臣，凭什么要听一个太监的命令？如果是和平时期，太监代表着皇帝，大家即便不服，也得忍住。

但现在是战乱之时，别说太监的命令，就是皇帝的命令，他们有时候也敢违抗。

例如东北军的董秦，两任安东节度使都是他拥护上台的，根本没有经过中央的任命（事后中央才追认），其中第一任节度使被毒死时，还有他的一份功劳。

这种人怎么可能愿意听从一个太监的指挥？

其次，不是叛军头太铁，而是唐军在放水。没有设置主帅，导致十路唐军全都想自保，没有人愿意拼命攻城（诸将自图全，人无斗志）。

即便有人愿意攻城，也得不到其他人的配合，因为大家都害怕你抢占功劳。况且，不配合的同事还算好同事，更甚者也许还会有人给敌人通风报信。

反正搞到最后，除了神通大将李嗣业以外，大家都不愿意攻城了。只是把邺城围了起来，又引漳水把城淹了，坐等着城塌了，或者安庆绪饿死了，到时候大家再一拥而上，到城里抢功劳。

不过围城这一招还是有点用的，几个月后，邺城内老鼠的身价便涨到了四千文一只，甚至还有人开始吃屎了，不是吃人屎，而是吃马屎中没有消化的碳水化合物。

可是战马能有多少屎，哪能经得住叛军拼命吃呢？

所以，还没过几天，这些叛军连屎都没得吃了。安庆绪这下算是愁坏了，左想右想，半天也没有崩出来一个屁。

就在叛军为屎犯难的时候，北方传来了一条大好消息——十三万"史军"，在史思明的带领下浩浩荡荡地杀了过来。

原来唐军把邺城围起来之后，安庆绪就给范阳的史思明写了一封求救信，表示只要史思明出兵相救，他愿意把伪燕的帝位让给对方。

唇亡齿寒，即便没有这封信，史思明也要发兵来救，更何况还能得到帝位。

不过，由于前两年史思明被郭子仪、李光弼联合双打打得太惨，所以，这一次他没敢直接和他俩硬刚，而是专挑软柿子捏，率先攻打了驻守在魏州（今河北大名县）的崔光远。

崔光远的作战能力比较一般，而且手下只有一千多人，面对史思明十几万大军的进攻，自然抵挡不住。于是，他急忙向郭子仪求救。

可是，老郭两眼一翻，抬头看天，装作啥也没听见。

不是我心太狠，拒绝你的亲吻，而是你不上道啊。前段时候攻打邺城的时候，你说我高傲，拒绝我的指挥和拥抱，现在又想和我缠绵，你咋那么贱？

无奈之下，崔光远只好派出大将李处崟（yín）带了一千多人前去迎战。一千多对十几万，结果可想而知，李处崟刚看到敌军，就一边骂领导，一边往回跑，逃回魏州城，准备据城死守。

史思明追到城下，灵机一动，想了一条离间计，他对着城内大喊："李处崟，我的好兄弟，你让我来到你的窗外，为何又把我拒之门外？"

崔光远一听这话，顿时一阵恶心，竟然下令把李处崟腰斩了。

当天晚上，魏州城便被史思明攻克了，城中三万军民被杀，崔光远连夜逃跑。

759年正月初一，旗开得胜的史思明容光焕发，在魏州城的北边设下祭坛，自称大圣燕王，要向天再借五百年。

这时候，李光弼终于坐不住了。他知道史思明并非等闲之辈，大家如果再这么耗下去，史思明肯定会在背后袭击唐军。

于是，李光弼赶紧向监军太监鱼朝恩请命，希望能让自己带着朔方军到魏州防备史思明。史思明是自己的手下败将，肯定不敢轻易出战。再过一段时间，邺城就会不攻自破。安庆绪一死，史军必然军心涣散，届时就可将史思明一举而擒。

如此好的建议，可惜监军太监鱼朝恩就是不听。至于原因嘛，史书中没有记载，大概率是鱼朝恩在出发之前，就接到了李亨的命令，让他防止这些功臣建立大功，以免尾大不掉。

因此唐军可能获胜的最后一个机会，就这么被白白浪费了。

接下来的时间里，毫无斗志、只求自保的唐军将士，开始像一群群丧尸那样，继续围困着邺城，大眼瞪小眼，啥事也不干，只看叛军如何精彩表演了。

　　一月中旬，安庆绪见唐军半死不活，便打开城门，准备出城抢点东西。

　　可惜这一次他出门忘了看皇历，正好遇到了唯一愿意打仗的神通大将李嗣业（诸将无功，独嗣业被坚数奋，为诸军冠）。

　　李嗣业立刻披甲上阵，带头向叛军冲了过去。安庆绪大吃一惊，一面夹起尾巴往城中跑，一面命令城上的士兵放箭掩护自己。

　　李嗣业估计出门也忘了看皇历，就在他紧追不舍的时候，一支流箭刚好射中了他。只听"啊"的一声，李嗣业跌落在马下，被手下人抬回了军营。

　　经过几个小时的紧急抢救，李嗣业终于被从鬼门关扯了回来。

　　俗话说，大难不死必有补刀。

　　就在李嗣业伤势即将痊愈的时候，安庆绪又派人出来抢东西了。正在静养的李嗣业听见鼓声，大吃一惊，急忙喊手下前去杀敌。

　　可是他刚喊了两声，刚刚长好的伤口瞬间就崩裂了，鲜血像喷泉一样汩汩涌出，不一会，李嗣业便因流血过多而壮烈牺牲，享年不知其岁。

　　想当年，跨越帕米尔高原，远征小勃律时，他独提陌刀，勇闯关卡，绝处先登，毫不畏惧，是何等英勇。

　　想当年，东西方两大帝国，在中亚的怛罗斯鏖战时，他身陷重围，却手持大棒，暴捶数十敌军，掩护高仙芝撤退，是何等壮烈。

　　想当年，收复长安时，唐军中计败退，险些崩溃，他袒露上身，横刀立马，率领两千陌刀手，如墙一般向前推进，终于扭转乾坤，是何等豪迈。

　　最艰难的时刻都挺过去了，如今却在胜利的前夜莫名其妙地死在了这里，实在是令人扼腕叹息啊！

　　李嗣业死后，唐军的士气更加凉凉了。反之，史思明这边则成了冬天里的一把火。

　　经过几天的观察，史思明发现如今的唐军就像纸糊的老虎，人数挺多，但没有多少战斗力。所以，他带着十几万大军，离开魏州，驻扎在距离邺城仅仅五十里的地方。

为了疲惫唐军，史思明从每个营中，精挑细选了五百名骑兵，每天都到邺城外面打游击。

而且，他们还精通"敌驻我扰，敌疲我打，敌进我退，敌退我追"的战法，即唐军如果不出战，他们就到处瞎溜达，抢劫粮草以及牛马。唐军如果出战，他们就跑回军营，让唐军打不着。

没过几天，史思明又想出一个鬼点子，他让人穿上唐军的服装，窃取唐军的号令，溜达到唐军的粮仓，一把火烧了不少粮草。几天之后，史思明故伎重施，又烧了唐军不少粮草。

搞到最后，各路唐军都出现了粮食紧缺、人心涣散等极为不利的状况。

有人可能会说，唐军又不是猪，为啥就破解不了史思明的骚扰？

还是那个原因：没有人统一指挥。

十路唐军都不知道对方的军队调动情况。看到史思明的人穿着唐军军装，他们也不知道对方是友军还是敌军。

可以这么说，这六十万唐军，就是一个没有脑袋的巨人，除了被史思明牵着鼻子溜达以外，别无选择。

759年三月六日，玩弄了唐军两个月之后，史思明意识到机会终于来了。于是，他率领精兵五万，直接杀到了邺城之下。

由于指挥混乱，唐军看到叛军以后，还以为是敌军的流动部队，根本没有在意。史思明见状大喜不已，身先士卒，朝着唐军便冲了过去。

李光弼、王思礼、许叔冀、鲁炅等人这时候才反应过来，赶紧率军抵抗。

双方一通乱战，在四打一的情况下，竟然打得势均力敌，死伤各半。另外，鲁炅还被射中了一箭。

郭子仪见双方打得难舍难分，也急忙率军前来助战。但是，还没来得及布阵，"三国演义"就变成了"西游记"，大风急起，吹沙拔木，天地之间一片昏暗，咫尺之间，人马不辨。

唐军、叛军全都大吃一惊，不敢再战。唐军向南逃窜，叛军向北溃退，双方竟然都被老天爷打得大败而逃。

不过，笔者严重怀疑，这只是史官美化唐军的说法。

因为唐军败退之后，史思明还派出了一个叫周贽的人连追唐军四百里，一直追到了河阳。如果史思明也败退了，怎么可能派人去追击六十万唐军？

所以，真实的历史大概率是唐军单方面吃了大亏。虽然史书中并没有写明唐军到底损失了多少，但从各种史料之中，我们可以得知，仅郭子仪部就丧失了大约七千匹战马（一共一万匹），十万副盔甲，六七万石粮食（约八百万斤），士兵数量未知。其他各部，除李光弼、王思礼全军返回以外，损失应该都不少。

更可恶的是，这些唐军败退下来以后，又在沿路大肆抢掠自己的百姓，胡乱践踏自己的国民，一直乱了十几天，才逐渐安定下来，在各路节度使的带领下逃回了本镇。

其中鲁炅所部因为他中箭有伤，无法制止，所以抢得最为厉害。李亨得知以后大怒不已，将鲁炅贬了几级，搞得他羞愧不已，几天之后便服毒自杀了，享年五十七岁。

鲁炅，也算是一员名将啊。在大唐最危难的时刻，他临危受命，以几千孤军坚守南阳日夜作战，整整一年，吃老鼠、吃草根、吃树皮，甚至人相食，也宁死不降，终保江南一方平安。

如今，这样的猛将，却因为羞愧难当而服毒自杀，没有战死在沙场，真可谓死得比李嗣业还要窝囊。

眼看叛军只剩下最后一口气，唐朝就要中兴，胜利就在眼前，六十万唐军竟然在李亨的胡乱安排下，损失了两员猛将、数万精兵。

一将无能，累死千军。这样糊涂的皇帝，这样无能的中央，将领们怎么会心服口服？

经此一战，此后的藩镇割据，也许就成了定局。

看到唐军败得如此之惨，洛阳城中的官吏百姓，全都惊恐不已，纷纷逃到了山中。甚至连郭子仪的手下，也都来劝说郭子仪弃守河阳、洛阳，直接逃往陕郡。

眼看这群鼠目寸光的家伙，要把老大往沟里带，重演封常清当年的悲剧，都虞候张用济赶紧把郭子仪劝了回来："陕州连年饥荒，不如坚守河阳，叛军如果来攻，就全力坚守。"

郭子仪当然知道封常清当年是怎么死的，所以，他当即下定决心，命令朔方军切断河阳桥，以确保东京洛阳的安全。

这边河阳桥刚被切断，叛军行军司马周贽就率领追军抵达了河阳。郭子仪趁敌军立足未稳，立刻带领剩下的几万残兵败将，对叛军发动了攻击。

周贽根本没料到唐军还能发动反攻，顿时阵脚大乱，被打得大败而逃。他回到邺城，向史思明请求支援。

可是，史思明冷冷看了他一眼，追击唐军？邺城内的皇帝宝座难道不香吗？

一百五十五　史思明范阳称帝，郭子仪被罢兵权

解决外敌，即刻内斗，一向是人类文明的非物质文化遗产。

唐军刚被击溃，邺城内外的安庆绪和史思明，就准备当第8888代非物质文化遗产传承人了。

安庆绪把城门一关，对着外面大喊："老史啊，你把部队安顿好就进城吧，到时候我一定兑现承诺，把皇帝的印玺给你。"

史思明对着喊："别介，虽然我是你大伯，但咱还是当兄弟吧，以后相互援助，地位平等。要不你出来，咱俩商量商量？"

两人僵持了半天，一个不愿意出，另一个不愿意进，最后只好一边暗骂："欺负老子不读书，不知道啥叫鸿门宴？"一边回到了各自的住所。

可是，弱者哪有选择的权力？即便有，那也是怎么选怎么错。

这时候的安庆绪已经没有了皇帝的威严，就是一个城主，而且还是不得民心的城主。长安、洛阳在你手里丢了，邺城的七万家底被你挥霍完了，你哪里还有和史思明对抗的资本。

见安庆绪一直不出来，怒气冲冲的史思明便把大军驻扎在邺城下，既不攻城，也不离开，至于啥意思，你自己去猜。

还没过几天，安庆绪的手下就猜中了史思明的意思，并且决定自己也得意思意思。

他们纷纷站在仁义道德的制高点忽悠安庆绪出城迎接史思明，否则就是忘恩负义没礼貌。

刚开始，安庆绪的脑子还算清醒，知道这群王八犊子是要拿自己的人头去邀功，所以，任凭手下如何劝说，他都一概不听。

可是时间一长，安庆绪就慌了。因为来劝他的人越来越多，连他最信任的张通儒等人都来了。

如果自己再不听劝，这帮孙子估计就要亲自动手了。再加上这几天史思明装得也比较屃，一再强调他没有啥坏心思，只是想和安庆绪携手把造反事业越做越强。

被逼无奈加上心存侥幸，最后安庆绪只好听从手下们的忽悠，去了史思明的军营，要和人家歃血为盟，结为兄弟之国。

结果可想而知，安庆绪刚到史军大营，就被史思明以"替安禄山报仇"的名义砍了。另外，和安庆绪一起被砍的，还有他的四个弟弟，以及当年潼关之战中大败哥舒翰二十万大军的大将崔乾佑。

不知道安庆绪被砍的时候会做何感想，反正读了这么多史书，笔者算是理解了什么叫流氓不可怕，就怕流氓有文化。

没文化的武将背叛老大时，一般都是亲临一线，挥刀就砍，虽然场面很血腥，但好歹人家明人不做暗事，大家都知道是他砍的。

可文人背叛老大时，一般都是借刀杀人，借为老大着想的名义，把老大往火坑里推。老大被杀之后，他们既不会留下骂名，还能继续当官，甚至还会因为

"神助攻"而被新主子委以重任。

三国时期，以张昭为首的江东文官劝孙权投降曹操是如此，如今这群劝安庆绪出城的文人也是如此。

虽然安庆绪的死一点也不值得同情，但起码给了我们一些教训：越和文化水平高的人一起干事，留的心眼就得越多。

杀了安庆绪之后，史思明随即整军入城，让儿子史朝义留下来镇守，自己则率兵返回范阳，并于759年四月八日举行了隆重的登基仪式，自称大燕皇帝，改年号为顺天，立辛氏为皇后，儿子史朝义为怀王，周贽为宰相，李归仁为大将，改范阳为燕京。

至此，安禄山又是认干爹（张守珪），又是认干妈（杨玉环），又是装孙子，辛辛苦苦打下来的半壁江山，终于办完了全部"过继"手续，都给了史思明。而此时距离安史之乱爆发，刚好跨越了四个年头，距离安史之乱结束，也刚好仅剩下四个年头。

叛军这边继承了内斗的"非物质文化遗产"，唐军这边其实也是一个德性。

邺城之战以后，郭子仪被任命为东都留守兼东京畿、山南东道、河南道行营元帅。

但是还没过几个月，史书上就说，宦官鱼朝恩忌恨郭子仪，因此借邺城之败，在李亨面前进了谗言。于是，李亨把郭子仪召回长安，让李光弼当了朔方节度使和兵马副元帅。

我们在前面已经分析过，邺城之战时李亨就在提防郭子仪了。而且邺城之败的主要责任，在于李亨没有设立元帅，导致十路大军各干各的，极为混乱。

所以，由于鱼朝恩进谗言才罢免郭子仪，只不过是借口罢了。

幸运的是，郭子仪并没有反心，虽然朔方将士痛哭流涕，拉着他死活不让离开，他还是坚决回到京城，任由李亨夺去兵权。

郭子仪再度掌握兵权，则要到三年以后，朔方、河东连续发生兵变，没有人能控制的时候了。

飞鸟还未尽，就开始藏良弓，李亨的这个如意算盘，打得是相当高（恶）超（劣）啊。

不过，不是每个人都能像郭子仪那样忠心的，不久之后，南方将领的第二次大乱，就会给李亨好好地上一课。

前段时间叛军那边，安庆绪杀了老子安禄山，正是趁其病、要其命的时候。而唐朝这边，李亨也杀了儿子李倓。

现在叛军那边，史思明杀了安庆绪。而唐朝这边，李亨又罢了郭子仪的兵权。

要不说他们是敌人，估计大家还会以为他们是兄弟，联起手来一起演戏呢。哎，这真是一个比烂的时代！

郭子仪终于无事一身轻了，李光弼却是既高兴又忧愁，高兴的是自己终于成了最有权力的军事统帅，忧愁的是老领导在朔方的威望实在是太高了。

虽然李光弼在五年之前当过朔方节度副使，但是，经过这几年的战争，朔方军内的将领早就换了一大批，基本都是郭子仪的人了。如今空降一个高层领导，肯定会有人不服。更何况郭子仪待人宽厚，而李光弼治军严厉，这些兵油子不痛恨他才怪。

于是，李光弼决定学习当年刘邦抢韩信士兵的套路，率领五百名河东骑兵趁着夜色进入洛阳城，控制了城内的朔方军。

随后，李光弼又给驻守在河阳的朔方军左厢兵马使张用济等人发送了檄文，让他们到洛阳拜见自己。

张用济接到檄文，大怒不已，指着洛阳的方向大骂："朔方军又不是叛兵，而李光弼却在夜晚来到军中，为什么要如此猜疑我们！"

随即他就叫来了其他将领，并命令士兵披甲上马，准备突袭洛阳城，赶走李光弼，接回郭子仪。

眼看一场内乱又要爆发，都知兵马使仆固怀恩、右武锋使康元宝等人赶紧制止了这种无脑的行为。并吓唬张用济说，如果真的这么干了，朝廷一定会怀疑这是郭将军暗中指使你这么干的，郭将军就要家破人亡啊。

张用济看到没人响应，只好放弃了这个鲁莽的计划。

第二天，当李光弼率领数千骑兵到达虎牢关附近的汜水时，张用济这才单枪匹马前去晋见李光弼。

不知道是李光弼已经知道张用济在前一天晚上差点袭击自己，还是他本就准备杀人立威，反正两人刚一见面，李光弼就以他接到檄书后没有及时晋见为理由，把张用济砍了。

不过笔者严重怀疑，张用济和李光弼以前应该就有矛盾。

张用济准备袭击李光弼，纯属借题发挥，而李光弼斩杀张用济，也是公报私仇。

不然，这两人不可能干出如此糊涂的事情来，一个目无领导，差点造反；另一个兵马未发，先斩大将。

处理完内部的尔虞我诈，李光弼终于在朔方军内站稳了脚跟。

此时，时间已经来到了759年七月底。

八月十二日，唐朝的襄州将领康楚元，觉得自己也被老天爷选中了，就带着张嘉延等人在襄州举起了造反的大旗，自称南楚霸王。

李亨为了避免南北两线作战，急忙派人去安抚康楚元，不但不追究他造反的罪过，还要把他的仇人王政贬为饶州长史。

可是，面对皇帝的退让，康楚元当场就拒绝了，当年九月他们又攻下了荆州。

李亨急忙命令太子少保崔光远、五州节度使王仲升等人前去平定南方的叛乱。

在范阳的史思明，见南方出了大乱，顿时觉得属于自己的机会又来了。于是，他急忙结束了后宫的战斗，率领数万大军挥师南下，向汴州（今开封）扑了过去。

当时，李光弼正在巡视黄河边上的各支部队，得知史思明率兵南下后大吃一惊，立即返回汴州，对汴滑节度使许叔冀说："你只要坚守汴州十五天，我就会率兵来救。"

许叔冀在几个月前参加过邺城之战，也是一个血气方刚的汉子，当场就把胸脯拍得咣咣响，表示一定会完成任务的。

李光弼大喜，急忙往洛阳狂奔，准备组织救兵。

但是，他显然忘了一件事，满瓶子不响，半瓶子晃荡啊！

李光弼还没有到达洛阳，许叔冀就已经把汴州丢了，而且他还和另一位战功卓著的大将董秦一起投降了叛军。

董秦，就是改名后的李忠臣，之前我们提到过他好几次，当年颜真卿在河北坚守的时候，就是他和刘客奴在平卢起义，连追带打安禄山一千多里，一直打到了范阳。后来，他又从东北渡过渤海收复了平原、河间等七八个郡。

拿下汴州之后，史思明乘胜追击，兵锋直指东都洛阳。

当时城中只有两万守军，根本守不住偌大的洛阳城。

李光弼想撤兵，但一想到封常清的脑袋，就吓得两腿直打战。

于是，他把手下将领召集起来，开了一个民主会议，让大家共同决定是战还是撤。毕竟集体负责，就是集体不负责嘛。

有人说，洛阳是东都，不能随便撤。

李光弼就说，守洛阳还得守虎牢关、龙门，你说咱这两万兵咋安排？

有人说，直接退到潼关得了，占据险要位置，以挫敌锋。

　　李光弼瞪了他两眼，还真有人想让自己当封常清第二啊。

　　两个方案都被否了，那就剩下最后一个，也就是几个月前，张用济给郭子仪出的主意——屯兵河阳以牵制敌军。但是，没有人敢提这个方案，因为张用济的脑袋才被李光弼砍了啊。

　　见别人不再说话，李光弼只好很尴尬地把这个方案主动说了出来："移军于河阳，北与泽潞兵相连，如果有利就进取，不利就退守，里外相应，使叛军不敢向西进攻。"

　　既然领导都发话了，手下也就只能使劲鼓掌了。

　　于是，李光弼立刻把洛阳的百姓全部迁到后方，将洛阳变成一座空城。随后，他亲自率军断后，让所有士兵顺利抵达了河阳。

　　759年九月二十七日，史思明率军进入洛阳，河阳之战由此拉开了序幕。

一百五十六　七战七捷，李光弼狂虐史思明

河阳之战开打之前，我们先简单介绍一下河阳城，因为它与一般的城池不同，是由三座城池组成的：

黄河北岸的北城、黄河南岸的南城、黄河中间沙滩上的中潬（tān，水中沙滩的意思）城，三座城池由两座浮桥连接。

这种奇特的构造并非一开始就是如此。北魏的时候（496年），孝文帝为了保卫洛阳的安全，先在黄河北边建了河阳城。

538年，东魏的权臣高欢为了砍西魏的权臣宇文泰，在这里又修了中潬城和南城。当年这俩老冤家，便在此狠狠地打了一仗，最后高欢夺取了洛阳，史称河桥之战。

多说一句，此次参战的还有宇文泰手下的两员虎将：杨坚他老丈人独孤信、李渊他爷爷李虎。

这么多猛人都没有拿下河阳城，此城的耐造程度由此可见一斑。如今，两百多年过去了，经过隋唐两代的修筑，河阳城只会比当年更加坚固。

为了攻打这座坚城，在进军洛阳的当天，史思明便把叛军的主力，驻扎在距离河阳城只有二十多里的白马寺附近。

第二天，河阳之战正式打响。

史思明率领精兵列阵于河阳南城不远处，为了试探唐军的虚实，他让骁将刘龙仙带着一群人，跑到南城门口挑衅唐军。

刘龙仙觉得自己武功很高，会耍菜刀，就在马上摆了一个很拉风的造型，指着城墙问候了李光弼的十八辈祖宗。

正在中潬城巡视的李光弼听说以后大怒不已，一边扫视左右的将领，一边喊道："谁能把他的脑袋取来？"

"我愿前往！"仆固怀恩立刻站了出来。

李光弼很高兴，但是他拒绝了仆固怀恩的请战，因为此时仆固怀恩已经是朔方副节度使、大宁郡王。让军中的二把手去打一个不知名的敌将，赢了没啥值得炫耀的，输了可能让军心大乱。这种风险大、收益小的买卖，傻子才会做。

这时其他人推荐了一个人："裨将白孝德可以胜任。"

白孝德，龟兹（今新疆库车）王族白氏后裔，为人勇猛，精于骑射，尤其擅长使用双矛。此人原来在安西大都护府从军，安史之乱后入关勤王，一直在仆固怀恩麾下任职。

于是李光弼就把白孝德叫来询问，白孝德当即表示愿往。

李光弼又问他需要多少兵马，他看了看城外的刘龙仙，表示自己一个人就足够了。

但是，李光弼并不放心，前几天汴滑节度使许叔冀说自己能守汴州十五天，结果倒好，三天都没守住。李光弼再也不敢随便相信别人了。所以，他坚持要给白孝德支援。

无奈，白孝德这才随便要了点支援：让五十名骑兵作后援，大军擂鼓以助威。

只见白孝德跨上火红色的骏马，腰挟两把锋利的长矛，在金黄色的秋天里，策马横过金黄色的黄河，向着刘龙仙扑了过去。

当白孝德刚渡河一半的时候，仆固怀恩望着他英姿飒爽的背影，向李光弼道贺说："白孝德一定能够凯旋。"

李光弼以为他在吹牛，疑惑地问道："还没有交锋，你怎么知道？"

仆固怀恩说："看白孝德手揽缰绳，如此沉着，就知他万无一失。"

城上的两人还在议论，白孝德就已经单枪匹马来到刘龙仙面前。

刘龙仙正准备迎战，可是白孝德突然玩了一个花招，他摆了摆手，装作不是来交战的，好像是来谈判的样子，刘龙仙一下子蒙了，只好停了下来。

当双方相距只有十步之远时，白孝德也停了下来，对着刘龙仙喊了一些非常有礼貌的话，例如"你吃了没""你妈吃了没"等。

刘龙仙一听，怒火就又上来了。于是，他对着白孝德就是一通谩骂。

白孝德也不答话，只是一边瞪着对方，一边在心里默念两个字："反弹！"

本来紧张无比的战场，顿时有了我们小时候吵架的味道。等刘龙仙骂累了，白孝德这才大喊一声，跃马挥矛，杀了过去。

河阳城上等待已久的唐军，立刻捶响了战鼓。另外那五十名骑兵也从后方杀了出来。一时之间，战场之上鼓角齐鸣，喊杀震天。

刘龙仙大吃一惊，急忙弯弓搭箭向白孝德射去，但是由于距离太近，弓还没有拉开，白孝德就已经冲到了他的面前。

刘龙仙只好扔掉弓箭，猛抽马鞭，朝着黄河的河堤狂奔而去。可是他刚跑两步，白孝德就在后面一矛刺去，彻底结束了他的性命。随后，白孝德翻身下马，砍掉了他的脑袋，又在叛军阵前炫耀了一番，这才扬鞭而去。

叛军士兵看到大将被砍，一个个惊恐不已，不敢追赶，史思明只好率军退回了白马寺。

白孝德因此一战成名，很快被提拔为镇西、北庭行营都知兵马使，后来又升为边防的节度使，与郭子仪一起联合双打吐蕃，为大唐边疆的安宁作出了巨大的贡献。

初战失利的史思明回到白马寺后极为恼火，辗转反侧了好几天，终于想到了一条阴唐军的妙计。

他把一千多匹最精良的战马挑选出来，让人带着每天都去黄河南岸的沙洲上洗澡按摩晒太阳。一来，可以向唐军示威，让唐军看看他的战马多么精良；二来，他在战马的周围安排了一些伏兵，唐军只要来抢马，他就可以打一场漂亮的伏击战。

不得不说，这是一个近乎完美的计划。唐军不出城，精神上会受到暴击；唐军出了城，身体上又会受到暴击，似乎根本无解。

但是经过几天仔细的观察，李光弼敏锐地发现，这些战马似乎都是公的。

于是，他灵机一动，赶紧把军中所有母马挑选出来，共有五百匹。另外，为了防止母马逃跑，他又把这些母马的马驹圈在了河阳城内。

等史思明赶着战马又来黄河边泡澡的时候，李光弼就把这些母马全部放了出去。

母马刚一放出来，只见这一千匹公马四条腿蹬得跟拨浪鼓似的，拼了命向唐军游了过去，任谁也拦不住，不一会儿就被李光弼的士兵全部赶到了城中。

史思明大怒不已，早知如此，就应该把这些公马骟了。可是，后悔已经来不及了，为了这些马的面子，也只能打了。

史思明立刻调集数百艘战船，放在了河阳城的上游，船队的前面，又摆上几条火船，准备顺流而下，把连接河阳三城之间的浮桥烧了。

可是史思明万万没想到，李光弼早已让人准备了几百根几十米长的木杆，木杆的前端还非常贴心地装上了刚好可以叉住敌船的大铁叉。

史思明的火船还没有靠近浮桥，就被这些大铁叉叉住了，不一会儿就烧没了。

然后唐军又用大铁叉叉住了后面的战船。浮桥上的抛石机也在这个时候火力全开，连续击沉了叛军的几十艘战船。史思明军损失惨重，大败而逃。

单挑，不行。用计，不行。水战，又不行。

百愁莫展的史思明和当年被李光弼摩擦一样，并没有气馁，几天之后，他又想到了一条计策：绝粮道，既然打不过你，那就把你困死得了。

于是，史思明率领一部分军队跑到了黄河上游的河清县，想要断了李光弼的粮道。李光弼则率兵进驻野水渡进行防备。

当天晚上，李光弼又莫名其妙地率军回到河阳城，只是让手下大将雍希颢带领一千人留在野水渡。

临走之前，李光弼回头对大家说："叛军大将高庭晖、李日越、喻文景都是骁勇善战的将领，史思明一定会派其中一个来劫我们的军营。如果叛军来了，不要与他们交战。如果他们投降了，你们就带他们一起回来。"

众位将领一听，感觉李光弼应该是中了邪，如果对方这么容易投降，仗还能打四年？所以，他们都笑得差点憋出了内伤。不过，他们也没有大意，而是立刻让士兵们进入战壕，时刻防备着叛军的偷袭。

正如李光弼所料，当天深夜，史思明对李日越说："李光弼善于守城，但现在他在野外，正是揍他的大好时机。你现在率领精锐骑兵，连夜渡过黄河，把他抓来见我。如果抓不到，你就不要回来见我了。"

李日越随即率领五百名骑兵，紧急渡过黄河，终于在第二天黎明时分赶到了野水渡。他这才惊讶地发现，原来唐军早有准备。

李日越自知中计，不敢进攻，就向着唐军大声喊道："李司空在吗？"

雍希颢看见对方人少，想上去砍人，但是突然想到了李光弼临走之前的叮嘱，于是，他很客气地答道："李司空昨天晚上已经走了。"

"你们有多少兵？"

"一千人，是你们的两倍。"

"谁是将帅？"

"雍希颢。"

李日越听完，沉默了许久，然后对手下的将士们说道："李光弼已经走了，咱们五百人，对方一千人，即便抓住雍希颢，我也免不了一死，还不如投降为好。"

于是他就真的投降了，雍希颢大喜过望，带着李日越回到了河阳城。

对于这个俘虏，李光弼没有一点怀疑，还把他当作心腹使用。史思明手下的另一位大将高庭晖听说以后，也主动跑过去投降了唐军。

大家都觉得这件事情过于玄乎，于是就问李光弼："将军为何这么容易就招降了史思明的两员大将？"

李光弼得意洋洋地解释道："这都是利用人情啊。史思明常恨不能与我野战，得知我在城外，就以为一定能够抓到我。李日越没有抓到我，必定不敢回去。高庭晖的能力在李日越之上，听说我重用了李日越，肯定认为我也会重用他。所以，他也就过来投降了。"

不知道大家听完李光弼的分析之后是什么反应，反正笔者依然觉得这件事过于玄乎。不是笔者怀疑这件事的真实性，而是觉得史书中应该少记载了一些内容，例如：

第一，在此之前，李光弼肯定通过各种情报，已经知道了李日越、高庭晖等人想跳槽。

而且他们两个人还极有可能是被策反的，而策反他们的人，极有可能是前文中被史思明俘虏的李忠臣等人。因为李日越投降唐军几天之后，李忠臣就趁着在前线作战的机会偷偷回到了大唐的怀抱。

第二，李光弼肯定知道，史思明这人的性格极为暴戾，动不动就斩杀手下大将。

李日越、高庭晖这两人，肯定没少受史思明的虐待，不然那么高级的将领，怎么可能因为没有抓到李光弼就不敢回去，无论如何也说不过去嘛。

结合以上两点，笔者以为这件事情的来龙去脉也许是这样的。

李忠臣被俘以后，虽然得到了史思明的重用，但是他身在曹营心在汉，一直想逃回大唐。

在准备逃跑的这段时间里，他敏锐地发现了李日越、高庭晖与史思明的矛盾，于是，他又策反了这两人，并把情报汇报给了李光弼。

有了如此重要而且准确的情报，李光弼才敢作出自己回河阳城，只留一千人在野水渡的决定。

而李光弼为了显示自己料敌如神的能力，故意隐瞒了这些细节。

当然，这个猜测也不一定对，但可以肯定的是，李光弼一定事先得到了情报。打仗又不是"三国演义"，李光弼更不是诸葛亮，这种看上去神乎其神的事情，大概率是人为的计算，而不是天赐的运气。

一百五十七　惨烈！两万大战十万，李光弼急得要杀自己人

　　没有截断唐军的粮道，自己反倒失去了两员大将，史思明现在是鹿血就酒，相当上头。

　　自755年造反以来，他打了整整四年仗，从东北到河北，一直以来都所向披靡。唯独遇到李光弼，每一仗都能让他毫无还手之力，三年前的常山之战，两年前的太原之战，现在的河阳之战全部如此。

　　可是，他又不得不面对这个可怕的对手。因为开弓没有回头箭，他也曾投降过，但是朝廷依然要杀了他。所以，他必须战斗下去，哪怕这条路再难走。

　　如今江南发生了叛乱，牵制了大量唐军，正是南北夹击大唐的最佳时机。如果此时连一个小小的河阳城都拿不下，那么以后，他就彻底地没有了希望。

　　所以，此战他必须胜利，必须一雪前耻、报仇雪恨。在随后的几天里，他亲自率领大军对河阳城发起了最为猛烈的进攻。

　　李光弼看着城下像潮水一般涌来的叛军，迅速意识到史思明玩命来了。

　　虽然史思明长相诡异，又驼背，智商也不如自己，但是其勇猛程度并不比自

己差。乱拳还能打死老师傅呢，更何况对方有十几万人马，而自己的手下才不过两万多人而已。

另外，史思明可以输五次、十次，他李光弼却一次也输不起。远的有封常清、高仙芝兵败被杀，近的有郭子仪被罢兵权。如今洛阳已经丢失，如果再丢掉河阳，后果将不堪设想。

所以，史思明来玩命，李光弼也必须跟着玩命，一场硬碰硬的战斗就这样开始了。

为了抵御史思明的疯狂进攻，李光弼首先派出了绝对不可能投降的大将李抱玉去防守南城。

李抱玉原名安重璋，是安兴贵的曾孙。他从小在西域长大，喜欢骑马射箭，为人沉着坚毅。

虽然他的祖上是外国人，但是，他对大唐的忠心要超过很多汉人。安史之乱爆发之后，他觉得和安禄山一个姓，实在太丢人，就主动上表皇帝，改名为李抱玉。后来，他就一直跟着李光弼南征北战，立下了无数战功。

敌军正式攻城之前，李光弼盯着李抱玉，语重心长地问道："将军能为我坚守两天南城吗？"

两天？李抱玉觉得有点不可思议，自己手下只有两三千人马，抵抗十几万叛军的两天进攻，的确有相当大的困难。

但是，他只是犹豫了一下，便接下了这项艰巨的任务。

战斗刚一打响，就格外激烈。

叛军集中了这几天搜集的几乎所有巨石，对南城进行了如同暴雨般的砲击（抛石机）。接着，叛军又用巨大的弓弩，对着守城的唐军进行了疯狂的扫射。

唐军也不甘示弱，举起早已准备好的滚木、巨石，朝着攻城的叛军狠狠地砸了过去。

　　双方就像饿极了的猛兽，在黄河的旁边，朝着同胞们，一路咆哮着，撕咬着。

　　可惜，终究还是寡不敌众，仅仅一天的时间，南城就被叛军硬生生地砍成了危房，随时都有倒塌的危险。

　　情急之下，李抱玉只好死马当作活马医，派人站在城墙上大喊："兄弟们，别再打了，我们的粮食已经吃完了，明天早晨就投降。大家不必再白白牺牲性命了！"

　　史思明一听，就知道李抱玉这是在胡扯，李光弼会投降，猪都能上墙。所以，他根本不相信这一套，依然决定继续打。

　　可是，正在攻城的叛军们不干了，由于死伤较多，他们本来就不想再打了，现在唐军说要投降，我才不管他是不是真投降，反正今天我就是不打了。

　　史思明见大家都没有了士气，只好下令停止了攻城。

　　趁此机会，李抱玉急忙组织一支施工队，连夜修补了城墙，并且又准备了大量的守城器具。

　　当然，只准备这些是远远不够的，这就跟被揍得鼻青脸肿的拳击选手一样，绝对实力不如对手，即使休息一晚上，第二天照样还会被揍。要想制敌取胜，就得玩点阴招，要么来一支兴奋剂，要么整一个小暗器。

　　而李抱玉就选择了小暗器，当天晚上他便派出一支敢死队，连夜溜出了南城，绕道几十里，埋伏在了敌人的后方。

　　第二天，天刚蒙蒙亮，叛军兴高采烈地跑到了南城下面，准备接受唐军的投降。可没等叛军喊完缴枪不杀，城上就射过来了一支支利箭。

　　史思明虽然早有心理准备，但还是大怒不已，立刻对南城发动了更为猛烈的进攻。

　　就在双方打得不可开交的时候，埋伏在叛军后面的唐军犹如神兵天降，突然大喊着杀了出来。

顾头不顾尾的叛军顿时大乱，李抱玉看到伏兵已经得手，立刻亲率骑兵，打开城门杀了出去。

战场之上，顿时战马嘶鸣、喊杀震天，手起刀落间血流成河，原本浑浊不堪的黄河，逐渐被染成了一缕又一缕的深红。在内外夹击之下，叛军死伤无数，大败而逃。

史思明见南城久攻不下，只好改变了主攻的方向，让他的宰相周贽在759年十月十二日带着几十艘战船，对黄河中间的中潬城发起了进攻。

此时，驻守在中潬城的正是李光弼，看到敌军前来，他没有选择固守城池，而是让羌族大将荔非元礼率领精兵，在城外直接迎击叛军。

当时中潬城的外面设置了一圈木栅，木栅的外面又挖了一圈宽深各七米的壕沟，沟里面，还埋下了大量的竹签。

叛军仗着兵力的强大，没用多长时间，就在壕沟上填平了八条道路。随后，叛军又一拥而上，朝着木栅冲了过去。

看到自己精心设置的两道防线马上就要被敌军冲破，李光弼大怒不已，立刻派人跑出城外，责备躲在木栅里面的荔非元礼："叛军填壕沟、开木栅，你为何按兵不动？"

荔非元礼不慌不忙地反问道："司空想守还是想战？"

"想战。"

"如果想战，叛军正在为我们填壕沟，为什么要去打他？"

不一会儿，叛军终于冲破木栅，朝着唐军杀了过去。

荔非元礼见状，立刻亲率敢死队和叛军展开了对冲。

叛军没想到唐军还敢和自己硬碰硬，所以大吃一惊，急忙向后撤退了几百步。

荔非元礼冲了一阵后发现，叛军的阵形异常坚固，难以摧垮，只好领兵退回木栅内，准备等到叛军大意的时候再去进攻。

站在城墙上督战的李光弼看见敌军后退，而荔非元礼没有乘胜追击，还率兵退了下来，不禁大怒不已，立刻派出左右召荔非元礼回城，准备把他砍了以正军法。

可是荔非元礼正在准备下一轮反击，哪里还有心思回城，只见他怒目圆睁地对使者吼道："战斗紧急，召我何事？"

使者心头一惊，不敢再多言。

过了许久，荔非元礼敏锐地发现敌军的士兵已经有所懈怠，于是他急忙命令手下猛捶战鼓，而自己则一马当先，率领所有部下又一次对叛军发起了冲锋。

叛军大为惊慌，急忙派军迎击，但是为时已晚，阵形已被荔非元礼冲破。

周贽只好紧急鸣金收兵，又带着叛军渡过黄河绕到了河阳北城。

此时，叛军大将安太清正好也率军从怀州（今河南沁阳）赶了过来，两支叛军合兵一处，对河阳北城发动了最为猛烈的进攻。

唐军不甘示弱，进行了顽强的抵抗。

双方昼夜混战，浴血不休，几天之后，两边的将士死伤甚重，大有一副同归于尽的劲头。

李光弼见北城压力巨大，急忙从中潭城赶到北城，亲自督战。

第二天一早，李光弼登上城楼，对着满身鲜血、精疲力尽的唐军将士们鼓舞打气道："敌军虽多，但混乱不齐，大家不必害怕。今天中午以前，我保证为大家打败敌军。"

随后，李光弼一声令下，打开所有城门，命令所有将领各带一支精锐部队，从四面八方对叛军展开了猛烈的进攻。

在李光弼看来，叛军仍会和前几次一样，在唐军突如其来的反攻面前节节败退。但他万万没有想到，此时的叛军早就杀红了眼，面对唐军前所未有的攻势寸步不让，甚至还时不时反攻。

双方从早晨一直血战到临近中午，依然是胜负未分。

李光弼大吃一惊，如果过了中午，唐军还没有取胜，自己被打脸不说，士气也必然衰落，河阳必将不保。

生死存亡之际，李光弼急忙把前线的将领全部召回城中，重新安排了布防。

"敌军的阵势，哪个方向最强？"李光弼瞪着血红色的眼睛问道。

"西北方向。"

"郝廷玉，你到西北坚守，需要多少骑兵？"

"五百！"

"我只给你三百人马，必须守住！"

"敌军哪个方向第二强？"

…………

"东南方向。"

"论惟贞（吐蕃人）去东南坚守，需要多少人马？"

"三百！"

"我只给你二百，必须守住。"

顿了顿，李光弼又接着喊道："其他将士听令，你们必须看着我的令旗作战，如果令旗挥动缓慢，就任凭你们选择有利时机出战。如果我急速挥动令旗三下，你们就全军齐发，冒死前进，后退者一律斩杀！"

说罢，李光弼拔出一把短刀，放在胸前，立下了最后的誓言："我身为三公，此战如果失败，大家死于敌手，我就在这里自刎，决不会只让大家战死。"

众将听罢，全都冒出了一身鸡皮疙瘩，他们知道，决战的时刻已经到了，不是你死，就是我亡，退无可退。

他们抱着必死的决心，迅速赶到前线，在李光弼令旗的指挥下，一次又一次对叛军发动了全面的进攻。

士兵们挥舞着陌刀浴血奋战，一个倒下了，另一个就踏着敌军的尸体立马补上。不到片刻，整个战场就变成了地狱。战士们的哀号与黄河的怒吼交织，军人们的鲜血与黄河的流水相融，悲惨至极。

可是，叛军依然没有败退。

相反，唐军大将郝廷玉从西北方向败退了下来。

李光弼遥遥望见，吓出了一身冷汗，急忙命令左右提起大刀，冲出城外，要把郝廷玉的脑袋砍下来。

郝廷玉大惊，立刻解释道："我的坐骑中箭，并不是我怯战。"说完，他一把夺过使者的战马，又冲了上去。

不一会儿，仆固怀恩和他的儿子也退了下来，李光弼立刻命令左右，提刀骑马向仆固怀恩杀了过去，而仆固怀恩同样大惊失色，急忙带着儿子重新杀回了战场。

在李光弼铁血般的严厉督战之下，唐军将士们纷纷冒死进攻，再也不敢向后撤退一步，喊杀之声，地动山摇。

俗话说，横的怕愣的，愣的怕不要命的。叛军见唐军如此剽悍，从上到下都拿出了杀身成仁的精神，顿时慌了手脚，乱了军心，不由自主地向后退去。

李光弼见状，急速挥动令旗，命令唐军趁机掩杀。大家一个个挥刀就砍，奋勇向前，终于大败了敌军，俘虏了两员叛将，伪燕宰相周贽仅带了数名骑兵，狼狈而逃。

史思明见周贽在北城已败，也只好率军从南城撤回洛阳。

至此，河阳保卫战在激战了至少三十天之后，终于以唐军的完全胜利结束了。

不过，史思明依旧没有死心，在休整了几天之后，他又令大将李归仁一路向西对陕郡（今三门峡）发动了进攻。

当时守卫陕郡的是从安西、北庭内调至中原的西域边防军，他们在神策兵马使卫伯玉的率领下主动出击，三战三捷，将李归仁打得大败而逃。

与此同时，之前讲到的在南方造反，占领襄阳、荆州，自称南楚霸王的叛将康楚元也被顺利剿灭了。

转过年的760年二月，在休整了三个月之后，李光弼又主动出击，对叛军发起了春季攻势。

双方在怀州城下大战了一百多天，李光弼一边攻城，一边拦截史思明派过去的援军，终于在当年五月拿下怀州城，并且活捉了叛军的河南节度使安太清。

从759年三月的邺城之败到760年五月的怀州之胜，李光弼率领两万之众浴血奋战一年多，不仅挡住了史思明十几万大军的疯狂进攻，还收复了失地。他终于一雪前耻，为元气大伤的唐军赢得了喘息之机，也为最后的胜利吹响了号角。

但是，和前几次一样，就在局势对唐军越来越有利的时候，猪队友李亨又犯下了两个错误，让眼前的大好局势瞬间化为乌有。

一百五十八　打了六年，安史之乱为何越来越乱

760年十一月，就在李光弼与史思明在河阳、怀州打得难舍难分的时候，宋州（今河南商丘）刺史兼淮西节度副使刘展，又被唐肃宗李亨逼反了。

刘展，出身不详，早年事迹不详，原来只是陈留（今开封）的一个小小参军，安史之乱爆发后，因为治军严整，立下军功，被越级提拔为宋州刺史兼淮西节度副使。另外，刘展的好朋友李铣，也因为战功，被提拔为淮西节度副使。

李铣一升官，便开始白天洗澡，晚上按摩，对内欺负同僚，对外坑害百姓，极其不得人心。

刘展比李铣好一点，只是比较刚愎自用，不太把领导淮西节度使王仲升放在眼里而已。

于是，王仲升就想把这两个刺儿头全杀了。

因为李铣给人的把柄太多，王仲升一封奏疏上去，李亨就按照大唐律法，名正言顺地把他剁了。

刘展因为在军中的威望较高，再加上没有犯什么大错，所以，王仲升决定玩

一把阴的。

他让监军太监邢延恩跑到长安诬告刘展，说刘展是李铣的同党，李铣被杀了，刘展心中不安，以后估计会造反。

而且当时有条谶语，叫作"手执金刀起东方"，刘展的"刘"正好符合"手持金刀"，刘展在宋州，正好是在"东方"。这就是他准备造反的前兆。

李亨一听，觉得这种说法过于离谱，刘姓那么多，难道都得杀？

但是，李亨依然选择了杀掉刘展。因为在李亨看来，此时叛军覆灭，已经只是时间问题了。所以，他必须利用一切机会，慢慢收回兵权，凡是地头蛇，都得搞他一把。

于是，在邢延恩的建议下，李亨决定用明升暗降之计，除掉刘展。

他下了一道诏书，提拔刘展为江淮都统（相当于三省总督），并下密令给原来的都统李峘（huán）与淮南节度使邓景山，等刘展交出兵权去广陵赴任时，就找个机会，把刘展办了。

可惜啊，刘展不是傻子。自己的好朋友李铣被杀，现在又让自己交出兵权，你这不就是准备拿着大刀砍我吗？

所以，刘展收到诏书之后，悲从中来，痛哭流涕，他向邢延恩哀求道：

"我刘展原本只是陈留的一名参军，数年之间官至刺史，已是飞黄腾达。江、淮是国家税赋重地，江淮都统李峘是皇亲国戚。我刘展既没有显赫的功勋，又不是皇上的亲信，现在却要让我接替李峘，这一定是有小人进谗言陷害我啊！"

阴谋一下子变成了阳谋，邢延恩大吃一惊。不过，他不愧为百练成精的老太监，尽管身体缺少一个器官，但是身残志坚，脸皮巨厚。他强压下惊慌，异常淡定地说道："将军能力出众，皇上才越级提拔你，你怎么能对皇上起疑心？"

听到邢延恩如此辩解，刘展知道自己已经进入黑名单，彻底没救了。于是，他决定将计就计，回答说："如果不是骗我，能否把江淮都统的印玺和旌节先给我？"

"可以。"邢延恩演戏演全套，不得不答应了刘展的请求。

刘展得到印玺与旌节之后，并没有着急上任。

他先在江淮地区大肆宣传了一番，让各地的官员都派使者来迎接自己，还把地图和户籍等绝密资料全部带上了。

另外，他又把自己在江淮地区的亲信全部安排在重要岗位上。

等一切都安排就绪，他又把宋州的七千兵马，全部带往了广陵（今扬州）。

邢延恩、王仲升、李峘、邓景山等人，这才知道自己被刘展给玩了。

于是，他们赶紧发兵阻挡刘展南下，并给各州县下发檄书，说刘展谋反。

而刘展这边，也发布檄文，说李峘谋反了。

各个州县的长官，收到两边的檄文，一下子就蒙了。

众所周知，刘展握有江淮都统的印玺和旌节，至少从目前来看，人家是合法的江淮都统。

而李峘是原来的江淮都统，又是李世民的玄孙，看着不像会造反。

所以，各个州县也不知道该帮谁。为了不犯错，他们干脆谁也不帮，反正看热闹不嫌事大。

由于刘展善于治军，素负盛名，而邢延恩、李峘、邓景山等人都是温室里的花朵，根本没有领兵打仗的经验。所以，短短两个月内，刘展就把唐军打得丢盔弃甲，连续拿下了广陵（今扬州）、润州（今镇江）、升州（今南京）、苏州、湖州、舒州（今安庆）、和州（今和县）、滁州、庐州（今合肥）等几十万平方公里的土地。

邢延恩、邓景山等人被刘展打败之后，立刻上奏李亨，希望他能够命令驻守在任城（今济宁）的平卢兵马使田神功率兵救援淮南。

田神功，出生年月不详，早年经历也不详。安史之乱爆发后，李忠臣（董秦）在平卢（今辽宁朝阳）起兵造安禄山的反，他便投奔李忠臣，立下了不少战功。

759年三月，在唐朝六十万大军围攻安庆绪时，他也跟着李忠臣参加了战斗。邺城之战失败后，他就退到了陈留（今开封）。

当年九月，史思明在范阳称帝后，率领十几万大军南下，攻打陈留，田神功因为兵力薄弱，投降了史思明。

史思明觉得田神功的名字很好听，加上人长得又帅，就让他带领五千兵马，去攻打江淮地区。

但是，刚走到半道，田神功就起义了，把这五千兵马，全部改造成了唐军，驻扎在任城。

李亨接到邢延恩、邓景山的战报，立刻下了一道诏书，让人送往任城。

但是，李亨的使者还没有到任城，邓景山的使者就先到了。

为了催促田神功出兵，邓景山竟然私下里承诺，只要平定刘展的叛乱，淮南的一切财物和女人全都送给田神功。

作为淮南节度使，百姓们的父母官，在没有请示中央的情况下，竟然敢擅自作出这种冒天下之大不韪的承诺，可见当时的封疆大吏们多么不把中央放在眼里，也可见当时的官员多么不把老百姓当人看。

这样的王朝，又怎么能持久兴盛！

田神功和部下听到这个承诺，顿时两眼发光，李亨的诏书还没有送到，他们就杀往了江南。

具体的平叛过程一点也不精彩，我们就不展开讲了。

因为平卢军的战斗力本来就要强于刘展的南方军，再加上美女和财宝的诱惑，他们就跟打了鸡血一样，基本是走到哪里灭到哪里。

762年一月，也就是刘展造反的第三个月，田神功就彻底消灭了刘展和他的同党。

与此同时，江南各地也遭受了巨大的损失，田神功所到之处，放纵士兵烧杀抢掠十几天，比刘展的叛军还要无耻。

尤其是进入广陵之后，田神功还下令杀了几千名来自西域、波斯等地的商人，挖了达官贵族们的祖坟，将里面的财宝洗劫一空。

可是战争过后，李亨并没有追究田神功的责任，反而将他升为淄青节度使。后来他又因为在宋州替李光弼解围，被封为信都郡王，赐免死铁券，画像凌烟阁。

哎，当年张巡为保江南，面对十万叛军，以几千老弱病残死守睢阳（即宋州）长达一年之久，最后终因寡不敌众而壮烈牺牲，才被追赠为扬州大都督、邓国公。

如今，刘展从宋州（即睢阳）出发，袭击江南。田神功以平叛之名，行劫掠之实，祸害一方百姓，却受到如此优待。

看到自己抛头颅、洒热血所保卫的江山，被这群猪队友如此糟践，如果张巡地下有知，不知道会有什么感想！

刘展叛乱被平定的第二个月，即761年二月，太监鱼朝恩又给李亨出了一个馊主意，大概意思是说：

史思明的叛军都是燕地人，在洛阳待了一年多，全都思乡心切，离心离德。如果李光弼能够主动出击，肯定可以收复洛阳。

咱们开了"天眼"，知道鱼朝恩的话一句也不能信。当年的邺城之战就是因为他瞎指挥，才让六十万大军惨败而归。

可是站在李亨的角度看，鱼朝恩就是自己的"智能遥控器"。

当年李亨跟着李隆基逃出长安，是鱼朝恩在身边伺候。后来，李亨北上灵武，是鱼朝恩在一旁张罗。这种久经考验的贴身保安，那是必须充分信任的。

于是，李亨就下诏书，命令李光弼攻取洛阳。

李光弼说，老大，贼军的士气还很旺盛，我就这两万兵，不能和人家硬杠啊。

李亨犹豫了，但是仆固怀恩这时候却来插了一杠子。

仆固怀恩这人，我们前面讲过，作战非常勇猛，但是他有一个非常大的缺点——刚愎自用。加上他又是胡人（铁勒族），他手下的兵也都是胡兵，所以，他们就经常在一起胡说八道、胡作非为。

郭子仪为人宽厚，当年带着他们的时候，一般都顺着他们。李光弼则生性严厉，不管你有多大的功劳，都得给我乖乖听话。

所以，仆固怀恩非常讨厌李光弼。于是，他就附和鱼朝恩，也去劝说李亨攻打洛阳。

得，本来李亨就想打，被这两个猪队友一撺掇，就更加急不可待了。

李光弼迫不得已，只好让李抱玉镇守河阳与怀州，自己和仆固怀恩率领两万多人，会同鱼朝恩以及卫伯玉的陕州军队，一起夹击洛阳。

761年二月二十三日，唐军和叛军在邙山展开了大决战。

李光弼下令军队依山布阵，但是仆固怀恩偏偏要在平原地带布阵。

李光弼赶紧劝他，说："我们不能小看史思明，依险布阵，进可攻，退可守；如果在平原地带布阵，万一不利，那就全完了。"

于是，李光弼命令军队往险要的地方转移。

可是军队刚开始转移，仆固怀恩又命令军队停了下来，非要在平原上布阵。

就在两人不断扯皮的时候，史思明看准机会，对唐军发起了总攻。结果就是悬崖上炸石头—— 一边倒，唐军死伤无数，大败而逃，将军资器械全部丢弃。

李光弼和仆固怀恩边战边走，向北渡过黄河，一股脑跑了四百里，退到了今天的山西闻喜县。

鱼朝恩和卫伯玉则狂奔三百里，退回了陕州（今三门峡）。

李抱玉看到领导们都逃跑了，也丢下河阳与怀州，跑到了大后方。

至此，李光弼在河阳坚守一年多所制造出的大好局面，又一次化为灰烬。

可能有人会问了，之前的河阳之战，李光弼看见仆固怀恩后撤，敢派人去砍了他，如今仆固怀恩怎么敢一而再、再而三地和李光弼对着干。

不好意思，史书没有记载。但极有可能是，李亨为了制约李光弼，在这段时间里，刻意偏袒仆固怀恩，这才让他有恃无恐。

因为此战之后，李亨就把提出正确意见的李光弼任命为河南副元帅，出镇临淮（今江苏盱眙），远离了北方的主战场，相当于削去了他的一些兵权。

而导致此次大败的罪魁祸首仆固怀恩，不久之后，则被提拔为诸军节度行营，权力相当于原来的天下兵马副元帅，也就是郭子仪、李光弼之前的职务。从那以后，仆固怀恩开始带着朔方军和中央军，担当了平定安史之乱的主要责任。

所以，这场战争的失败，和当年的邺城之战一样，归根结底，还是李亨的平衡术在作怪。如果李亨能够听取李光弼的意见，如果仆固怀恩能够听从李光弼的指挥……

可惜，历史没有如果！

汝之砒霜，吾之蜜糖。愁眉苦脸了一整年的史思明，经此大胜，瞬间就精神焕发了。他吃着火锅唱着歌，马不停蹄地挥兵西进，杀到了陕州，大有当年安禄山一举拿下潼关之势。

李亨得知此事，和当年的李隆基一样，又是后悔，又是惊恐，急忙向陕州派去大量援军。

如果不出意外，按照李亨的指挥水平，要不了几个月，他应该就会成为李隆基第二了。但是，天佑大唐啊，在这个决定历史走向的时候，叛军内部又一次发生了大乱，终于给唐军提供了宝贵的喘息之机。

一百五十九　杀爹，兵变、政变，叛军唐军乱成一锅粥

纷纷世事无穷尽，天数茫茫不可逃。

大家还记得安禄山是怎么死的吗？

身体肥胖导致安禄山身上长疮、眼睛失明，进而脾气暴躁，动辄就鞭打亲信。另外，再加上他偏爱小儿子安庆恩，让大儿子安庆绪每天都活在恐惧之中。于是，安庆绪就联合安禄山的亲信李猪儿、严庄等人，把他砍死在了床上。

如今四年过去了，安禄山的好兄弟史思明竟然又给这套剧本刷了续集。

打败李光弼和仆固怀恩之后，史思明让他的大儿子史朝义率军攻打陕州。结果，史朝义被唐将卫伯玉摁在城下狠狠地揍了一顿。

看到儿子如此不争气，史思明充分发挥了宽于律己、严于律人的精神，把史朝义狠狠地骂了一通，并交给他一项新的任务——带着一群农民工去盖一座城，用来储存军粮，限期一天完工。

史朝义打仗水平不太行，但当包工头还是挺合格的，他真的在一天之内就建好了城池，只剩下刷墙了。

可是，史思明依旧不满意，跟对待隔壁老王的儿子一样，当着所有将士的面把史朝义狠狠地骂了一通，并放出狠话："等到攻克陕州，老子一定杀了你！"

用我们现在的目光看，这可能就是一句气话，和爸妈骂我们"小兔崽子，看老子不打死你"一样，实际上完全是刀子嘴豆腐心。

但在史朝义看来，这就是武大郎对潘金莲的死亡威胁："我的兄弟武二，你须得知他性格。倘或早晚归来，他肯干休？"完全就是真情表露（虽然那时候还没有武大）。

因为在此之前，史朝义就知道老爹史思明不喜欢自己，经常有废掉自己、立弟弟史朝清为太子的想法。

于是，当天晚上（761年三月十三日），在杀父模范安庆绪的感召之下，史朝义也准备搞一次大义灭爹。

看到领导想杀爹，史朝义的心腹骆悦、蔡文景极其会做人，赶紧跑过来配合领导，让自己充当坏人，以减轻领导的道德压力。

他们劝史朝义说："当断不断，必受其乱，自古就有废立君王之事，大王赶紧召见曹将军（史思明的御林军将军），共商大事。"

史朝义心中暗喜，默默地低下了头，过了好一会儿才挤出了几滴眼泪，哭着说道："诸位好好处理，千万不要惊吓我的父亲啊！"

瞧瞧人家的说话水平，明明是自己想杀爹，却说不要惊吓父亲，真是甩了史思明好几条街。

事可以做绝，话不能说绝，这是每一个从政人员必备的政治觉悟。从这个意义上讲，史思明被杀也是活该。

不一会儿，曹将军就被带到史朝义面前。按道理讲，作为史思明的心腹，曹将军应该不会同意他们杀掉史思明。

但是，史思明和安禄山一样，有很大的毛病，爱猜忌，又残忍，部下稍不如他意，动辄诛杀九族，搞得人人自危，尤其是他的心腹。

所以，听说儿子要杀爹，曹将军比史朝义还要兴奋，带着三百多人就杀到了史思明的住所。

可是当他们闯进史思明卧室的时候，才惊讶地发现，史思明竟然不在。

曹将军等人顿时吓出了一身冷汗，抓住一旁的太监，大声吼道："皇上在哪？"

太监们早就吓得魂儿都没了，一句话也说不出来，只是指了指厕所的方向。

曹将军二话不说，带着人杀向了厕所。

史思明听到外面吵成了一片，本能地意识到大事不妙，也顾不得擦一下，提起裤子，撒丫子就往马厩里跑。

可是，他刚跳上战马，还没有跑两步，一支利箭就朝他射了过来。只听嗖的一声，利箭已经射中了史思明的手臂，使他跌落马下。

被俘之后，史思明得知是儿子在造反，这才悔不当初，仰天长叹道："早上我说话有失分寸，这也算是报应了。可惜杀我太早，为何不等到攻克长安再杀我？如今大业难成矣！"

曹将军等人呵呵一笑，也不跟他废话，便把他关了起来。几天之后，史思明终于被人活活勒死，用毯子裹着尸体运回了洛阳。

当年四月，史朝义一边哭着爹，一边在洛阳即帝位，改年号为显圣。

与此同时，史朝义又派出几名使者赶至范阳，密令散骑常侍张通儒等人杀掉了自己的弟弟史朝清，以及他的党羽。

但是阴谋变成了阳谋，这两派势力在范阳城内发生了严重的火拼，史朝清和张通儒先后被杀，大乱持续了两个多月，死了几千人，范阳才安定下来。

处理完弟弟，史朝义又命令各个节度使发兵洛阳，一起进攻陕州。

可是，经过安庆绪杀安禄山、史思明杀安庆绪、史朝义杀史思明这三轮的自相残杀，叛军将领们基本都认识到了，继续跟着安史两家混，除了灭亡，别无他路。所以，他们中的大部分人选择按兵不动。

敌人内部发生了如此大的变故，按说正是大唐趁其病、要其命的绝佳时机。但是，和前几次一样，唐朝内部在这个紧要关头，也出现了两个比较大的变故。

第一个变故是河东军、朔方军、镇西军、北庭军连续发动了三场兵变。

以前河东的节度使叫作王思礼，这位仁兄，我们之前已经提过很多次。哥舒翰镇守潼关的时候，他是副手，曾经劝说过哥舒翰清君侧。

潼关失守后，他跑到朔方，跟随了李亨，后来又当了郭子仪的副手，参与了收复长安、洛阳的战争，因为功劳巨大，被升为太原尹、北京留守、河东节度使。

在这个任上，他也颇有一番作为，天天省吃俭用，储备了大量军用物资，除了供养军队之外，还积攒了一百万斛粮食（约一亿两千万斤）。

但是，没过多久，王思礼就因病去世了，一个叫管崇嗣的人接替了他的职位。

结果管崇嗣才上任几个月，一百万斛粮食就被手下偷得只剩下了一万斛（估计他自己也偷），而且剩下的还都是陈米烂谷子。

李亨听说丢了一百万斛粮食，一口老血差点喷出来，就将管崇嗣撤职查办，让邓景山接替了他的职位，严查此事。

邓景山，就是前文中答应田神功平定刘展叛乱后，淮南的一切财物和女人都归田神功的那个败家子。

用新的败家子，接替老的败家子，也不知道李亨的脑子是被驴踢了几脚，才能干出这种蠢事。

邓景山自然不会辜负大家的期望，上任没多久，便贪污受贿，副将犯了错，他让副将用一匹马抵罪。

士兵们一看，这货真不是个玩意，士兵的命才抵一匹马？

于是，这群兵痞子就借机发动兵变，斩杀了邓景山，在河东大闹了一番。

河东的兵变还没有结束，朔方军又发动了兵变。

李光弼被史思明打败之后，便回到了京城，后来又被任命为河南副元帅，镇守江苏盱眙。而朔方军的主力，则退到了绛州（今新绛县），准备等时机成熟后再东出太行，与叛军决一死战。

但是，这一年绛州刚好闹了饥荒，导致朔方军也没有粮草。

为了缓解粮慌，朔方诸道行营都统李国贞几次三番向朝廷奏报，希望能够快速拨粮，以稳军心。可是朝廷那群人，根本没有把这事放在心上，迟迟不给朔方军调粮。

俗话说，饿上三天歹心生，更何况是一群不要命的兵油子。于是，这群人便在大将王元振的带领下发动了兵变，他们斩杀了李国贞，并在绛州到处烧杀抢掠。

朔方军的兵变还没结束，驻扎在翼城（今山西翼城）的镇西军和北庭军也发生了兵变。

他们觉得自己的老大荔非元礼（河阳之战时在中潬城大败叛军的那位）也是一个王八蛋。于是，他们就把荔非元礼杀了，推举副将白孝德担任了节度使（河阳之战中生擒叛将刘龙仙的那位）。

眼看这三个地方的兵变越闹越大，大有将整个山西闹翻天的节奏，李亨这才想起了那句老话：国难思良将。

被逼无奈的李亨，只好把雪藏了整整三年、已经六十六岁的郭子仪重新请了出来，将他封为汾阳王，担任朔方、河中、北庭、潞泽节度行营兼兴平军、定国军副元帅。另外，李亨又调拨了四万匹绢、五万端布匹、六万石米，任由郭子仪使用。

如果是一般人，对待这种"有事就是兄弟，没事就当放屁"的皇帝，大概率会选择装病，让皇帝老儿也体会一下过河拆桥、卸磨杀驴的后果。

但是郭子仪并没有这样做，作为历史上为数不多的功高盖主，而且还能颐养天年的名将，他知道胳膊终究拧不过大腿，装病一时爽，事后火葬场。所以，他必须以大局为重。

762年三月，郭子仪在万众期待之下，只身前往河东。

朔方军一看，朝廷把自己的老大搬了出来，立刻就蔫了，谁的话都可以不听，郭子仪的话，没有人敢不听啊。

看到大家没了脾气，郭子仪趁机杀了几十名带头捣乱的分子。于是，整个山西地区的士兵全都惊恐不已，纷纷要求洗心革面，重新做人。至此，三场本就不该发生的兵变，终于被压了下去。

第二个变故是李隆基和李亨父子俩，前后脚驾崩了。

李隆基刚从成都回到长安的时候，日子过得还比较逍遥，由龙武大将军陈玄礼和贴身太监高力士伺候着，天天待在兴庆宫里看美女、唱大戏。

但是760年之后，李隆基的生活质量便直线下降了。因为从这一年开始，李亨的身体越来越差了。

史书上说，李亨的心腹太监李辅国，为了讨好他，便于当年七月，趁着李亨病重，假传圣旨，把李隆基赶出兴庆宫，迁往甘露殿。而且在搬家的过程中，还闹了严重的不愉快。

李辅国带领五百名骑兵，气势汹汹地拦住李隆基的去路，把李隆基吓得差点从马上掉下去。多亏高力士挺身而出，训斥了李辅国一通，李隆基才安全地搬到了甘露殿。

事后，陈玄礼被强制退休，几个月后，病死在了家里。

高力士则被流放到了巫州，李隆基驾崩后，他因伤心过度，吐血而死。

从此以后，七十六岁的李隆基，终于成了彻彻底底的寡人，每天看着杨贵妃的画像聊以自慰，好不凄凉。

762 年四月五日，孤独的李隆基终于结束了他传奇的一生，终年七十八岁。

当然，以上只是史书中的说法，我们都知道，把李隆基软禁在甘露殿的主谋，毫无疑问就是病得越来越重的李亨。为了在自己活着的时候还能掌握大权，也为了能够将皇位顺利地传给儿子，他不得不背上不孝的骂名。

就在李隆基驾崩的当天，久病缠身的李亨，也一病不起了。

四月七日，也就是李隆基去世的第三天，病入膏肓的李亨便下诏，让太子李豫（原名李俶）监国，处理一切军国大事。

按照老李家交权必内斗的传统，这一次交权自然也不会平静。

我们之前讲过，张皇后（以前的张良娣）一直都想把自己的儿子立为太子，因此十分讨厌老大李豫和老三李倓，她之前还和太监李辅国狼狈为奸陷害了李倓。

后来，他们又准备陷害李豫，但是大隐士李泌临走之前，给李亨背了一首当年李贤写给他妈武则天的诗："种瓜黄台下，瓜熟子离离。一摘使瓜好，再摘使瓜稀，三摘犹为可，四摘抱蔓归！"

李亨听后，痛哭流涕，从此以后不论张皇后如何诬陷李豫，李亨再也没有动过杀子之心。

眼看李豫的地位越来越稳，张皇后和李辅国之间就产生了严重的矛盾。

张皇后觉得，李亨越来越宠信自己，仅凭这一点，自己也得向太奶奶武则天看齐。

李辅国却觉得，自己掌握着禁军，凭什么让你当武则天第二，我还想当赵高第二呢！

　　于是，这两个曾经亲密无间的狼与狈，都非要置对方于死地不可。

　　李亨的病情恶化后，张皇后决定先下手为强。她先把李豫叫到宫中，悄悄说道："李辅国长期执掌禁军，皇上的诏书都从他的手中发出，所忌恨的就是我和你了。如今皇上病危，李辅国暗中与太监程元振图谋作乱，我们必须先下手为强。"

　　李豫一听，吓了一跳。因为他和张皇后有仇众所周知，如今张皇后却要跟自己联合起来，谁知道她是真心的，还是设的圈套？

　　于是，李豫赶紧挤出几滴眼泪，一边哭，一边拒绝了张皇后的要求。

　　可是张皇后仍然没有放弃，几天之后，她又把李亨的二儿子李系叫到了宫中说："太子软弱无能，不能杀掉贼臣，你能做到吗？"

　　李系一听，大喜过望，杀不杀贼臣不重要，重要的是杀完贼臣，自己就有了权力，指不定能当上皇帝呢。

　　在祖宗们兵变的精神鼓舞下，李系当即就答应了张皇后的请求，并挑选两百名宦官，埋伏在了长生殿。

　　可惜他们过于小看了李辅国，作为朝中势力最大的太监，李辅国早就在宫中布满了眼线。这边密谋刚结束，李辅国和程元振就知道了他们的阴谋。

　　四月十六日，张皇后假传李亨的圣旨，要求李豫进宫托付后事。

　　李豫根本没有想到，几天前还准备和自己联手的盟友，已经将屠刀砍向了自己。于是，他一路小跑就冲到了宫中。

　　但是，等李豫走到凌霄门的时候，突然冒出来一群人，将他团团围了起来。

　　李豫大惊失色，以为这些人要杀了自己，正准备大喊救命。只见程元振三步并作两步，冲到了李豫的跟前，将张皇后准备发动兵变的事情汇报给了他，并派了一大批士兵将李豫护送到安全的地方。

　　随后，李辅国、程元振便率领御林军冲到长生殿，当着李亨的面逮捕了张皇后以及越王李系等人，并于两天之后杀了他们。

本来就只剩下一口气的李亨，看到如此场景，顿时痛心不已。第二天早上，他就带着无限的悔恨，到阴间地府见李隆基去了，年仅五十二岁。

死者为大，逝者安息。对李亨的评价，我们之前已经说过了很多次，总结起来只有一句话：哀其不幸，怒其不争。

因为他的平衡术，导致了邺城之败。因为他的瞎指挥，导致了邙山之败。他让本可以更早结束的安史之乱又往后拖了几年。

但是，以上的评价并不客观，因为我们现在开了"天眼"，知道谁是忠臣，谁是奸臣。

试想一下，如果我们是李亨，恐怕没有几个人会做得比他更好。

叛军势如破竹，洛阳长安失陷，玄宗仓皇外逃，是他北上灵武，举起了平叛的大旗，让那些在北方浴血奋战的战士看到了希望。单凭这种勇气，他就值得我们称赞。

他虽然防父亲、防儿子、防大将，防一切可能威胁他权力的亲信，但是，作为乱世中的皇帝，他又岂能不防？

父亲李隆基为了权力，一天之内杀过三个儿子，他战战兢兢几十年，终于被拥立为帝，岂能不防李隆基夺回大权？

安禄山深受国恩，竟能造反。哥舒翰倍受信任，还差一点清君侧。这些功高盖主的大将谁忠谁奸？

周公恐惧流言日，王莽谦恭未篡时。向使当初身便死，一生真伪复谁知？

不到他们去世的那一刻，谁又能知道他们不是下一个王莽、下一个司马懿？

所以，李亨所做的一切，看似有很多错误，但那也许就是当下最好的选择，他的无奈，他的劳累，他的伤心，又有谁能懂呢？

在当皇帝的七年里，他让一个人心惶惶的乱世，一个丢掉了半壁江山的帝国，一个几乎丧失了威信的皇室，基本上恢复了秩序，虽然这个秩序不如以前，但七年的时间能做到这些，已经足够了。

他无愧于中兴之主的评价！

一百六十　安史之乱被平定，为何还有藩镇割据

762年四月二十日傍晚，残阳缓缓从远方的地平线隐去，金碧辉煌的太极宫被蒙上了一层沉沉的阴霾。

刚刚登基的唐代宗李豫坐在两仪殿内，望着空荡荡的大殿，感到一丝丝兴奋，其中也夹杂着万分的惶恐。

兴奋的是，三十六岁的他，在被张皇后打压了整整七年之后，终于斩除仇敌，坐上了貌似至高无上的宝座。

惶恐的是，他即将面对一个战火纷飞、军阀割据、百业凋敝的王朝。

更重要的是，朝廷内部也不安宁，他在登基的第一天，就已经感受到了巨大的威胁——几个时辰之前，大太监李辅国竟然当着文武百官的面对自己说："陛下只需坐在宫中，外面的事情交给老奴处置就行了。"

大唐从618年建国，到现在已经整整一百四十四年了，从来没有一个太监敢对皇帝如此说话，也从来没有一个皇帝面对如此无礼的太监，却只能忍气吞声。

李豫越想越生气，第一次体会到了坐在火炉上的煎熬。

怎么办呢？

得益于李隆基、李亨这两位平衡术高手的熏陶，李豫在长久思考之后，决定继承老李家的优秀传统，再搞一次平衡术。

在之后的几个月里，李豫开始不断地挑拨李辅国和程元振的关系。

不过，和长舌妇那种低端的挑拨离间不同，他依据的是孔子所说的"不患寡而患不均"。

他将李辅国晋封为尚父、司空（一品）、中书令、元帅行军事，并赐食实封八百户。

啥叫尚父？当年姜子牙才配享有的尊称！

啥叫司空？郭子仪和李光弼这种力挽狂澜、战功赫赫的功臣才拥有的职位。

啥叫中书令？第一宰相，让太监当宰相，这是自唐朝建立以来的第一次。

而同样有拥立之功的程元振呢？

只被李豫提拔为右监门将军（从三品），知内侍省事，负责处理宫内事务。

严重的贫富差距让程元振大为恼火，都是皇帝的狗，凭啥你天天牵着我走，还啃着大骨头？

更让程元振感到生气的是，所有的军国大事，李豫都会和李辅国商量一番，而他则只能站在一边受人指挥。

人可阉，不可辱；即便可辱，也不能被阉人辱；即便被阉人辱，也不能被曾经是好朋友的阉人辱。

所以，不到三个月的时间，程元振对李辅国的不满就达到了顶点。

他找了一个机会对李豫表示，李辅国权力太大，为主子着想，此人不可不除。

李豫一听，立刻"戏精"附身，一句话也没有说，只是装作很痛苦的样子，望着天空不断长叹。

程元振心领神会，赶紧上去拍龙屁，表示自己愿意赴汤蹈火，在所不辞。

就这样，李豫不费一兵一卒，便把李辅国最好的朋友，也是最大的竞争对手拉到了自己身边。

随后，程元振的官位开始一路飙升，两个月之内就升为了元帅行军司马、骠骑大将军、邠国公等，并且统领禁军。

762年十月，李豫见时机成熟，又明升暗降，将李辅国封为博陆王，但罢去他中书令、元帅行军事等有实权的职位。

到这时，李辅国才恍然大悟，原来接近权力不等于拥有权力，皇帝想杀自己，就跟捏死一只蚂蚁那么简单，可惜为时已晚。

当年十月十八日，手握大权的程元振派出一名刺客，趁着夜色潜入李辅国的住所，砍了他的脑袋和胳膊，然后扬长而去。

李豫得知此事，大吃一惊，这手段也太残忍了，不过他很喜欢。所以，他没有下令严查凶手，只是让人用木头给李辅国雕了一个脑袋，以太傅的规格将其下葬。

稳定了皇权之后，李豫这才下令对史朝义发起全面反攻。

十月二十三日，即李辅国死后的第五天，李豫兵分三路，杀向了洛阳。

第一路，以仆固怀恩、太监鱼朝恩为首，率领中央军主力和回纥军，从陕州（今三门峡）出发，由西向东进攻洛阳。

第二路，潞泽节度使李抱玉，从山西上党地区出发，由北向南，经怀州（今沁阳）、河阳进攻洛阳。

第三路，河南等道副元帅李光弼，从江南出发，由东向西，经汴州（今开封）进攻洛阳。

有人可能要问了，为什么没有最能打仗，而且已经恢复兵权的郭子仪？

原因也不复杂，李豫和他爹李亨一样，时时刻刻都提防着郭子仪。

郭子仪之前临危受命，但刚刚平定河东地区的兵变，就被李豫夺去了兵权，解除了兵马副元帅和节度使等职务。

不过，不久之后，李豫也会和他爹一样，为此付出惨重的代价，我们后面会讲。

经过五天的行军，十月二十八日，仆固怀恩带着中央军和回纥军，率先到达洛阳北郊，而李抱玉则顺利攻占了怀州。

但是，李光弼这边却出现了意外。因为一年多以前，刚刚平定的江南地区，又爆发了大规模的农民起义。

761年一月，田神功等人在平定刘展叛乱的时候，用实际行动证明了一句老话：匪过如梳，兵过如篦，官过如剃。

他们在江南地区抢掠了十几天，甚至还挖掉了达官贵族们的祖坟，给当地的百姓造成了巨大的损失。

可是，朝廷不但没有治田神功等人的罪，还把他封为信都郡王，赐免死铁券，将他的画像放入凌烟阁。

老百姓遇到这种比土匪还要像土匪的父母官，已经倒了八辈子血霉。可是，762年四月，李亨死之前，又在宰相元载的建议下，下令征收754年到761年八年之间江南百姓所欠的赋税。

纳税光荣，逃税可耻，欠税缴税，天经地义。

但问题是，老百姓到底欠了多少税，不是在一线调查得来的，而是元载拍脑门决定的。

他觉得，江南地区虽然经历了一些兵荒马乱，但是依旧十分有钱。于是，就估计了一个很大的数目，逼迫老百姓交出一半甚至八九成的财产。如果不交，则要被严刑拷打甚至诛杀全家，以至于江南百姓人人自危。

这边人祸还没有结束，那边就又发生了天灾。

当年八月，台州地区出现了大规模的瘟疫，很多老百姓的家里人直接就死绝了。

可是，当地官府不但不去救灾，甚至为了完成税收指标，竟然下达了一条毫无人性的命令：

谁家人没有死绝，谁家就平摊那些死绝人家的赋税。

天地不仁，以万物为刍狗；圣人不仁，以百姓为刍狗。老百姓可以当狗，但不能当了狗还活不下去啊。

于是，台州一个叫袁晁的小吏便举起了反抗压迫、反抗剥削的大旗。

在他的带领下，江南百姓一呼百应，在短短几个月内，农民起义军就发展到了二十万人的规模，连续攻克了台州（今浙江台州）、信州（今江西上饶）、温州（今浙江温州）、明州（今浙江宁波）等十几万平方公里的土地。

眼看南方的叛乱起来越严重，李豫只好下令让李光弼火速率兵南下，前去平叛。

没有了李光弼的围攻，洛阳的史朝义顿时信心大增。

叛军大将阿史那承庆劝他退守河阳，避其锋芒。但是他觉得，唐朝最能打的将领，不过是郭子仪和李光弼而已，至于仆固怀恩嘛，根本不足为虑。

于是，他拒绝了正确的建议，于十月三十日，派出了几万前锋，在洛阳城北和唐军展开了决战。

哪曾想，两军刚一接触，叛军就在唐军和回纥军的夹击之下大败而逃。

史朝义见状，急忙将洛阳城内的十万精锐，全部派了出去。

刚刚获胜的唐军，打了八年叛军，从来没有见过如此容易溃逃的对手，所以士气极为旺盛。看到十万敌军前来，就像看到了一群金猪一样，提上陌刀，大喊着口号就冲了上去。

叛军也知道，成败在此一举，所以，面对唐军打了鸡血似的进攻，他们也打得极为顽强。

没过多长时间，邙山脚下就变成了人间炼狱，空中到处都弥漫着血腥的味道，地下则躺满了惨叫不断的士兵。

有的人被砍掉了胳膊，有的人失去了大腿，有的人则被劈成了两截，但是上身还没有失去知觉，在地上一边哀号，一边匍匐前行。

受惊的战马，还在不停地添乱，践踏在受伤士兵们的身上，让这座炼狱又多了几分凄凉。

几个时辰之后，双方的士兵都已经疲惫到了极限，可是依旧没有分出胜负……

就在这关键的时刻，大唐镇西节度使马璘敏锐地意识到，已经到了最危险的关头，谁能再组织一波反攻，谁就能获得最后的胜利。

于是，他大喝一声，一边高喊"兄弟们冲啊"，一边单枪匹马杀入敌军的阵营，横冲直撞，如入无人之境。

其他唐军看见领导如此拼命，顿时备受鼓舞，也纷纷使出最后的力气，朝叛军的脑袋砍了过去。

在精神和身体的双重打击下，叛军终于支撑不住了，开始转过身，拼了命向后狂逃。

唐军乘胜追击，充分发挥了痛打落水狗的精神，在后面一路狂追狂砍，终于让叛军的鲜血染红了伊洛，让叛军的尸体填满了山谷。

一战下来，十万叛军，一共被杀六万，被俘两万，史朝义彻底丧失了反抗的力量，仅率领数百名轻骑逃往了河北。

随后，仆固怀恩带领唐军在后面不断追击，先后在郑州、汴州（今开封）、卫州（今卫辉）、临清等地大败史朝义。

763年二月，史朝义在跑了三个月、败了三个月之后，终于回到了他的老巢范阳。但是此时，叛军的范阳节度使李怀仙已经通过秘密渠道投降了唐朝。

史朝义在范阳城下，痛哭流涕一通之后，又率领几百名胡兵准备逃往契丹境内，但是他刚逃到半路，就被李怀仙派兵拦了下来。

二月十九日，史朝义在上天无路、入地无门的绝境下，只好找了一棵歪脖子树，以上吊的方式结束了他罪恶的一生。

随后，李怀仙割掉了他的脑袋送往长安，而仆固怀恩与各路平叛大军，也相继返回了驻地。

两个月后，袁晁在南方领导的二十万农民起义军，也被李光弼彻底地剿灭了。

至此，祸乱了大唐整整八年的安史之乱，终于在表面上被镇压了下去，唐朝也终于在表面上又一次实现了统一。

但是，安史之乱给大唐带来的巨大灾难，并没有因为战争的结束而结束。

第一，疆域上，唐朝失去了西域、陇右、河西等数百万平方公里的土地，由一个史无前例的超级大国，变成了一个普通的统一王朝。

虽然唐朝直到808年才失去了西域的最后一座城池龟兹，但是，安史之乱后，唐朝已经没有了打通河西走廊的实力，只能让郭昕等一群白发兵，在绝望中坚守了整整四十二年。一直到九百年之后，西域才再一次回到大唐的怀抱。

第二，唐朝在国际上的影响力，也随着安史之乱的爆发而急剧下降。

被唐朝按在地上摩擦了几十年的吐蕃，又一次翘起了尾巴。以前唐朝可以和万里之外的阿拉伯帝国互通有无。但是，安史之乱后的数年之间，吐蕃占领了安西、河西，并且三次进攻长安，一次攻陷长安，基本断绝了大唐与中亚的联系，

原来自称唐朝半个儿子的回纥，也开始对他爹不孝了。

唐朝答应每年送给回纥两万匹布，但是回纥依旧不满足。

第一次帮助唐军收复洛阳时，回纥军在洛阳抢了三天三夜。

最后一次帮助唐朝收复洛阳时，他们又在洛阳城内烧杀抢掠了十几天，大火连烧几十天，近万无辜百姓被屠杀。

在回漠南的路上，回纥军依旧匪性不改，到处抢劫，肆意杀人，唐朝各地政府却不敢抗议。

太子李适（后来的唐德宗），奉命给回纥军将领接风洗尘，他们竟然要求李适对其行君臣之礼。李适由于是储君，按规矩不必行礼，他们竟然把李适的随从狠狠地揍了一顿，还活活打死了几个。而朝廷竟然没有丝毫反应，真的是丢人丢到了极致。

回纥见唐朝如此好欺负，没过多久，便和吐蕃联合起来，又一次攻打唐朝。这个在后面我们会详细讲到。

总之，原来的小老弟，一下子混成了大哥大。原来的扛把子，却成了软柿子。

第三，唐朝中央的权威遭到了极大的削弱，藩镇割据从此成为大唐身上的毒瘤，直到一百多年后唐朝灭亡。

仆固怀恩平定河北的时候，叛军大将田承嗣、薛嵩（薛仁贵的孙子）、李宝臣（安禄山的干儿子）、李怀仙等人相继投降了唐朝。

在唐朝大将李抱玉的威逼之下，薛嵩等人同意李抱玉派人接替他们的职位。

但是仆固怀恩害怕狡兔死，走狗烹，飞鸟尽，良弓藏。于是，他又上书李豫恢复了叛军各个将领的职位。

任命薛嵩为相州、卫州、邢州、洺州、贝州、磁州等六州节度使。

任命田承嗣为魏州、博州、德州、沧州、瀛州等五州都防御使。

任命李宝臣为恒州、定州、易州、赵州、深州、冀州等六州节度使。

任命李怀仙继续担任幽州、卢龙等地节度使。

这些藩镇可以自行征缴税收、任命官员、调集军队，俨然就是一个个独立王国。后来，他们还不断和朝廷对抗，逐渐变成了最顽固的河朔三镇。

为了提防郭子仪功高盖主，朝廷让仆固怀恩带军平叛。

结果却是不被信任的郭子仪，一生忠于朝廷。

而受信任的仆固怀恩，不仅养寇自重，为后来的藩镇割据埋下了隐患；两年之后，他还举起了造反的大旗，勾结集吐蕃和回纥攻打唐朝。

如果天下有后悔药，不知道李亨、李豫父子会不会拿去当饭吃？

另外，随着中央对地方控制力的逐渐减弱。大量的人才越来越不愿意到中央任职，因为中央实权少、俸禄低、无油水，而地方则恰恰相反。

以至于唐朝中后期出现了以下极为奇葩的怪状：

哪个中央官员被贬到了地方，他们全家人便会大摆宴席，举杯相庆自己被贬。

哪个地方官员要是升到了中央，他们家就跟死了爹一样，要大哭一场。

中央的人才越来越少，地方的人才越来越多，本来就衰弱的大唐中央变得越发衰弱。

第四，李唐朝廷在一定程度上失去了官心、民心。

在安史之乱的八年时间里，李隆基、李亨父子犯下的种种错误，让李唐皇室的威信跌到了谷底。例如：错杀高仙芝、封常清；弃用李泌正确的战略；邺城之战的用人失误；河阳之战的瞎指挥等等。

这些都让官员们看到了皇帝的无能，君权神授的光环从此被拉下神坛，地方官员对皇帝少了许多敬畏，只要手中有兵，都蠢蠢欲动，想当皇帝。

另外，镇压江南的两次叛乱，官军所到之处大肆抢劫，以至于民不聊生，又引发了更大的叛乱。

其实，北方的官军和南方的官军一样，比土匪还要土匪。

例如，仆固怀恩在收复河北的过程中，所过之处，大肆掳掠，抢了整整三个月才停止。最后，河北百姓的房屋被毁坏殆尽，甚至衣服都被抢掠一空，人们只好穿上用纸做的衣服来遮羞避寒。

唐朝人口在叛军和官军的双重糟践下，从八百九十万户五千二百万人，直线下降到二百九十三万户一千六百万人。

唐朝中后期的藩镇割据现象为什么越来越严重？百姓支持割据也是一个主要原因，朝廷军队忒不是人了。

安史之乱对大唐的负面影响除了以上四条以外，还有宦官专权、朋党之争等等，后面我们也会详细讲到。

总之，安史之乱就是大唐由盛转衰的转折点，也是中华民族由外向开放到内敛保守的转折点。

从此以后，汉民族建立的封建王朝，再也没有如此强大和开放。

不过，安史之乱以后的大唐，也并非一无是处。

藩镇割据除了河朔三镇以外，基本都在朝廷的掌控之中。

大唐的军事实力和领土面积，起码比之后的大宋要强要大很多。

吐蕃、回纥、南诏这些不可一世的地方政权，要么被唐朝所灭，要么挂在了唐朝的前面。大唐在灯枯油尽之前，以微弱之躯，还能吊打四邻强敌，这事放在任何一个朝代都是值得拿来称颂的。

另外，安史之乱后的十二位皇帝中，还出了三位中兴之主。他们礼贤下士、招揽人才，休养生息，改革弊端，强行削藩，终于上演了一个个逆风翻盘的奇迹。

尽人力，听天命。力不尽则憾，命不听则枉。从他们的身上，我们普通人也能学到有益终生的经验和教训。